LA SEGUNDA ESTELA DE KAMOSE

ANCIENT NEAR EAST MONOGRAPHS

Editor
Lauren Monroe
Juan Manuel Tebes

Editorial Board
Angelika Berlejung
Abraham I. Fernández Pichel
Tova Ganzel
Daniel Justel Vicente
Emanuel Pfoh
Madadh Richey
Stephen C. Russell
Andrea Seri

Number 34

SBL PRESS

LA SEGUNDA ESTELA DE KAMOSE

Un estudio integral en contexto

by
Roxana Flammini

SBL
SBL PRESS

SBL PRESS

Atlanta

Library of Congress Control Number: 2025935811

A mi hermano Gustavo
A mis padres Alberto y Ana

Che cosa vuole dire tradurre? La prima e consolante risposta vorrebbe essere: dire la stessa cosa in un'altra lingua. Se non fosse che, in primo luogo, noi abbiamo molti problemi a stabilire che cosa significhi "dire la stessa cosa", e non lo sappiamo bene per tutte quelle operazioni che chiamiamo parafrasi, definizione, spiegazione, riformulazione, per non parlare delle pretese sostituzioni sinonimiche. In secondo luogo perché, davanti a un testo da tradurre, non sappiamo quale sia *la cosa*. Infine, in certi casi, è persino dubbio che cosa voglia dire *dire*.

—Umberto Eco, *Dire quasi la stessa cosa: esperienze di traduzione*

Índice

Agradecimientos xi
Resumen (en inglés) xiii
Listado de Figuras, Cuadros y Mapas xvii
Listado de Abreviaturas xix
Nota metodológica xxiii

Palabras Introductorias 1

1. Las Estelas de Kamose 5
1.1. Circunstancias del hallazgo de K2 6
1.2. Características y emplazamientos de K2 10

2. Antecedentes y debates actuales sobre la lengua y la escritura del Egipto antiguo 15
2.1. Consideraciones previas a la traducción de K2 17
2.2. El concepto de figuratividad y los estudios recientes sobre los determinativos 23

3. *Figuratividad* y transmisión de mensajes en K2 29
3.1. Contexto histórico 29
3.2. El gobernante Kamose y los "otros": diferenciación étnica 34
3.3. Prácticas de subordinación: lazos de patronazgo 36
3.4. Marcadores de jerarquía política: signos 𓀀 (A19); 𓀁 (A43); 𓏲 (Y1) 38
3.5. Marcadores territoriales: signos 𓈉 (N25); 𓊖 (O49); 𓈅 (N23); 𓈈 (N24) 41
3.6. Marcadores de nombres personales: la escritura de Kamose 𓇳𓄿𓅓𓋴 y Apepi 𓇋𓉐𓊪𓊪 47
3.7. Marcadores negativos: abundancia del signo 𓅪 (G37) 52

4. Análisis del texto: Transliteración, traducción y comentarios 57
4.1. Luneta 57
4.2. Texto 58
4.2.1. Primera Sección 58
4.2.2. Segunda Sección 111
4.2.3. Tercera Sección 142
4.2.4. Cuarta Sección 155
4.2.5. Figura y texto en columna 165

5. Evidencia de prácticas sociales en K2: *Damnatio memoriae* y grafitis 169

6. Palabras de cierre 181

7. Traducción completa de K2 185

Bibliografía 189
Índice general 199
Topónimos, teónimos, antropónimos, títulos, epítetos y fórmulas de bendición en transliteración 202
Índice de nombres de reyes y otros individuos 204
Índice de Autores Modernos 205

Agradecimientos

Este trabajo comenzó hace varios años atrás, cuando buscando información para un estudio sobre las formas de subordinación ejercidas por los hicsos recurrí, naturalmente, a estudiar la Segunda Estela de Kamose. En esa exploración, al analizar los términos empleados para nombrar a los gobernantes que interactuaban en la narrativa, me llamó la atención el uso de diferentes determinativos para una misma palabra, *heqa*. El resto es un largo camino que me trajo hasta aquí, en el cual conocí a muchos colegas que desinteresadamente me brindaron su guía, respondieron a consultas generales y específicas, me hicieron llegar material documental y bibliográfico y me acercaron cada vez más al hecho de poder concretar este proyecto de largo aliento. Por cierto, hubiera sido imposible llevarlo a cabo sin su colaboración. Así, cabe mencionar en primer lugar a Carlos Gracia Zamacona, cuyos conocimientos sobre la lengua y escritura egipcias fueron de invaluable ayuda, a John Baines, Sebástien Biston-Moulin, Peter Brand, Julien Cooper, Alicia Daneri Rodrigo, Perla Fuscaldo, Juan Friedrichs, Elizabeth Frood, Graciela Gestoso Singer, Orly Goldwasser, Jérémy Hourdin, Ronald Leprohon, Eliese-Sophie Lincke, Angela McDonald, Antonio Morales, Hana Navratilova, Chiara Salvador, Thomas Schneider, Hourig Sourouzian, Nico Staring, Silvana Yomaha, Paula Veiga y Andrea Zingarelli. Por cierto, extiendo mi agradecimiento a Juan Manuel Tebes y a todo el equipo editorial de las Series ANEM, en especial a Nicole L. Tilford por el trabajo de edición final, así como a los pares evaluadores que aportaron valiosos comentarios que indudablemente enriquecieron este trabajo. Todos ellos colaboraron, de una u otra manera, a que este libro pudiera llevarse a cabo. Finalmente, agradezco a mi familia, a mi esposo Germán y a mis hijas Florencia, Victoria y Sol, por acompañarme siempre en el camino. Sin ellos, nada de todo esto tendría sentido.

En Buenos Aires, a los 11 días del mes de junio de 2024.

Nota: Este libro fue realizado en el marco de los proyectos PIP GI 031 "Vínculos interregionales e identidades culturales en el Cercano Oriente Antiguo (IV-I milenios a.C.)" financiado por el CONICET y UCACyT-FCS 003 "Transiciones sociohistóricas en el antiguo Egipto: contextos y prácticas (ca. 1500–500 a.C.)" de la Facultad de Ciencias Sociales de la Universidad Católica Argentina. Por cierto, todo error que se haya deslizado es de mi absoluta responsabilidad.

Resumen (en inglés)

The Second Stela of Kamose (K2) is a fundamental document for understanding the final phase of the Second Intermediate Period in Egypt with an approximate dating of ca. 1550 BCE. K2 is part of a documentary corpus along with two other stelae attributed to Kamose, found in the temple of Amun at Karnak. It was discovered in 1954 at the base of a colossal statue of Ramesses II during restoration work on the temple's second pylon. This discovery provided access to a text in excellent condition, though it does exhibit some damage, such as the loss of the upper right part of the lunette.

Since its discovery, K2 has been extensively studied, particularly following the publication of the *editio princeps* in 1972 by Labib Habachi, titled "The Second Stela of Kamose and His Struggle against the Hyksos Ruler and His Capital." Most studies on K2 have focused on linguistic and narrative analysis, mainly in English, with limited dissemination in German, French, and Spanish. This highlights the need for new approaches to the document, including a translation into Spanish and an interpretation that incorporates the figurative value of Egyptian writing. Additionally, it is crucial to study the physical support of the stela and the traces of social practices it has received, such as the *damnatio memoriae* applied to proper names and the presence of graffiti—aspects mentioned by Habachi but overshadowed in favor of textual analysis.

This study does not exhaustively compare K2 and the First Stela of Kamose (K1) or its hieratic copy, the Carnarvon Tablet (TIC), except when strictly necessary. Due to its fragmentary condition, the Third Stela of Kamose (K3) does not provide relevant information to our goals. Thus, instead of focusing solely on the narrative, this research adopts a broader perspective that includes the materiality of the stela, the cultural imprints it has received, and its significance within the historical and archaeological context.

K2's text consists of thirty-eight lines, with signs oriented to the right. The first line begins in the middle of a sentence, suggesting the existence of a missing first part yet to be discovered. For analysis, the content has been organized into three main sections: (1) the lunette; (2) the text, divided into four thematic sections; and (3) the representation of the *overseer of sealed things*, User-Neshemet (Neshi), and the accompanying inscription.

The first thematic section (lines 1–18) is dominated by Kamose's voice, recounting his actions against the Hyksos and describing the personality of the Hyksos ruler Apepi. Kamose alternates between the third person as a narrator and the first-person singular to emphasize his decisions and perceptions. This part of the text highlights his active role in the struggle against the Hyksos and reinforces his leadership image.

The second thematic section (lines 18–30) describes the interception of a letter sent by Apepi to the ruler of Kush, whose name is not mentioned. The letter is quoted "textually" but adapted to Egyptian *decorum* norms. Additionally, military actions are mentioned in territories near Hyksos domains, including the *dmj* and the territory-*djat* of Avaris, as well as campaigns in Cynopolis and the Bahariya Oasis. Localities such as Hermopolis and Gebelein are also mentioned, suggesting the geographical breadth of the events described.

The third thematic section (lines 30–35) narrates Kamose's return to Thebes after his victories and the performance of rituals in the temple of Amun. This segment reinforces the connection between royal power and the divine, consolidating Kamose's image as a legitimate ruler favored by the gods.

Finally, the fourth thematic section (lines 36–38) details Kamose's order to User-Neshemet for the creation and placement of the stela in Karnak. This passage underscores the importance of written records as a tool for legitimizing power and communicating the king's achievements to future generations.

To facilitate analysis, photographs of the original stela have been used, complemented by a digital hieroglyphic version created with JSesh software (version 7.5.5.), including reconstructions in damaged sections. The text is provided in transliteration, along with detailed information on each term and its translation. The identification of terms follows the Thesaurus Linguae Aegyptiae (TLA) proposal, enabling access to complete lexical information through an online database. Additionally, comments explore the figurative value of certain signs, highlighting the scribe's choice and their impact on text interpretation.

Beyond the text, the study analyzes the representation of the official User-Neshemet, located at the lower left part of the stela. His iconography, name, and function title—inscribed in a column next to his figure—are examined. This analysis provides a better understanding of the administrative hierarchy and key figures in Kamose's narrative.

Another crucial aspect is the study of the cultural imprints left on the stela over time. Cases of *damnatio memoriae* are documented, in which proper names were deliberately erased as part of political strategies, possibly during the Amarna period. The graffiti inscribed on the stela are also analyzed, offering insights into how the monument was perceived in different historical periods.

In conclusion, this new approach to the Second Stela of Kamose seeks to transcend a strictly narrative analysis by integrating the study of its physical support, subsequent modifications, and the visual elements of Egyptian writing. This perspective offers a fresh view on K2, emphasizing its importance as a historical source and a material object with a significant cultural trajectory. This research offers a contribution that complements and expands previous studies, providing new insights into a key text for the history of ancient Egypt.

Listado de Figuras, Cuadros y Mapas

Figuras

Fig. 1. Segunda Estela de Kamose, Museo de Luxor, J43. © CFEETK nº 136908/ J. Maucor.
Fig. 2. a. Portal del segundo pílono con los colosos de Ramsés II enfrentados. En primer plano, a la izquierda, se ve el coloso de Pinedjem y, detrás de éste, la sección inferior de uno de los colosos de Ramsés II, donde se halló K2. Frente a ambos, el otro coloso de Ramsés II (Fotografía: Pixabay, editada por la autora); b. Sección inferior del coloso de Ramsés II donde se halló K2 (Fotografía: © la autora).
Fig. 3. Determinativo del término *ꜥꜣm-ꜥꜣm.w* líneas 11 (a.), 12 (b.), 15 (c.), 16 (d.), 18 (e.)
Fig. 4. Escritura del nombre Apepi, con determinativo; a. K2, 4 y b. K2, 19.
Fig. 5. Imagen de User-Neshemet (Neshi) frente al protocolo real de Kamose, cara frontal de K2.
Fig. 6. *Damnatio memoriae* sobre el nombre de Amón y reconstrucción. a. K2, 10; b. K2, 33; c. K2, 34.
Fig. 7. Posible *damnatio memoriae* sobre el nombre Aa-user-ra, K2, 20.
Fig. 8. *Damnatio memoriae* y reconstrucción del término *mnmn*.
Fig. 9. a. grafiti "hombre en adoración", lateral izquierdo, sección superior de K2; b. detalle. Recorte realizado por la autora. © CNRS-CFEETK nº 53139, A. Chéné; c. dibujo lineal, basado en Habachi 1972, 29, Fig. 16.
Fig. 10. a. grafiti "pez tilapia con capullos de loto en la boca" y representación del *supervisor de las cosas selladas,* User-Neshemet (Neshi), cara frontal de K2; b. detalle.

Nota: los recortes fotográficos que se presentan en las Figs. 3–10, al igual que en las secciones temáticas, han sido tomados y modificados de la Fig. 1. En ciertos apartados de estas últimas, la fotografía contiene signos pertenecientes a la construcción posterior. Tales signos no fueron modificados en ellas, sino en la versión jeroglífica que presentamos debajo. Cf. S1 § XVIII; S1 § XXI; S3 § II y § III.

Cuadros

Cuadro 1. Taxonomía de las funciones de los signos jeroglíficos según S. Polis y S. Rosmorduc, “The Hieroglyphic Sign Functions: Suggestions for a Revised Taxonomy”, en *Fuzzy Boundaries: Festschrift für Antonio Loprieno*, ed. Hans Amstutz (Hamburg: Widmaier Verlag, 2015), 157.

Cuadro 2. Términos que contienen el determinativo G37 𓅪 en K2, © la autora.

Mapas

Mapa 1. Localidades específicas mencionadas en K2 y su clasificación, © la autora.

Listado de Abreviaturas

Revistas, Colecciones y Obras de referencia

AÄ	*Abhandlungen des Deutschen Archäologischen Instituts Kairo - Ägyptologie*
AEO	Alan H. Gardiner, *Ancient Egyptian Onomastica*, 3 vols. (Oxford: Oxford University Press, 1947)
AMEg	James P. Allen, *Middle Egyptian: An Introduction to the Language and Culture of Hieroglyphs*, 5ta. ed. (New York: Cambridge University Press, 2002)
Ä&L	*Ägypten und Levante*
ÄAT	*Ägypten und Altes Testament: Studien zu Geschichte, Kultur und Religion Ägyptens und des Alten Testaments*
ANEM	*Ancient Near East Monographs*
ANES	*Ancient Near Eastern Studies*
ANET	James Pritchard (ed.), *Ancient Near Eastern Texts relating to the Old Testament*, 3ra. ed. (Princeton: Princeton University Press, 1969)
AntOr	*Antiguo Oriente. Cuadernos del Centro de Estudios de Historia del Antiguo Oriente*
ASAE	*Annales du Service des antiquités de l'Égypte*
BARCE	*Bulletin of the American Research Center in Egypt*
BAJA	Berliner Arbeitskreis Junge Aegyptologie (Berlin: Humboldt-Universität)
BASOR	*Bulletin of the American Schools of Oriental Research*
BES	*Bulletin of the Egyptological Seminar*
BIFAO	*Bulletin de l'institut français d'archeologie orientale*
BSEG	*Bulletin de la Société d'égyptologie de Genève*
CAH	*Cambridge Ancient History*
CCEC	*Cahiers du Centre d'études chypriotes*

CdE	*Chronique d'Égypte*
CNI	*Carsten Niebuhr Institute of Near Eastern Studies*
CNRS-CFEETK	*Centre national de la recherche scientifique -Centre franco-égyptien d'étude des temples de Karnak*
CRAI	*Comptes-rendus des séances de l'année - Académie des inscriptions et belles-lettres*
EAA	*Estudios de Asia y África*
EES OP	*Egypt Exploration Society, Occasional Publications*
EgUit	*Egyptologische Uitgaven*
EJST	*European Journal of Social Theory*
ENiM	*Égypte nilotique et méditerranéenne*
FDC	Raymond O. Faulkner, *A Concise Dictionary of Middle Egyptian*. 7ma. ed. (Oxford: Griffith Institute, Ashmolean Museum, 1991)
GEgG	Alan H. Gardiner, *Egyptian Grammar. Being an Introduction to the Study of Hieroglyphs*, 3ra. ed. revisada (Oxford: Griffith Institute, Ashmolean Museum, 2001)
GM	*Göttinger Miszellen-Beiträge zur ägyptologischen Diskussion*
GOF	*Göttinger Orientforschungen. Reihe Grundlagen und Ergebnisse*
HdO	*Handbook of Oriental Studies-Handbuch der Orientalistik*
HES	*Harvard Egyptological Studies*
HIPECU	*Colección Historia del Pensamiento y la Cultura*
HSSK	Labib Habachi, *The Second Stela of Kamose and his Struggle against the Hyksos Ruler and His Capital*, AÄ 8 (Glückstadt: Augustin, 1972)
IAET	Dilwyn Jones, *An Index of Ancient Egyptian Titles, Epithets and Phrases of the Old Kingdom*, BAR International Series 866 (I) (Oxford: Archaeopress, 2000)
IETMK	William A. Ward, *Index of Egyptian Administrative and Religious Titles of the Middle Kingdom* (Beirut: American University of Beirut, 1982)
JAH	*Journal of Ancient History*
JARCE	*Journal of the American Research Center in Egypt*
JEA	*The Journal of Egyptian Archaeology*
JEgH	*Journal of Egyptian History*
JESHO	*Journal of Economic and Social History of the Orient*

JNES	*Journal of Near Eastern Studies*
JSSEA	*The Journal of the Society for the Study of Egyptian Antiquities*
KÄT	*Kleine ägyptische Texte*
LÄ	Wolfgang Helck, Eberhard Otto y Wolfhart Westendorf (eds), *Lexikon der Ägyptologie,* 7 vols. (Wiesbaden: Harrassowitz Verlag, 1975–1992)
LingAeg	*Lingua Aegyptia- Journal of Egyptian Language Studies*
LingAeg-StudMon	*Lingua Aegyptia – Studia Monographica*
MÄS	*Münchner Ägyptologische Studien*
MDAIK	*Mitteilungen des Deutschen Archäologischen Instituts Abteilung Kairo*
MedWb	Hildegard von Deines y Wolfhart Westendorf, *Wörterbuch der medizinischen Texte, Grundriß der Medizin der alten Ägypter* 7.1–2 (Berlin: Akademie Verlag, 1961–1962)
MEEF	*Memoir of The Egypt Exploration Fund*
MIFAO	*Mémoires publiés par les membres de l'institut français d'archéologie orientale*
OBO	*Orbis Biblicus et Orientalis*
OIP	The Epigraphic Survey. *The Tomb of Kheruef: Theban Tomb 192,* Oriental Institute Publications 102 (Chicago: Oriental Institute Press, 1980).
OIS	*Oriental Institute Seminars*
OLA	*Orientalia Lovaniensia Analecta*
PÄ	*Probleme der Ägyptologie*
PM I	Bertha Porter y Rosalind Moss, *Topographical Bibliography of Ancient Egyptian Hieroglyphic Texts, Reliefs, and Paintings,* I. The Theban Necropolis. Part 1. Private Tombs, 2da. ed. (Oxford: Clarendon, 1994)
PM II	Bertha Porter y Rosalind Moss, *Topographical Bibliography of Ancient Egyptian Hieroglyphic Texts, Reliefs, and Paintings,* II. Theban Temples, 2da. ed. (Oxford: Clarendon, 1972)
RdE	*Revue d'égyptologie*
RiME	*Rivista del Museo Egizio*
RIPS	*Royal Institute of Philosophy Supplement*

RT	*Recueil de traveaux relatifs à la philologie et à l'archéologie égyptiennes et assyriennes*
SAK	*Studien zur altägyptischen Kultur*
TLA	*Thesaurus Linguae Aegyptiae* <https://thesaurus-linguae-aegyptiae.de>, Corpus issue 17, Web app version 2.0, 10/31/2022, ed. Sebastian Richter & Daniel A. Werning por orden de la Berlin-Brandenburgische Akademie der Wissenschaften y Hans-Werner Fischer-Elfert & Peter Dils, Sächsische Akademie der Wissenschaften zu Leipzig (acceso: 12/6/2022)
Thot	*Thot.* Beiträge zur historischen Epistemologie und Medienarchäologie
TUAT	Otto Kaiser, Bernd Janowski, Gernot Wilhelm y Daniel Schwemer (eds.), *Texte aus der Umwelt des Alten Testaments* (Gütersloh: Gütersloher Verlagshaus)
UMM	*University Museum Monograph*
URAAe	*Untersuchungen zum Rechtsleben im Alten Ägypten*
Varia Nova	Henry G. Fischer, *Varia Nova* (New York: Metropolitan Museum of Art, 1996)
Wb.	Adolf Erman y Hermann Grapow (eds.), *Wörterbuch der ägyptischen Sprache im Auftrage der Deutschen Akademien.* Vols. 1–4 (Berlin: Unveränderter Nachdruck, 1971)
YEP	*Yale Egyptological Publications*
YES	*Yale Egyptological Studies*
ZÄS	*Zeitschrift für Ägyptische Sprache und Altertumskunde*

Nota metodológica

a. Sobre la transliteración

Al existir diversos métodos para señalar las relaciones gramaticales en los textos egipcios, en el presente trabajo optamos por marcar los infijos, los sustantivos femeninos singulares, los masculinos y femeninos plurales, los duales y otros elementos distintivos de la lengua con un punto (.) y los sufijos con un signo igual (=). Por ejemplo: *ḥm.wt* ("mujeres, esposas"); *tꜣ.wy* (las Dos Tierras); *ḥw.t-wꜥr.t* ("Avaris"); *ḥꜣb.n=j* ("yo capturé")[1].

Los determinativos que consideramos relevantes para nuestro trabajo son glosados del siguiente modo: { }^{det}

Los ideogramas que consideramos relevantes para nuestro trabajo son glosados del siguiente modo: { }^{id}

En el caso del uso de 𓊃(z) en lugar de 𓋴 (s) en pronombres sufijos, transliteramos "s"[2].

En cuanto a la puntuación relativa a la transliteración seguimos la modalidad tradicional.

De este modo:

( ) contiene fonemas no manifiestos, reconstrucción académica

---

[1] Seguimos en términos generales la propuesta de Scott B. Noegel, "*Wordplay" in Ancient Near Eastern Texts*, ANEM 26 (Atlanta: SBL Press, 2021), 9.
[2] Cf. *Wb.* 4: 1–4.

[ ] contiene una laguna en el texto, con contenido potencial reconstruido

{ } enmienda de un error de escritura (supresión/eliminación), o cierta convención ortográfica

< > enmienda de un error de escritura (adición)[3]

b. Sobre la transcripción

Mantendremos la transcripción estandarizada, siguiendo en términos generales la propuesta de Josep Cervelló Autuori en su trabajo *Escrituras, lengua y cultura en el antiguo Egipto* (2016)[4]. Esta aclaración la realizamos puesto que se puede realizar una transcripción más local a las lenguas modernas.

De este modo:

ꜣ y *ꜥ* se transcriben *a*

w se transcribe *w* (si en la transcripción es semivocal) y *u* (si en la transcripción es vocal)

j se transcribe *y* (si en la transcripción es semivocal) e *i* (si en la transcripción es vocal). En posición inicial, a veces se transcribe *a*. Los nombres cuya transliteración acaba en *-y* pueden transcribirse con -y o con *-i* final; los nombres cuya transliteración acaba en -j se transcriben con -i final.

h y *ḥ* se transcriben *h*

ḫ y *ẖ* se transcriben *kh*

š se transcribe *sh*

q se transcribe *q* (también ante e, i)

ṯ se transcribe *tj*

ḏ se transcribe *dj*

g tiene siempre valor oclusivo, también ante e, i

Las consonantes restantes (b, p, f, m, etc.) no plantean problemas y se transcriben con las mismas letras con que se transliteran.

---

3 https://wikis.huberlin.de/interlinear_glossing/Ancient_Egyptian:Glossing_recommendations#Extra_Glossing_transcription_line.

4 Josep Cervelló Autuori, *Escrituras, Lengua y cultura en el Antiguo Egipto*, 2da. ed., El Espejo y la Lámpara 11 (Bellaterra, Cerdanyola del Vallès: Edicions Universitat Autònoma de Barcelona, 2016), 313–14.

c. Sobre la traducción

Aquí también existen diversas variantes para llevar a cabo una traducción lo más cercana posible al texto original y comprensiva en la lengua moderna de referencia.

De este modo, utilizaremos:

( ) para palabras adicionadas a los efectos de adecuar la traducción al español, o para la traducción literal.

[ ] para la traducción realizada según los signos reconstruidos de modo potencial en lagunas de texto.

< > para las palabras adicionadas a los efectos de marcar cualidades que se especifican figurativa y no lingüísticamente.

[ ] para glosar la *traducción explícita posible* propuesta para los determinativos, que se expresa en mayúsculas. Aquí distinguimos determinativos que son lexicales de los que reciben una influencia estrecha de contextos extralingüísticos. Estos últimos reciben el significado propuesto en *cursiva*.

Nota: si se hace referencia a un signo tal como aparece en la lista de Gardiner, su significado se expresa entre comillas.

d. Sobre referencias cruzadas al texto

El texto fue dividido en cuatro secciones temáticas, y cada una de ellas en diversas unidades de sentido ordenadas según secuencia de números romanos. Así, si remitimos a la unidad de sentido número nueve de la primera sección, lo haremos con la siguiente nomenclatura: S1 § IX. Del mismo modo procederemos con el resto de las secciones para facilitar su ubicación.

e. Sobre las especificaciones lingüísticas

Se sigue el siguiente detalle morfológico: palabra en transliteración, significado/s, categoría gramatical, otros detalles y la nomenclatura que recibe en el TLA (lema ID). Sólo señalaremos el plural de sustantivos y adjetivos y no el singular, y en el caso de los verbos añadiremos los tipos de verbo por características de la raíz y las formas verbales.

Ejemplos:

s3	"espalda", SUSTANTIVO Masc. (TLA lema ID 125670)
ḫdj	"viajar río abajo (viajar al norte)", VERBO *ḫdj*, 3ae. *inf.* (TLA lema ID 122000), infinitivo.

Para identificar los tipos de verbo por características de la raíz, utilizaremos las siguientes abreviaturas:

lit.	literal (o "fuerte")
inf.	*infirmae* (o "débil")
gem.	geminado
irr.	irregular (o "anómalo")

Otras abreviaturas utilizadas:

Masc.	masculino
Fem.	femenino
Pers.	persona
Sg.	singular
Pl.	plural
Lit.	literal

f. Cronología

Se utiliza la provista en Ian Shaw, ed. *The Oxford History of Ancient Egypt*, 2da. ed. (Oxford: Oxford University Press, 2003), 481–89, salvo que se indique lo contrario.

g. Sobre las traducciones de citas textuales en otros idiomas modernos al español: todas ellas me pertenecen.

Palabras Introductorias

La Segunda Estela de Kamose (de aquí en adelante K2)[1] es uno de los textos más citados al momento de analizar la fase final del Segundo Periodo Intermedio (ca. 1800–1530 a.C., datación de la estela ca. 1550 a.C.)[2]. K2 conforma, junto con otras dos estelas atribuidas al mismo rey, un consistente corpus documental hallado en el templo de Amón en Karnak. En 1954, durante los trabajos de despeje y restauración del segundo pílono del templo, se halló la sección inferior de un coloso de Ramsés II en cuya base se encontró la estela junto con otros bloques, en un muy buen estado de conservación.

Algunas publicaciones datadas poco después del hallazgo muestran la relevancia del material encontrado y lo describen en detalle, pero habría que esperar a 1972 para contar con la *editio princeps* publicada por Labib Habachi, titulada *The Second Stela of Kamose and His Struggle against the Hyksos Ruler and His Capital* (de aquí en adelante, HSSK). A partir de entonces, la mayor parte de los trabajos que la abordaron se basaron fundamentalmente en el análisis del texto, ya sea desde sus particularidades gramaticales como por los acontecimientos que describe. La mayor parte de estos trabajos fueron publicados en idioma inglés, y en una medida mucho menor en alemán, francés y español.

Dicho esto, y si se consideran estas cuestiones, cabría preguntarse acerca de las razones para proponer una nueva aproximación a un documento tan profusamente analizado. Consideramos que se pueden esgrimir varias en favor de una nueva lectura: en primer lugar, la necesidad de contar con una nueva traducción del texto al español dada la escasa recepción que tuvo la

[1] PM II, 37 (133).

[2] Consideramos que el proceso que llevó a la crisis del Segundo Periodo Intermedio tuvo su inicio a partir de fines de la dinastía XII, ca. 1800 a.C. con lo cual la totalidad de la dinastía XIII estaría comprendida dentro de aquél, tal como lo propuso Kim Ryholt, *The Political Situation in Egypt during the Second Intermediate Period, c. 1800–1550 B.C.*, CNI Publications 20 (Copenhagen: Museum Tusculanum Press, 1997), 184.

estela en esta lengua; la segunda, la posibilidad de realizar esta traducción incluyendo el alto valor figurativo ("*figuratividad*") de la escritura egipcia, cuestión en absoluto abordada por las aproximaciones precedentes y, finalmente, la relevancia de incluir el estudio no sólo del texto, sino de su soporte y las improntas de diversas prácticas sociales que recibió a lo largo del tiempo, como la ejecución de una forma de *vilificación*—comúnmente conocida como *damnatio memoriae*—sobre nombres propios y el grabado de grafitis, que si bien fueron mencionadas en el trabajo seminal de Habachi, su estudio se vio opacado en comparación con la atención que recibió—y recibe aún—el análisis del texto. Es por esta razón que este trabajo no aborda una comparación exhaustiva entre la narrativa de esta estela y la Primera Estela (K1) y su copia en hierático, la Tabilla I de Carnarvon (TIC), salvo cuando sea estrictamente necesario[3]. La Tercera Estela de Kamose (K3) está en un estado demasiado deteriorado como para considerarla, salvo en contadas ocasiones.

De hecho, nuestro objetivo se aleja en cierta medida de las lecturas que recibió la estela precedentemente, ya que consideramos que todas las variables arriba mencionadas justifican una aproximación al monumento que vaya mucho más allá de la narrativa que contiene. La estela, si bien se encuentra en un muy buen estado de preservación, sufrió ciertos daños. Por ejemplo, la parte superior derecha de la luneta, de unos 15 cm de altura, se ha perdido. El texto posee 38 líneas, cada una de ellas de una altura de 5 cm. Los signos están orientados hacia la derecha, y la primera línea comienza en la mitad de una oración, lo que hizo suponer la existencia de una primera parte de la estela aún no encontrada.

En pos de lograr ese objetivo, organizamos el contenido de la estela ilustrándolo con fotografías tomadas del monumento, y distribuyéndolo del siguiente modo: (1) luneta; (2) texto—integrado por cuatro secciones temáticas subdivididas en párrafos numerados siguiendo la secuencia de información que refieren (en números romanos); y (3) la representación física

[3] Entendemos por narrativa "un recurso de comunicación que está constituido por una serie de eventos o fenómenos ordenados de modo consecutivo. Un narrador (quien podría también ser un protagonista) describe los cambios a través del tiempo que suceden en una situación que está siendo experimentada por (a) protagonista(s); tales cambios pueden ser esquematizados con referencia a relaciones causales, que toman la forma de un argumento", cf. Camilla Di Biase-Dyson, "Narratives by Ancient Egyptians and of Ancient Egypt: A State of the Art", en *Narrative Geschichte - Mythos - Repräsentation: Beiträge Des Achten Berliner Arbeitskreises Junge Aegyptologie 8* (BAJA 8), ed. Dina Serova et al., GOF 4, Ägypten 65 (Wiesbaden: Harrassowitz Verlag, 2019), 40.

de *supervisor de las cosas selladas* User-Neshemet (Neshi) y el texto que la acompaña.

Para el análisis, procedimos a organizar el texto (2) en cuatro secciones temáticas: una primera, que abarca las líneas 1–18, donde predomina la voz activa de uno de los dos personajes centrales de la narrativa, Kamose, quien utilizando o bien la 3ra persona del singular como narrador o la 1ra del singular, relata las acciones tomadas o por tomar contra los asiáticos y describe su percepción sobre el carácter y personalidad del gobernante hicso Apepi.

Una segunda sección, integrada por las líneas 18–30, comprende la intercepción de la carta que envía el gobernante hicso Apepi al de Kush (del que nunca se da el nombre) en la ruta de los oasis; la cita "textual" de la misma—aunque por cierto adaptada a las normas egipcias del *decorum*[4]; y los acontecimientos que rodean su devolución. Además, refiere acciones en un lugar no identificado en las cercanías de los territorios controlados por los hicsos (el *dmj* al que se hace referencia en la línea 1 y el territorio-*djat* de Avaris, mencionado en la línea 7), las campañas en el nomo de Cinópolis ("La-Ciudad-de-Anubis")[5] mientras Kamose se encuentra en su localidad principal (Saka) y en el oasis de Bahariya. También se hace mención, poniéndolas en boca de Apepi, de las localidades de Hermópolis (el-Ashmunein) y Gebelein (El-Templo-de-Hathor).

Una tercera sección, que comprende las líneas 30–35, hace referencia al retorno de Kamose a Tebas luego de sus victoriosas acciones y la realización de rituales en el templo de Amón.

Finalmente, una cuarta sección comprende las líneas 36–38, donde Kamose encarga al *supervisor de las cosas selladas* User-Neshemet (Neshi) la realización de la estela y le ordena su emplazamiento en el templo de Karnak.

Las fotografías son acompañadas por una versión jeroglífica del texto realizada con el programa JSesh (versión 7.5.5.) que incluye las reconstrucciones propuestas en aquellos lugares en que la piedra está dañada[6]. A continuación, brindamos la transliteración, información específica sobre cada una de las

---

[4] El concepto *decorum* fue definido por John Baines como "un conjunto de reglas y prácticas que definen qué puede ser representado pictóricamente con leyendas, mostrarse e incluso escribirse, en qué contexto y de qué forma", cf. John Baines, "Restricted Knowledge, Hierarchy, and Decorum: Modern Perceptions and Ancient Institutions", *JARCE* 27 (1990): 20 y también Baines, *Visual and Written Culture in Ancient Egypt* (Oxford: Oxford University Press, 2007), 14–16.

[5] Sobre la denominación "La-Ciudad-de-Anubis", *véase* S2 §XII, a).

[6] Serge Rosmorduc. JSesh Documentation. [online] Disponible en: (http://jseshdoc.qenherkhopeshef.org [Consultado: 12 de junio de 2014]).

palabras y la traducción. La identificación de los términos sigue la propuesta del *Thesaurus Linguae Aegyptiae* (TLA), por medio del lema asignado a cada uno de ellos. Esta metodología permite que, ingresando al sitio en línea con el ID asignado (https://aaew.bbaw.de/tla/index.html, 06 diciembre 2022; en noviembre 2022 se presentó una actualización del sitio web https://thesaurus-linguae-aegyptiae.de/home, 06 diciembre 2022), se pueda acceder a la información completa de cada término. A todo ello le continúan una serie de comentarios al texto de referencia, donde se incorpora el valor figurativo de ciertos determinativos haciendo explícito un significado *posible* y, a la vez, se resalta la elección del escriba de ciertos signos en desmedro de otros, todos aspectos que, a nuestro criterio, juegan un rol sustancial en tanto complementan o adicionan información brindada por el texto escrito.

Como ya señalamos, nuestra aproximación no se agota aquí ya que también abordaremos la representación del funcionario y el texto que la acompaña, ubicados en la parte inferior izquierda de la estela. Allí se ven claramente su figura, junto a la que se registran su nombre y título de función escritos en columna. Luego analizaremos las improntas culturales que el monumento recibió a lo largo del tiempo—las ya mencionadas *damnatio memoriae* y el grabado de grafitis—para finalmente presentar las conclusiones generales del trabajo.

1.
Las Estelas de Kamose

De Kamose (ca. 1555–1550 a.C.), el último gobernante de la dinastía XVII tebana, se recuperaron tres estelas en el templo de Amón en Karnak, aunque ninguna de ellas en su ubicación original, ni en el mismo estado de conservación. Si realizamos un recorrido cronológico de los hallazgos relativos a estos monumentos, debemos mencionar, en primer lugar, a la hoy denominada Tercera Estela de Kamose (K3), hallada a los pies del octavo pílono del templo en 1900 por Georges Legrain pero identificada como un texto perteneciente a Kamose recién en 2005[1]. Hay menciones a los nubios, lo que hizo suponer que esta tercera estela podría hacer referencia a campañas dirigidas por Kamose hacia el sur[2]. Como ya advertimos, esta estela está sumamente dañada, y el texto escrito sobre los fragmentos recuperados es muy difícil de reconstruir.

En segundo lugar, en 1908 se halló la que luego sería conocida como Tablilla I de Carnarvon (TIC), un documento escrito en hierático sobre una tablilla (de ahí su nombre), encontrada junto con otras entre restos de cerámica y momias en una tumba saqueada en Birabi, cerca de la entrada del valle de Deir el Bahari[3]. En el anverso contenía una narrativa referida al rey Kamose y la situación del área tebana en el tercer año de su reinado, en el reverso, el comienzo de las denominadas Máximas de Ptahhotep. La datación de este documento fue materia de discusión entre varios especialistas como Percy

[1] Dos trabajos fueron publicados de modo simultáneo sobre el tema, cf. Luc Gabolde, "Une troisième stèle de Kamosis?", *Kyphi* 4 (2005): 35–42 y Charles C. van Siclen, "Conservation of the Third Kamose Stela at Karnak (Phase 1)", *BARCE* 188 (2005), 21–23; cf. también van Siclen, "The Third Stela of Kamose", en *The Second Intermediate Period (Thirteenth-Seventeenth Dynasties): Current Research, Future Prospects*, ed. Marcel Marée, OLA 192 (Leuven: Peeters, 2010), 355–58.

[2] Luc Gabolde, "Une troisième stèle de Kamosis?", 37–38.

[3] Alan H. Gardiner, "The Defeat of the Hyksos by Kamose: The Carnarvon Tablet, No. I", *JEA* 3.2–3 (1916): 95.

Newberry, Gaston Maspero, Raymond Weill y Alan Gardiner[4]. Este último, quien la analizó detalladamente, se inclinó por una fecha cercana a los hechos, no más de cincuenta años luego de acontecidos[5].

En tercer lugar, mencionaremos el hallazgo de dos fragmentos que resultaron contener la narrativa original del texto registrado en la tablilla arriba mencionada. Estos fragmentos, que constituyen la denominada Primera Estela de Kamose (K1), fueron hallados en 1932 y 1935 por Henri Chevrier cuando trabajaba en el refuerzo del basamento del tercer pílono del templo. La identificación entre ambos documentos, TIC y K1, fue realizada por Pierre Lacau en 1939[6]. Finalmente, en 1954 se produjo el hallazgo de la estela mejor conservada: la Segunda Estela de Kamose (K2) (Fig. 1).

1.1. Circunstancias del hallazgo de K2

Henri Chevrier ocupaba desde 1925 el cargo de director de trabajos en Karnak, y entre 1951 y 1954, se dedicó a consolidar el ala norte del segundo pílono del templo de Amón, que podía colapsar. Para ello tuvo que ordenar la remoción de los bloques que ocupaban ese espacio, que probablemente cayeron desde la parte superior del pílono en cuestión. Fue durante estos trabajos que se hallaron dos estatuas colosales. Una de ellas, de estilo osiriano, y que pudo ser reconstruida en su totalidad, habría sido realizada por Ramsés II (dinastía XIX, ca. 1279–1213 a.C.) y reutilizada primero por Ramsés VI (dinastía XX, ca. 1143–1136 a.C.) y luego por el *gran sacerdote de Amón* Pinedjem quien gobernó sobre el Alto Egipto (dinastía XXI, ca. 1070–1031 a.C.)[7]. En 1954, luego de la partida de Chevrier, ocupó el cargo de director de trabajos Mohammed Hammad, quien se dedicó a despejar el primer patio del templo, junto con el también recién llegado Labib Habachi, quien permaneció allí hasta 1958. De ellos fue la idea de volver a erigir esta estatua, de 11 m de altura, que actualmente se yergue frente al segundo pílono[8].

De la otra estatua, hecha en granito rojo, solo se halló el tercio inferior y el basamento sobre el cual fue erigida. Habachi da una descripción muy pertinente y detallada de este hallazgo. Una característica particular es que

[4] Gardiner, "Defeat of the Hyksos by Kamose", 96.
[5] Gardiner, "Defeat of the Hyksos by Kamose", 97.
[6] Pierre Lacau, "Une stèle du roi 'Kamosis'", *ASAE* 39 (1939): 245–71.
[7] HSSK, 16.
[8] Jill Kamil, *Labib Habachi: The Life and Legacy of an Egyptologist* (Cairo & New York: The American University in Cairo Press, 2007), 192.

entre el basamento y la estatua propiamente dicha reposaba un gran bloque de cuarcita, una piedra diferente de la utilizada en el resto del monumento.

Fig. 1: Segunda Estela de Kamose, Museo de Luxor, J43. © CFEETK nº 136908/ J. Maucor.

En él, una inscripción conservaba el nombre de Horus de Ramsés IV, mientras que los nombres de Ramsés II se podían visualizar en el pilar dorsal de la estatua[9]. Se plantearon varias hipótesis en relación con el momento en que este pedestal de cuarcita fue incluido en el conjunto: una primera, que fue inserto con posterioridad a la ejecución original del monumento; una segunda, que lo fue desde un principio sin tener escritura alguna y que luego fue grabado por Ramsés IV; y una tercera, que la estatua no fue terminada durante el reinado de Ramsés II sino luego y fue en el momento de erigirla cuando se produjo la inclusión del pedestal en cuestión[10]. De todos modos, la resolución de este aspecto aún se mantiene en el terreno de las hipótesis.

Ciertamente, una característica relevante es que ambas estatuas conservaban dentro del basamento fundacional diversos bloques pertenecientes a monumentos de reyes antecesores, al igual que el restante coloso de Ramsés II que aún se encuentra erigido frente a aquellas en el mismo portal, pero sobre el lado sur[11]. La estatua de Pinedjem guardaba siete bloques de dimensiones semejantes en el nivel superior, y cuatro de ellos poseían decoración: tres bloques fueron atribuidos a Amenhotep III (dinastía XVIII, ca. 1390–1352 a.C.); mientras que el restante fue probablemente parte de un arquitrabe de una construcción erigida en el templo por Seti I (dinastía XIX, ca. 1294–1279 a.C.). Cuatro de los bloques decorados hallados en el nivel inferior han sido atribuidos a Amenhotep IV/Akhenatón (dinastía XVIII, ca. 1352–1336 a.C.), y posiblemente fueron confeccionados previamente al abandono de Tebas por El Amarna. Representan escenas de juegos en el desierto, y también se visualizan partes de carros, de árboles, y la reproducción de un palacio real temporario[12].

En el caso de los restos del coloso de Ramsés donde se halló la estela, se pudo determinar que tanto el nivel superior del basamento como el inferior guardaban seis bloques cada uno. Del nivel superior se recuperaron tres con decoración, dos de los cuales poseían representaciones de un dios itifálico acompañadas por inscripciones incompletas, mientras que el tercero poseía los nombres de Thutmose IV (dinastía XVIII, ca. 1400–1390 a.C.), sobre la cual Ramsés II había grabado sus nombres en relieves incisos, seguramente de

---

[9] HSSK, 16–17.

[10] HSSK, 30.

[11] PM II, 37–38 (136). Cf. *ut infra* 1.2., n. 26.

[12] Labib Habachi, "Preliminary Report on Kamose Stela and Other Inscribed Blocks Found Reused in the Foundations of Two Statues at Karnak", *ASAE* 53.1 (1956): 195–99; HSSK, 20–27.

modo previo a su depósito en la base de la estatua[13]. Ramsés II había cambiado la forma en que su nombre era escrito a partir del año 21 de su reinado, de *rꜥ-ms-s* a *rꜥ-ms-sw*[14]. Precisamente, esta última forma es la que toma el nombre de Ramsés escrito sobre el bloque, lo que reforzaría el hecho de que las estatuas monumentales fueron erigidas sobre el final de su reinado.

K2 fue hallada en el nivel inferior, donde se la encontró junto al ya mencionado bloque perteneciente a Thutmose IV luego reutilizado por Ramsés II[15]. La estela se encontraba cuidadosamente depositada "con su superficie escrita sobre una capa de arena, como para asegurarse que no fuera afectada por la humedad", en palabras del propio Habachi[16].

Es factible suponer que el depósito de ambos objetos en la base del coloso—el bloque de Thutmose IV y la estela de Kamose—se hubiera dado en forma simultánea, lo cual probablemente tuviera que ver con complejas cuestiones relativas a la legitimidad del rey que los ordenó erigir. El hecho de que la estela se encontrara apoyada sobre una capa de arena es prueba de tal posibilidad al igual que la adición de cualidades que el monumento fue sumando con el paso del tiempo, ya que a su condición original de estela conmemorativa (de las acciones de Kamose contra los hicsos) se le sumó la de votiva, en tanto así lo sugieren tanto el grabado de grafitis sobre sus caras como la ya mencionada relocalización con tan extremo cuidado en la base del coloso.

Los acontecimientos que rodearon la publicación de la estela merecen unas palabras aparte. Apenas descubierta, varios de los más reconocidos egiptólogos de la época, como George Hughes, Wolfgang Helck, Alan Gardiner, Torgny Säve-Söderbergh y Étienne Drioton, colaboraron con Habachi en una lectura inicial del contenido[17]. Ciertas dificultades con el Departamento de Antigüedades hicieron que la publicación final, que por pedido de sus autoridades iba a realizar Habachi en Egipto, se demorara más de lo previsto. Así, el texto fue publicado por partes, en trabajos llevados a cabo por el propio Habachi y el ya mencionado Hammad, a quienes se les sumaron Pierre Montet

---

[13] Habachi, "Preliminary Report on Kamose Stela and Other Inscribed Blocks", 198.

[14] Peter Brand, "Veils, Votives and Marginalia: The Use of the Sacred Space at Karnak and Luxor", en *Sacred Space and Sacred Function in Ancient Thebes*, ed. Peter Dorman y Betsy Bryan, SAOC 61 (Chicago: The Oriental Institute of the University of Chicago, 2007), 53 y nn. 9 y 10.

[15] HSSK, 28.

[16] HSSK, 20.

[17] Kamil, *Labib Habachi*, 193–95.

y más tarde John Wilson, entre otros[18]. Finalmente, en 1972, pudo ver la luz la *editio princeps* como estaba pautado, siendo obra de Habachi. Como ya señalamos, fue titulada *The Second Stela of Kamose and his Struggle against the Hyksos Ruler and His Capital* (aquí HSSK) y se constituyó en un referente para los estudios posteriores sobre la estela. En ella, el autor explica detalladamente las circunstancias del hallazgo—al que referimos precedentemente—y brinda una traducción y comentario al texto basados en fotografías de las secciones del monumento, recurriendo a la transliteración en algunos pasajes[19].

El trabajo de Habachi sigue siendo fundamental para comprender la relevancia de K2, validada no solo por la información que brinda sobre la situación sociopolítica de fines del Segundo Periodo Intermedio, sino por lo que aporta sobre el resto de las prácticas sociales que evidencia y hacen de la estela un objeto de estudio singular, en tanto y en cuanto se conoce su datación aproximada y el lugar de emplazamiento al que fuera destinada, a diferencia de tantas otras evidencias halladas en el antiguo Egipto.

1.2. Características y emplazamientos de K2

Las dimensiones de la estela, al momento de su hallazgo, eran de 220 cm de alto, 110 cm de ancho y 28 cm de profundidad[20]. Parte de la luneta superior estaba perdida, con lo cual su altura original habría alcanzado alrededor de 225 cm; y si a ello se adiciona que habitualmente este tipo de estelas contenían un espacio de unos 50 cm a partir de la línea final de texto dejado sin inscripciones ni representaciones, su altura habría alcanzado aproximadamente 275 cm. Los jeroglíficos y las líneas divisorias de los registros fueron realizados con la técnica de relieve inciso, y restos de pigmentos indican que los signos estaban pintados en azul y las líneas divisorias en rojo. Como ya mencionamos en un apartado anterior, la altura de cada registro alcanza los 5 cm, completando un total de 38 líneas de texto, dispuestas para ser leídas de derecha a izquierda.

---

[18] Habachi, "Preliminary Report on Kamose Stela and Other Inscribed Blocks"; Mohammed Hammad, "Decouverte d'une stèle du roi Kamose", *CdE* 30 (1955); Pierre Montet, "La stèle du roi Kamose", *CRAI* 100.1 (1956); John Wilson, "The War against the Hyksos", en *ANET*, 554–55.

[19] Este trabajo recibió algunas críticas, sobre todo debido a que incorpora una copia facsímil del texto que dificulta el reconocimiento de los signos, entre otras cuestiones. William Murnane, "Reviewed Work(s): *The Second Stela of Kamose and His Struggle against the Hyksos Ruler and His Capital* by Labib Habachi", *JNES* 37.3 (1978): 277.

[20] HSSK, 31.

La piedra original sobre la que está realizada la estela es caliza, y es un hecho comprobado que fue grabada sobre una jamba de puerta que originalmente perteneció a un monumento de rey Senusret I (dinastía XII, ca. 1956–1911 a.C.) erigido en el templo del que se desconoce el lugar original de emplazamiento[21]. Hammad y Habachi habían mencionado esta particularidad, en base a las inscripciones que aparecen en los laterales de la estela, donde pudo reconstruirse el nombre de ese rey[22]. En los últimos años, Sébastien Biston-Moulin volvió sobre tales inscripciones con el fin de precisar su traducción, valiéndose de antiguas fotografías y comparándolas con su estado actual[23].

Como veremos luego, hay cierta evidencia que permite sostener que la estela estuvo expuesta hasta después del lapso amarniano. De este modo, K2 estuvo a la vista en el templo de Amón en Karnak en un lugar que no es factible precisar, hasta el momento en que, probablemente hacia fines del reinado de Ramsés II, se tomó la decisión de incluirla en el basamento de una de sus estatuas monumentales.

Otra circunstancia que hace a los emplazamientos del monumento son los cambios que sufrió la posición original de los colosos ubicados frente al segundo pílono. Recordemos que la estela fue localizada en la base del fragmentario coloso ubicado al lado norte, que hoy en día se encuentra enfrentado al coloso ubicado sobre el lado sur, situados ambos de modo paralelo al portal del pílono (Fig. 2). Sin embargo, ambas estatuas fueron movidas a diferentes posiciones en la medida en que los reyes que sucedieron a Ramsés II llevaron a cabo trabajos en el templo. Hourig Sourouzian sugirió que, originalmente, la posición que mantenían era también paralela al portal y que fueron volteados a una posición perpendicular durante el reinado de Seti II,

---

[21] Luc Gabolde, Jean-François Carlorn, y Ernst Czerny, "Aux origines de Karnak: les recherches récentes dans la 'Cour du Moyen Empire'", *BSEG* 23 (1999): 31–49.

[22] Hammad, "Decouverte d'une stèle du roi Kamose", 200; HSSK, 29.

[23] La reconstrucción propuesta por Biston-Moulin se lee: "El Horus [Ankh-mesut], el Hijo de Ra ⌜Senusret⌝ amado de ... dotado [de vida eternamente]". Sobre el otro lateral, se pueden distinguir tres registros. En el superior, el autor reconstruye la figura del rey flanqueado por dos divinidades, Amón a su izquierda y posiblemente Mut o con mayor probabilidad Nekhbet a la derecha. En el registro medio identifica al rey con la corona blanca y un cetro en su mano, frente a él se ubica la diosa Bastet que porta un cetro *wꜣs* del que se extienden un pilar *ḏd* y un *ꜥnḫ*. El último registro presenta nuevamente al rey frente a una diosa. El texto que acompaña a la figura del rey se lee "el Hijo de Ra, v.p.s.". Sébastien Biston-Moulin, "De Sésostris Ier à Kamosis. Note sur un remploi de Karnak", *ENiM* 4 (2011): 81–90.

en base al estudio de las inscripciones de los colosos[24]. Durante el reinado de Pinedjem, es factible que hubieran tenido lugar más cambios en su posición[25]. Para hacer el escenario aún más complejo, durante los trabajos llevados a cabo por los bubastitas, probablemente tuvieron lugar más movimientos[26]. Si esto es así, los basamentos sobre los que se erigen los colosos también fueron sometidos a cambios en la posición, con lo cual existe la posibilidad de que los bloques fundacionales que se encontraban dentro de ellos también fueran extraídos y vueltos a colocar.

Fig. 2: a. Portal del segundo pílono con los colosos de Ramsés II enfrentados. En primer plano, a la izquierda, se ve el coloso de Pinedjem y, detrás de éste, la sección inferior de uno de los colosos de Ramsés II, donde se halló K2. Frente a ambos, el otro coloso de Ramsés II (Fotografía: Pixabay, editada por la autora); b. Sección inferior del coloso de Ramsés II donde se halló K2 (Fotografía: © la autora).

En síntesis, la estela fue elaborada a fines del Segundo Periodo Intermedio a partir de una jamba de puerta de un monumento erigido en el templo de

[24] Hourig Sourouzian, "Les colosses du IIe pylône du temple d'Amon-Rê à Karnak, remplois ramessides de la XVIIIe Dynastie", *Cahiers de Karnak* 10 (1995): 529.

[25] Gabriella Dembitz, "Une scène d'offrande de Maât au nom de Pinedjem Ier sur la statue colossale dite de Ramsès II à Karnak. Karnak Varia (§ 3)", *Cahiers de Karnak* 15 (2015): 176.

[26] Sourouzian, "Les colosses du IIe pylône du temple d'Amon-Rê", 527–28. En la base del coloso sur, se hallaron dos jambas de granito de Amenhotep II; dos bloques de caliza probablemente datados en el reinado de Amenhotep IV; una cabeza y un fragmento de cabeza en granito datados en la dinastía XVIII y un fragmento de granito con el *prenomen* de Amenhotep III. Además, se halló "un torso en caliza con vestimenta romana", de datación tardía, con lo cual se abonaría la hipótesis que estos monumentos fueron desplazados en varias ocasiones, cf. PM II, 38 (136).

Karnak por un rey del Reino Medio, Senusret I, que fue desmantelado. La estela estuvo expuesta en ese mismo templo en una locación no identificada y, luego de siglos de exposición, fue depositada en el basamento de una estatua colosal de Ramsés II donde fue hallada en 1954. Finalmente, fue trasladada al Museo de Luxor, donde se encuentra expuesta bajo la nomenclatura J43.

2.

Antecedentes y debates actuales sobre la lengua y la escritura del antiguo Egipto

K2, como ya hemos adelantado, ha sido traducida numerosas veces y fue objeto de análisis gramaticales de diversa índole. A la obra seminal de Habachi de 1972 le precedieron varios estudios, siendo el más completo y relevante por su precisión en la traducción el de John Wilson publicado en ANET en 1969, quien consideró a K2 como una continuación de la narrativa contenida en TIC (como ya señalamos, copia de K1). En su trabajo menciona que Habachi lo autorizó a hacer esa traducción en base a la reconstrucción de la estela que había llevado a cabo, y tuvo en cuenta algunas aproximaciones parciales contenidas en los informes preliminares publicados por Mohammed Hammad en 1955 (que incluye una primera traducción) y por el mismo Habachi en 1956, y en las publicaciones de Torgny Säve Söderbergh (1956), Alan Gardiner (1961) y Thomas Garnet Henry James (1965)[1].

Por su parte, y como ya señaláramos, la traducción de Habachi sigue una presentación consistente al ilustrar los párrafos traducidos con una fotografía del texto—aunque no de buena calidad—y con notas al pie que aclaran las cuestiones gramaticales que hacen a la traducción sostenida por el autor, mediante la transliteración del pasaje en cuestión. Recordemos que la obra contempla referencias exhaustivas al hallazgo, otros detalles relevantes de la piedra como los grafitis que contiene—aunque sin analizarlos exhaustivamente—y referencias comparativas con K1 y TIC.

[1] Hammad, "Decouverte d'une stèle du roi Kamose", 198–208; HSSK; Wilson, "War against the Hyksos", 554–55; Torgny Säve-Söderbergh, "The Nubian Kingdom of the Second Intermediate Period", *Kush* 4 (1956): 54–61; Alan H. Gardiner, *Egypt of the Pharaohs: An Introduction* (Clarendon, 1961), 167–68; Thomas Garnet Henry James, *Egypt: From the Expulsion of the Hyksos to Amenophis I*, CAH 34 (1965), 3–13.

Por cierto, este trabajo seminal dio paso a varias revisiones del texto que implicaron nuevas traducciones y precisiones acerca de sus particularidades. Una de las más relevantes, hasta el día de hoy, fue la realizada por Harry y Alexandrina Smith en 1976, pocos años después de la publicación de Habachi[2].

Los autores la presentaron como una relectura de las cuestiones que la publicación de Habachi dejó expuestas, es decir, como obra complementaria de aquélla, aunque introduciendo una lectura de las formas verbales que seguía los postulados de Hans Polotsky[3]. A estos primeros trabajos se sucedieron una serie de estudios relevantes sobre la estela, fundamentalmente sobre la estructura gramatical del texto y otras particularidades de ese orden; análisis comparativos con K1 y TIC u otros textos que refieren a los hicsos (como por ejemplo *La Disputa entre Apofis y Seqenenra*, texto literario datado en el reinado de Merenptah, dinastía XIX, ca. 1213–1203 a.C.) y aproximaciones generales de índole histórica o arqueológica. En estas líneas adicionaremos, a las ya mencionadas, las traducciones completas de Ursula Kaplony-Heckel; Hans Goedicke; Donald Redford; Robert Ritner; Beate Hofmann y las más recientes de José Miguel Serrano Delgado, Bernard Mathieu, Anthony Spalinger y Marc Brose; y los trabajos más específicos de Kim Ryholt, Janine Bourriau, Roland Enmarch y Andréas Stauder, entre otros aún más específicos[4]. Finalmente, cabe mencionar dos ediciones que contienen

---

[2] Harry S. Smith y Alexandrina Smith, "A Reconsideration of the Kamose Texts", *ZÄS* 103 (1976): 48–73.

[3] Smith y Smith, "Reconsideration of the Kamose Texts", 49.

[4] Wilson, "War against the Hyksos", 554–55; Ursula Kaplony-Heckel, "Ägyptische Historische Texte", *TUAT* I, 525–34; Hans Goedicke, *Studies about Kamose and Ahmose* (Baltimore: Halgo, 1995); Ryholt, *Political Situation in Egypt*; Donald Redford, "Textual Sources for the Hyksos Period", en *The Hyksos: New Historical and Archaeological Perspectives*, ed. Eliezer Oren (Philadelphia: University of Pennsylvania, 1997), 1–44; Beate Hofmann, *Die Königsnovelle: "Strukturanalyse am Einzelwerk"*, ÄAT 62 (Wiesbaden: Harrassowitz Verlag, 2004); Janine Bourriau, "Some Archaeological Notes on the Kamose Texts", en *Studies on Ancient Egypt in Honour of H.S. Smith*, ed. Anthony Leahy y John Tait, EES OP 3 (London: The Egypt Exploration Society, 1999), 43–48; Anthony Spalinger, "Two Screen Plays: "Kamose" and "Apophis and Seqenenre", *JEgH* 3.1 (2010): 115–35; Roland Enmarch, "Some Literary Aspects of the Kamose Inscriptions", *JEA* 99 (2013): 253–63; Andréas Stauder, *Linguistic Dating of Middle Egyptian Literary Texts*, LingAeg-StudMon 12 (Hamburg: Widmaier Verlag, 2013), 43–50; José M. Serrano Delgado, *Textos para la historia antigua de Egipto* (Sevilla: Cátedra, 2021), 155–62; Bernard Mathieu, "Attaquer ou ne pas attaquer ? Le pharaon Kamosis au coeur d'un conflit idéologique (avec une nouvelle traduction de la « Geste de Kamosis »)", en *En Détail - Philologie und Archäologie im Diskurs: Festschrift für Hans-W. Fischer-*

la versión jeroglífica completa del texto, una realizada por Wolfgang Helck (1975) y la otra por Frank T. Miosi (1981)[5].

Desde luego, los estudios sobre la estela se enmarcan en el debate mucho más amplio acerca de la sintaxis y morfología de la antigua lengua egipcia.

2.1. Consideraciones previas a la traducción de K2

No vamos a entrar aquí en una descripción exhaustiva de los intercambios académicos que se han venido desarrollando en torno a los tiempos verbales del egipcio antiguo en el campo más específico de la filología[6]. Sin embargo, cabe mencionar—por el impacto que tuvo—la denominada teoría de los "Segundos Tiempos" verbales o "Teoría Standard" enunciada por Hans Polotsky, que se volvió dominante a partir de mediados de los años '60. Tal teoría derivaba de la existencia de "Segundos Tiempos" en el copto, y a partir de ello, Polotsky propuso su aplicación al antiguo egipcio, redundando en un condicionamiento a la sintaxis por sobre la morfología[7]. En esta línea se adscribe, como ya señalamos, la traducción de Smith y Smith (1976)[8]. Sin embargo, a partir de fines de los '80 se comenzó a dudar del condicionamiento sintáctico de ciertas formas verbales y, más recientemente, los especialistas comenzaron a llamar la atención sobre la influencia de otros factores, estudiados desde la pragmática—como la influencia del contexto, el cotexto y otros elementos extralingüísticos—y la semántica léxica—por ejemplo, el reconocimiento del empleo de metáforas, entendidas éstas como "el mapeo de asociaciones de una esfera semántica a otra"[9]—que la teoría Standard no tenía en cuenta[10].

Elfert, ed. Marc Brose et al., ZÄS 7 (Berlin: de Gruyter, 2019), 703–18; Anthony Spalinger, *The Books behind the Masks: Sources of Warfare Leadership in Ancient Egypt*, Ancient Warfare 4 (Leiden: Brill, 2021), 27–83.

[5] Wolfgang Helck, *Historisch-Biographische Texte der 2. Zwischenzeit und neue Texte der 18. Dynastie*, KÄT 6 (repr. Wiesbaden: Harrassowitz Verlag, 1983), 91–97; Frank T. Miosi, *A Reading Book of Second Intermediate Period Texts*, JSSEA Publications 9 (Toronto: Benben, 1981), 42–53.

[6] Carlos Gracia Zamacona, "A Look Back into Ancient Egyptian Linguistic Studies (c. 1995–2019)", *Panta Rei* 14.2 (2020): 23–42.

[7] Hans Jakob Polotsky, "The "Emphatic" *sḏm.n.f* Form", *RdE* 11 (1957): 109–17.

[8] Smith y Smith, "Reconsideration of the Kamose Texts", 48.

[9] Angela McDonald, *Animal Metaphor in the Egyptian Determinative System: Three Case Studies* (Tesis doctoral, University of Oxford, 2002), 1.

[10] Andréas Stauder, "The Earlier Egyptian "Emphatic" Construction: An Alternative Analysis", en *Coping with Obscurity: The Brown Workshop on Earlier Egyptian Grammar*, ed.

Recientemente, Andréas Stauder abordó estas cuestiones señalando que el cambio lingüístico en la morfosintaxis de la lengua egipcia no ha sido lineal a principios/mediados del II milenio a.C. y que tampoco puede asumirse que una distancia lingüística creciente del egipcio medio mapee de modo igualmente lineal la distancia cronológica del Reino Medio[11].

Asimismo, teniendo en cuenta estas consideraciones, este mismo autor proveyó una serie de precisiones en relación con las inscripciones de Kamose, más allá de K2, dado que considera también K1 y TIC. De este modo, en términos generales, señala que estos textos son sumamente innovadores en lo lingüístico, mencionando los siguientes aspectos (aquí señalaremos lo concerniente a K2):

1. el uso amplio de los pronombres sujeto *tw=j*; etc. (K2, 1; K2, 5);
2. el uso de la construcción *sḏm=f*, proponiendo que la mayoría de los *sḏm=f* son subjuntivos, y unos pocos con función asindética (circunstancial);
3. el exclamativo *ḫy* (K2, 31);
4. el uso de nuevo léxico militar: *t3-nt-ḥtrj* (¿carros de guerra? K2, 13) y *ḫpš* (*khepesh*, K2, 34), una espada en forma curva procedente de Asia occidental;
5. nuevo léxico, por ejemplo, *š3ꜥ-r* "hasta" (K2, 16; K2, 26)—aunque con un posible antecedente en P. Boulaq 18 (dinastía XIII);
6. instancias de diálogo informal, provenientes de la oralidad, como se visualiza en la construcción que aparece en la carta de Apepi dirigida al gobernante de Kush (K2, 20): *ḥr-m ꜥḥꜥ=k m ḥq3 nn rdj.t rḫ=j* "¿por qué razón te eriges como gobernante, sin avisarme?" (K2, 20); y a todas estas expresiones novedosas, el autor adiciona
7. el alto nivel del egipcio medio que se conserva en la narrativa[12].

Ahora bien, retornando aquí a los tiempos verbales seguiremos, en líneas generales, las propuestas de Anthony Spalinger quien sintetiza—a nuestro entender correctamente siguiendo a Stauder—las tendencias más actuales acerca de esta cuestión que, como ya señalamos, ha sido sumamente debatida en el tiempo. De este modo, coincidimos en la apreciación de que el sistema verbal en K2 posee un carácter "progresivo y en ocasiones específicamente de

James P. Allen, Mark A. Collier y Andréas Stauder, Wilbour Studies in Egypt and Ancient Western Asia 3 (Atlanta: Lockwood Press, 2016), 169–99.

[11] Stauder, *Linguistic Dating of Middle Egyptian Literary Texts*, 8.

[12] Stauder, *Linguistic Dating of Middle Egyptian Literary Texts*, 44–46.

naturaleza prospectiva. Es decir, Kamose se refiere a circunstancias y resultados futuros, tal como lo hace Apepi en su mensaje"[13]. Así, el texto oscila entre afirmaciones con ese carácter y los logros efectuados por el rey.

Además, a todas estas cuestiones de índole específica, adicionaremos las nuevas aproximaciones a la lengua que cobraron relevancia en los últimos años relativas a la naturaleza icónica altamente figurativa de los signos de la escritura egipcia, a partir de los aportes realizados por diversos autores en las últimas décadas.

Para ello consideramos pertinente introducir una serie de precisiones conceptuales respecto de los términos habitualmente utilizados para expresar estas particularidades de la escritura egipcia, dado que en ocasiones se utilizan distintos términos para describir rasgos semejantes. Recientemente Pascal Vernus aportó una serie de definiciones que ayudan a establecer límites entre los diferentes conceptos, y que aquí tendremos en cuenta.

Así, propuso que los términos "pictografía" y "pictograma" refieren a aquellas representaciones ("semiografías restringidas") que utilizan "signos para transmitir mensajes que no se corresponden con un enunciado lingüístico definido"[14]. "Iconicidad" es definida como un "rasgo que puede afectar a un signo de escritura o a un inventario de signos de escritura en diferentes grados, que probablemente puedan ser ordenados, *grosso modo*, en una escala graduable", mientras que "*figuratividad*" refiere "al grado más alto de iconicidad"[15]. Vernus ahonda algo más en este último concepto, proponiendo que la *figuratividad* plena de un signo de escritura

> puede establecerse independientemente de cualquier subjetividad cultural según el siguiente criterio: un signo debe ser catalogado como figurativo cuando representa una realidad concreta o imaginaria del universo dentro del cual fue creado de la misma manera como lo hacen las meras representaciones[16].

Y aclara que, si bien un jeroglífico es una imagen, para que sea un signo de escritura debe cumplimentar tres restricciones que las meras

[13] Spalinger, *The Books Behind the Masks*, 29. Una idea semejante ya había señalado James, *Expulsion of the Hyksos*, 5. El mensaje de Apepi abarca las líneas 19–24.

[14] Pascal Vernus, "Script and Figurativity: Modelling the Relationship between Image and Writing in Ancient Egypt", en *Wege zur frühen Schrift: Niltal und Zweistromland*, ed. Ludwig Morenz, Andréas Stauder y Beryl Büma, Thot 3 (Berlin: EB-Verlag, 2022), 339.

[15] Vernus, "Script and Figurativity", 340.

[16] Vernus, "Script and Figurativity", 350.

representaciones pueden no cumplir: en primer lugar, la calibración que regula las convenciones de escala; en segundo lugar, el ordenamiento en relación con el espacio (*ordinatio*) y, finalmente, la orientación dirigida a la lectura[17].

De este modo, la *figuratividad* de los signos jeroglíficos permitiría al escriba implementar diversas estrategias en la transmisión de un mensaje.

En este sentido, Antonio Loprieno ya había hecho referencia a la relativa "libertad" de los escribas al momento de seleccionar un signo, un aspecto que enriquece todo el debate. Este autor introdujo el concepto de *iconocentrismo*, en el cual

> el lugar particular del signo gráfico egipcio en la encrucijada de lengua y cultura, por un lado, y fonética y semántica por el otro, explica su capacidad para mantener una tensión entre su función como signo lingüístico que 'significa' algo más (sea este algo más un sonido o un concepto), y el potencial connotativo, un espacio semiótico solo cubierto incompletamente por mecanismos regulatorios y que queda abierto, por lo tanto, a intervenciones individuales, más idiosincráticas[18].

En una línea semejante, Eitan Grossman y Stéphane Polis exploraron modos de describir la polifuncionalidad de los signos, a la que definen como "un término genérico para situaciones en las cuales múltiples funciones (o significados o sentidos) se asocian con un único significante"[19]. Nuevamente, el contexto posee la clave para atribuir un posible significado a un signo que posee connotaciones potenciales múltiples, o bien considerar todas ellas. Como podemos observar, estas perspectivas enfatizan la *figuratividad* de la escritura egipcia[20].

---

[17] Vernus, "Script and Figurativity", 353–54.

[18] Antonio Loprieno, "Is the Egyptian Hieroglyphic Determinative chosen or prescribed?", en *Philosophers and Hieroglyphs*, ed. Lucia Morra y Carla Bazzanella (Torino: Rosenberg & Sellier, 2003), 246.

[19] Eitan Grossman y Stéphane Polis, "Navigating Polyfunctionality in the Lexicon. Semantic Maps and Ancient Egyptian Lexical Semantics" en Eitan Grossman, Stéphane Polis, y Jean Winand, eds., *Lexical Semantics in Ancient Egyptian*, *LingAeg-StudMon* 9 (Hamburg: Widmaier, 2012), 175–76.

[20] Sobre las gradaciones de la iconicidad en los signos lingüísticos, en particular la escritura jeroglífica, véase Pascal Vernus, "Iconicité et figurativité dans l'écriture: pour un affinage conceptuel", en *Ecritures V: Systèmes d'écriture, imaginaire lettré; actes du colloque international, Institut national d'histoire de l'art, Paris, 10–11 décembre 2015*, ed. Hélène V. Campaignolle-Catel y Bouchy K. (Paris: Presses Sorbonne nouvelle, DL, 2020), 113.

En ese sentido, Polis sostuvo que "los egipcios nunca cesaron de utilizar el potencial icónico de su sistema de escritura, para fortalecer, precisar o enriquecer el significado glosado cubierto por los jeroglíficos"[21], con lo cual un signo puede tener un valor fonético, pero también adquirir distintos valores semánticos desde un punto de vista grafémico.

De este modo, el sistema de escritura egipcio se revela mucho más complejo de lo que refieren las taxonomías habituales. Si bien aquí mantendremos la nomenclatura de la taxonomía tradicional de la lengua y escritura de los jeroglíficos que refiere a fonogramas, ideogramas y determinativos, somos conscientes que la dimensión visual y la fonética son capaces de complementarse de diversas formas en la escritura. Tal situación queda planteada por las propuestas de Polis y Serge Rosmorduc, quienes abordaron esta cuestión demostrando que la tajante división entre la iconicidad por un lado y el valor fonético de los signos jeroglíficos, por el otro, debería ser complejizada[22].

Los autores, partiendo del reconocimiento del sistema de escritura jeroglífico como un sistema semiótico, reconocieron la relevancia de los aspectos sintagmático (es decir, la colocación de cada palabra en una frase dada) y paradigmático (que refiere a la elección de una forma en un sintagma o enunciado por sobre otros) y propusieron una nueva taxonomía teniendo en cuenta, en particular, el contexto sintagmático. De este modo, la *figuratividad* y el valor fonético de las funciones de los signos jeroglíficos se conjugan de modo novedoso al explorar funciones cuyas barreras son difusas. Las categorías de análisis se entrelazan en un cuadro de doble entrada (Cuadro 1) en donde, en primer lugar, se enuncia la *autonomía* del signo respecto de otros elementos de la palabra que integra; en segundo lugar, si refiere o no a algún contenido (+/- *semograma*) y finalmente, si refiere o no a alguna forma lingüística (+/- *fonograma*). Así, en el nivel autónomo, se visualizan tres funciones, a saber: la de *pictograma*, donde el signo posee un alto contenido figurativo sin valencia fonética—como ya hemos referido en las definiciones propuestas por Vernus (cf. *ut supra*); la de *logograma* (donde el signo invoca una palabra

---

[21] Stéphane Polis, "The Functions and Toposyntax of Ancient Egyptian Hieroglyphs: Exploring the Iconicity and Spatiality of Pictorial Graphemes", *Signata* 9 (2018): 293, 297.

[22] Por ejemplo, la habitual división en fonogramas, ideogramas y determinativos y su relación con los conceptos de significado y sonido; y las propuestas por W. Schenkel y F. Kammerzell y E.-S. Lincke. Cf. Stéphane Polis y Serge Rosmorduc, "The Hieroglyphic Sign Functions: Suggestions for a Revised Taxonomy", en *Fuzzy Boundaries: Festschrift für Antonio Loprieno*, ed. Hans Amstutz (Hamburg: Widmaier Verlag, 2015), figs. 6, 7 y 8.

entera) que posee valor figurativo y fonético y la de *fonograma*, donde actúan como grafemas que remiten a uno o varios fonemas.

Ahora bien, en la categoría *no-autónomos* las funciones de los signos son: la de *clasificador* (o *determinativo*)—los cuales suelen estar vinculados o bien con la palabra que integran o bien con algún antecedente en el texto, poseyendo carga figurativa y no fonética; la de *radicograma,* que en la práctica son utilizados en el sistema jeroglífico como raíces y la de *interpretante fonemográfico* (función también denominada *complemento fonético*) que son grafemas que interpretan el valor fonémico de otros semogramas (como los logogramas y radicogramas) o fonogramas. Las funciones de *logograma* y *radicograma* son las que, como puede apreciarse en el cuadro, se encuentran ubicadas en las difusas fronteras entre la esfera figurativa y fonética[23].

Estas particularidades permiten formular hipótesis alternativas en relación con el rol de los lectores y los escribas.

	+ SEMOGRAMA		- SEMOGRAMA
AUTÓNOMO	PICTOGRAMA	LOGOGRAMA	FONOGRAMA
NO-AUTÓNOMO	CLASIFICADOR	RADICOGRAMA	INTERPRETANTE
	-FONEMOGRAMA	+ FONEMOGRAMA	

Cuadro 1. Taxonomía de las funciones de los signos jeroglíficos según S. Polis y S. Rosmorduc, "The Hieroglyphic Sign Functions: Suggestions for a Revised Taxonomy", en *Fuzzy Boundaries: Festschrift für Antonio Loprieno*, ed. Hans Amstutz (Hamburg: Widmaier Verlag, 2015), 157.

Ahora bien, la *figuratividad* que evidencia la escritura jeroglífica permite suponer que podría expandirse el universo de quienes pudieron acceder a su significación en determinados contextos. Así, es probable que el reconocimiento y comprensión de los signos hayan sido relativamente sencillos para un egipcio; con lo cual también es factible que pudiera interpretar mensajes transmitidos a través de la cualidad figurativa, aunque no pudiera acceder a

[23] *In extenso,* Polis y Rosmorduc, "The Hieroglyphic Sign Functions", 157–69.

la lectura de un texto[24]. Aquí preferiremos para estos signos que se encuentran en esa categoría "difusa" la calificación de ideogramas por sobre logogramas (términos que en ocasiones se equiparan), ya que en esencia procuran transmitir "ideas" en mayor medida que "palabras". El término logograma remite a la asociación de un signo con una palabra, sin embargo, en una escritura que se "ve" más de lo que se "lee" (o en la que ambas acciones se producen a la vez), y donde las palabras rara vez se escriben con un solo signo, el término logograma resulta restrictivo[25].

Además de estas cuestiones, ya hemos hecho referencia más arriba a la calificación del sistema de escritura egipcio como sistema semiótico, mencionando los aspectos sintagmático y paradigmático. Precisamente la taxonomía presentada por Polis y Rosmorduc refiere al primero de esos aspectos. Ahora bien, el segundo, el paradigmático, como ya señalamos, refiere a la elección de una determinada forma por sobre otras. En K2 veremos que el escriba seleccionó ciertos signos con función de ideogramas y determinativos para transmitir información específica.

2.2. El concepto de *figuratividad* y los estudios recientes sobre los determinativos

Dicho esto, veamos cómo se han desarrollado los estudios sobre un elemento específico de la escritura egipcia—sin valor fonético—como lo son los determinativos. Cabe aclarar que, desde tiempos de Jean-F. Champollion, se ha reconocido que estos elementos de la escritura—ya que no se verbalizan—poseen también la función de separadores entre palabras y también como "elementos de ayuda" para interpretar el significado apropiado para un término. Sin embargo, en las últimas décadas se abrieron nuevas sendas en su estudio, donde la que más impacto produjo—y por ello la referimos aquí—es que se trata de *un sistema de clasificación del mundo* que posee sus propias reglas.

Por cierto, quien realizó aportes relevantes a esta lectura particular sobre los determinativos fue Orly Goldwasser quien, a partir de mediados de los '90,

---

[24] Orly Goldwasser, "From Iconic to Linear: The Egyptian Scribes of Lachish and the Modification of the Early Alphabet in the Late Bronze Age", en *Alphabets, Texts and Artifacts in the Ancient Near East: Studies Presented to Benjamin Sass*, ed. Israel Finkelstein, Christian Robin y Thomas Römer, trans. Binyamin Zas (Paris: Van Dieren, 2017), 125.

[25] Agradezco a Carlos Gracia Zamacona sus precisiones al respecto. Cf. también Stephen Kidd, "Written Greek but Drawn Egyptian: Script Changes in a Bilingual Dream Papyrus", en *Writing as Material Practice: Substance, Surface and Medium*, ed. Kathryn E. Piquette y Ruth D. Whitehouse (London: Ubiquity Press, 2013), 239–52.

se abocó al estudio de estos elementos de la escritura tomando como punto de partida el énfasis que ya Champollion les había otorgado y que había caído en desuso para el momento de la publicación de la *Egyptian Grammar* de Alan Gardiner[26]. Goldwasser sostiene que la escritura jeroglífica constituye un sistema en el que las prácticas de significación son más relevantes que la fonética—no podemos más que estar de acuerdo con esta aseveración—y propuso que una "variedad de patrones potenciales" salían a la superficie del sistema de escritura jeroglífica debido a su *figuratividad*, obligando al lector a confrontar con "significados ocultos"[27]. Ahora bien, la especialista consideró a esta escritura como un sistema completo de clasificación del mundo y, a pesar de las críticas que recibió—cf. *ut infra*—es innegable que su trabajo sobre los determinativos entendidos como *clasificadores* abrió nuevos caminos en su análisis. Una de sus principales contribuciones fue, precisamente, su propuesta acerca de que estos elementos son *clasificadores* que dan información extra acerca de la palabra con la que están relacionados. Siguiendo este principio, propuso una clasificación en categorías de sustantivos, distinguiendo ciertos miembros de una categoría como prototipos "o puntos de referencia cognitivos", siguiendo la teoría de los prototipos planteada por la especialista en psicología cognitiva Eleanor Rosch[28]. Goldwasser también investigó el uso de la metáfora conceptual y la clasificación alternativa en la escritura egipcia, haciendo puntos fuertes de su enfoque las hipótesis que refieren a la "afinidad entre el sistema egipcio de 5.000 años de antigüedad y la clasificación occidental moderna", y el hecho de que "la clasificación del mundo tal como la representa la escritura respalda la comprensión de los sistemas de clasificación como universales, a pesar de algunos efectos y variaciones culturales"[29].

Sus contribuciones abrieron nuevas sendas, como ya señalamos, en el estudio de la escritura jeroglífica. En este sentido, consideramos relevante mencionar los aportes realizados por la autora junto con Colette Grinevald, en tanto consideran que este sistema de clasificación presenta características singulares, ya que combina en un sistema único "clasificadores" de verbos y

---

[26] Orly Goldwasser, *From Icon to Metaphor*, *OBO* 142 (Göttingen: Vandenhoeck & Ruprecht, 1995); Goldwasser, "Where Is Metaphor? Conceptual Metaphor and Alternative Classification in the Hieroglyphic Script", *Metaphor and Symbol* 20.2 (2005): 95–113; Goldwasser y Grinevald, "What Are Determinatives Good For?", en Grossman, Polis y Winand, *Lexical Semantics in Ancient Egyptian*, 17–53; McDonald, *Animal Metaphor in the Egyptian Determinative System*, 15.

[27] Goldwasser, "From Iconic to Linear", 36, 38.

[28] Goldwasser, *From Icon to Metaphor*, 81.

[29] Goldwasser, "Where Is Metaphor?", 111.

sustantivos "en sus respectivos *loci* morfosintácticos con sus esperados perfiles semánticos (categorización de humanos, animales e inanimados de la cultura egipcia *vs* categorización de tipos de eventos)". Asimismo, las autoras subrayan que se trataría de un "fenómeno natural de clasificación de un sistema de raíz", ya que de las raíces derivan verbos, sustantivos y otros elementos de la lengua[30]. Por cierto, se reconoce que tales elementos no se explicitan en la lengua hablada, como se evidencia con el copto[31].

Podemos adentrarnos algo más en las particularidades de los determinativos entendidos como clasificadores. Una lectura que complejiza la propuesta de Goldwasser fue introducida por la denominada Escuela de Berlín, representada principalmente por Eliese-Sophie Lincke y Frank Kammerzell, quienes propusieron abordar el estudio de estos elementos en los verbos y analizarlos en su relación con la semántica léxica y la pragmática[32].

Su aproximación amplió el alcance de los análisis realizados al enfatizar la relevancia de tomar en cuenta otros aspectos al momento de abordar un texto, como el rol del cotexto y la pragmática. Ellos distinguieron entre clasificadores (aquí determinativos) *lexicales* y *referentes*, considerando que en ciertos casos la selección de un signo—o más—con esta función está ligada a razones pragmáticas (donde la "sensibilidad al contexto" adquiere relevancia) mientras que en otros casos esto no sucede.

Sin embargo, estas perspectivas no han quedado libres de críticas que merecen atención, y que suelen erigirse no sólo sobre la propuesta de igualar a los determinativos de la escritura egipcia con clasificadores, sino también en relación con el riesgo que implica el establecimiento de categorías generales, o *universales*, que podrían no contemplar las sutiles variaciones que se atestiguan en el uso de los determinativos.

---

30 Goldwasser y Grinevald, "What Are Determinatives Good For?", 17–53; Colette Grinevald, "Linguistics of Classifiers", en *International Encyclopedia of the Social and Behavioral Sciences*, ed. James D. Wright, Tomo 3, 2da. ed. (Amsterdam: Elsevier, 2015), 814.

31 Grinevald, "Linguistics of Classifiers", 814.

32 Lincke y Kammerzell, "Egyptian Classifiers at the Interface of Lexical Semantics and Pragmatics", en Grossman, Polis y Winand, *Lexical Semantics in Ancient Egyptian*, 55–112. Los intentos de Lincke y Kammerzell realizados sobre la clasificación de los verbos "los llevaron a alejarse de algunos de los supuestos fundamentales del marco teórico de Goldwasser" (Rune Nyord, "Cognitive Linguistics", en *UCLA Encyclopedia of Egyptology*, ed. Julie Stauder-Porchet, Andréas Stauder y Willecke Wendrich (Los Angeles: UCLA, 2015), 3 y entonces se identifican dos "escuelas": la de "Jerusalén" (que sigue la perspectiva de Goldwasser) y la de "Berlín" (que sigue la de Lincke y Kammerzell). Cf. Goldwasser y Grinevald, "What Are Determinatives Good for?", 19.

En este sentido, Angela McDonald llamó la atención sobre la ecuación "determinativo = clasificador" y la objetó en dos aspectos. Por un lado, subrayó el hecho de que los clasificadores se expresan en las lenguas que los poseen mientras que los determinativos egipcios solo existen al nivel de la escritura y, por el otro, que los clasificadores son obligatorios, mientras que los determinativos son opcionales[33]. Más aún, sus observaciones sobre el establecimiento de categorías integrales se basan sobre el riesgo subyacente de ignorar la relevancia de las variantes gráficas en signos lo cual, como resultado, podría implicar que su fuerte importancia semántica sea ignorada[34].

Esta complejidad que poseen los determinativos egipcios fue subrayada tanto por McDonald como por Carlos Gracia Zamacona. En relación con el uso de estos elementos en verbos, Gracia Zamacona se enfocó en los de desplazamiento y en el uso del signo D54 𓂻. Él ha señalado que los determinativos (*clasificadores* en la terminología propuesta por Goldwasser) son "marcadores de uso semántico" y resaltó sus cualidades no sólo como prototipos, sino también como marcadores de uso o apropiación (el empleo de un determinativo con una unidad semántica que usualmente muestra otro determinativo), antropológicos o icónicos (extralingüísticos), etimológicos y co(n)textuales[35].

Además, McDonald ha realizado un llamado de atención sobre el uso de categorías modernas—como la ya mencionada de los prototipos de Rosch—para analizar los determinativos en escrituras antiguas, señalando que, si bien existen similitudes, eso no significa que los sistemas puedan ser igualados automáticamente[36]. La autora también le dio una importancia sustancial al hecho de que es imposible para un egiptólogo obtener información de un hablante nativo, una herramienta metodológica utilizada con frecuencia por aquellos que trabajan con lenguas contemporáneas. Sin embargo, las comparaciones con las lenguas modernas no deberían ser descartadas totalmente, ya que ofrecen guías importantes para acercarse a la escritura del egipcio antiguo.

Dado que el debate aún continúa abierto y no es nuestro objetivo adentrarnos en él, en este trabajo mantendremos el término "determinativos" por sobre "clasificadores", teniendo en cuenta todo lo señalado anteriormente.

---

[33] McDonald, *Animal Metaphor in the Egyptian Determinative System*, 35.

[34] Angela McDonald, comunicación personal, 15 de agosto de 2018.

[35] Carlos Gracia Zamacona, "Sur les déterminatifs de mouvement et leur valeur linguistique", *GM* 183 (2001): 33–34. Sobre los "clasificadores" de los verbos véase también Frank Kammerzell, "Egyptian Verbs Classifiers", en *Proceedings of the Tenth International Congress of Egyptologists, University of the Aegean, Rhodes, 22–29 May 2008*, ed. P. Kousoulis y Nikolaos Lazaridis, OLA 241 (Leuven: Peeters, 2015), 2:1395–1416.

[36] McDonald, *Animal Metaphor in the Egyptian Determinative System*, 45.

De este modo, en el caso de ciertos determinativos, observaremos la selección de distintos signos para una misma palabra alterando su significado al dotarla de cualidades sustancialmente diferentes. Ahora bien, como los determinativos no poseen valor fonético y no pueden "leerse", transliterarse o transcribirse, aquí optamos por otorgarles un *significado explícito* probable, siguiendo las sugerencias de Thomas Schneider, quien sostuvo la necesidad de "hacer la información semántica provista a nivel de la escritura (¡pero no lingüísticamente!) explícita en la traducción"[37]. Tal *significado explícito* de los determinativos lo incluiremos glosado entre corchetes a continuación de la traducción habitual de la palabra en cuestión, haciendo una distinción. En ciertos casos, se trata del determinativo habitual que acompaña a determinadas palabras y se explicitan porque son relevantes para nuestro trabajo (*clasificadores lexicales* en términos de Lincke y Kammerzell). En otros, tal significado se deriva de la consideración de los contextos extralingüísticos—como lo pueden ser el sociohistórico, o bien el sitio de destino del objeto, en este caso, un templo—y/o del cotexto—antecedentes, comparaciones, metáforas (*clasificadores referentes* según Lincke y Kammerzell). En estos casos, el significado explícito que les otorgamos aparece entre corchetes y en cursiva. Como ya hemos indicado, cuando referimos directamente al nombre del signo tal como aparece en la lista de Gardiner (GEgG, 442–548), el mismo aparece entrecomillado.

Por cierto, en este trabajo entendemos que los determinativos pueden ser definidos como *elementos de la escritura sin valor fonético que transmiten información a nivel visual, que pueden poseer valencia semántica ligada a la palabra que acompañan o en relación al cotexto, pudiendo ser sensibles a contextos extralingüísticos y susceptibles de recibir un significado explícito posible.*

En síntesis, a partir de mediados de los '90 cobraron relevancia nuevas vías en el estudio de la iconicidad de los signos jeroglíficos en general, de sus funciones entre tal dimensión y la fonética, y tuvo lugar un debate que continúa en la actualidad—y con mucho camino por recorrer—centrado en el rol de

[37] Thomas Schneider, "Three Histories of Translation: Translating in Egypt, Translating Egypt, Translating Egyptian", en *Complicating the History of Western Translation: The Ancient Mediterranean in Perspective*, ed. Enrica Sciarrino y Siobhán McElduff (Manchester: St. Jerome Publishing, 2011), 187.

ciertos elementos específicos de la escritura como lo son los determinativos[38]. En este contexto, K2 se convierte en un ejemplo notable para explorar estas dimensiones, constituyéndose además en una evidencia que muestra la idiosincrasia de los textos, su fuerte vinculación al contexto histórico en el que fueron producidos y la relación estrecha con el ámbito al que estaban destinados, y los riesgos que se corren al tratar de establecer categorías generales que funcionen para todos los casos.

[38] Actualmente se desarrolla el Proyecto *iClassifier* donde no sólo se estudian los clasificadores de la escritura egipcia sino de otros sistemas lingüísticos. Cf. Haleli Harel, Orly Goldwasser, y Dmitry Nikolaev, "Mapping the Ancient Mind: *iClassifier*, A New Platform for Systematic Analysis of Classifiers in Egyptian and Beyond", en *Ancient Egypt, New Technology: The Present and Future of Computer Visualization, Virtual Reality and Other Digital Humanities in Egyptology*, ed. Rita Lucarelli, Joshua A. Roberson y Steve Vinson, HES 17 (Leiden: Brill, 2023), 130–58.

3.
Figuratividad y transmisión de mensajes en K2

Como hemos venido señalando, esta aproximación a K2 propone sumar a la información lingüística aquella producida a través de diversas modalidades que emergen de la *figuratividad* de los signos jeroglíficos. Se hace evidente que el escriba seleccionó determinados signos en detrimento de otros, en procura de brindar información complementaria o de reiterar ciertas aseveraciones expresadas lingüísticamente.

Por cierto, estas particularidades están estrechamente vinculadas a sesgos de diversa índole, pero consideramos central validar en primer lugar el contexto histórico del que deviene y que rodea al monumento.

3.1. Contexto histórico

Realizada probablemente a fines del Segundo Periodo Intermedio, es de destacar que la narrativa de K2 refleja—al igual que el resto de las estelas de Kamose—la perspectiva de la élite tebana, la cual se consideraba a sí misma como la legítima heredera del Egipto "tradicional", vale decir, unificado bajo el gobierno de un rey-dios. De este modo, contiene un fuerte sesgo negativo hacia aquellos que osaron disputarle esa herencia, los gobernantes de Avaris y de Kush.

Los estudios sobre el Segundo Periodo Intermedio se acrecentaron considerablemente en las últimas décadas. Son de destacar tres obras que fueron publicadas hace algunos años. La primera de ellas es el trabajo de Kim Ryholt *The Political Situation in Egypt during the Second Intermediate Period, ca. 1800–1550 B.C.* y la segunda es una compilación editada por Marcel Marée *The Second Intermediate Period (Thirteenth-Seventeenth Dynasties): Current Research, Future Prospects*, ambas publicadas en 1997. La tercera es también una compilación editada por Eliezer Oren, titulada *The Hyksos: New Historical and Archaeological*

Perspectives, del 2010[1]. Estas obras en su conjunto precisaron diversas cuestiones referidas a las circunstancias particulares de un periodo complejo donde la evidencia suele ser, en ocasiones, no sólo escasa sino controvertida. La obra de Ryholt se basa en un nuevo estudio del periodo a partir de una aproximación metodológica original al Papiro de Turín, que le permitió reformular hipótesis y plantear nuevas problemáticas. Los otros dos volúmenes editados abordaron desde diversas perspectivas teórico-metodológicas—que incluyen el análisis de textos, la ponderación de evidencia arqueológica y la reevaluación en contexto de evidencias de diverso tipo—las cuestiones centrales de un periodo disruptivo como lo fue el Segundo Periodo Intermedio y las discusiones más pertinentes sobre los hicsos.

Si bien se ha sugerido que no hubo cambios sustanciales en la línea real entre las dinastías XII y XIII, también se ha señalado que el fin de la dinastía XII pudo haber estado signado por un problema sucesorio que derivó en una crisis de legitimidad en la realeza. El reinado de un rey femenino sobre el fin de la dinastía XII y el uso de *filiative nomina* por los primeros reyes de la dinastía XIII así parecen sugerirlo[2].

El reciente hallazgo en Abidos de los complejos funerarios de los dos primeros reyes de la dinastía XIII (ca. 1773–después 1650 a.C.), Sobekhotep I y Sonbef, en las cercanías del complejo del poderoso rey de la dinastía XII Senusret III (ca. 1870–1831 a.C.), permitió a Josef Wegner y Kevin Cahail ahondar en la hipótesis del problema sucesorio. Así propusieron, hipotéticamente, que Amenemhat III (ca. 1831–1786 a.C.) podría haber engendrado dos hijas, Neferuptah y Sobekneferu, siendo la primera la posible sucesora, pero que falleció antes que su padre. En esa situación, Amenemhat habría elegido un coregente y sucesor por fuera de la línea real, Amenemhat IV (ca. 1786–1777 a.C.). Este rey ocupó el trono por nueve años y luego ascendió al trono Sobekneferu (ca. 1777–1773 a.C.), en lugar de los hijos del rey. Luego de su muerte, estos hijos reclamaron el trono convirtiéndose en los dos primeros reyes de la dinastía XIII[3]. El descubrimiento de sus complejos en una ubicación tan significativa

---

[1] Además, entre 2016 y 2021 se desarrolló el proyecto "The Enigma of the Hyksos" (El Enigma de los Hicsos) dirigido por Manfred Bietak (ERC ADG Project 668640) con el objetivo de determinar su origen (https://cordis.europa.eu/project/id/668640. Consultado: 20 de marzo de 2024).

[2] Ryholt, *Political Situation in Egypt*, 207.

[3] Josef Wegner y Kevin Cahail, "Ancient Reuse: The Discovery of a Royal Sarcophagus Chamber", *Expedition* 56.2 (2014): 23.

llevó a los investigadores a considerar que estaban en la búsqueda de reforzar su legitimidad.

Por cierto, la dinastía XIII estuvo integrada por una gran cantidad de reyes—más de cincuenta y siete—muchos de ellos sin predecesores regios[4]. Tal particularidad fue explicada a través de diversas hipótesis, una de ellas la de Stephen Quirke, quien propuso que la realeza "circulaba" entre "unos pocos gobernantes locales, los que se consideraban a sí mismos como capaces de ocupar (brevemente) el trono egipcio" sin que hubiera conflictos entre ellos[5] y otras que mencionaban la posibilidad de la existencia de grupos que competían entre sí[6].

De este modo, durante la dinastía XIII, ya sea por acuerdos o no, el trono de Horus fue probablemente ocupado por individuos provenientes de diversas elites locales, lo que pudo haber favorecido la atomización y la emergencia de distintos núcleos independientes en el Alto Egipto, además de los núcleos gobernados por los asiáticos en el Delta y los nubios en el sur.

La existencia de una dinastía independiente en el Alto Egipto, además de la que regía el núcleo tebano, fue propuesta por Detlef Franke y reafirmada por Ryholt basándose en la información provista por el Papiro de Turín. Esta dinastía fue denominada "dinastía de Abidos", ya que los nombres preservados en la lista de Turín, que se atestiguan luego de la sumatoria de la dinastía XVI (ca. 1650–1580 a.C.), contienen el nombre del dios Osiris en su composición, como por ejemplo User[...]ra[7]. El descubrimiento en 2014 de la tumba de un rey llamado User-ib-ra Seneb-Kay en la necrópolis de Abidos (sur) le dio un nuevo impulso a la hipótesis anteriormente mencionada[8]. En las áreas marginales, ámbitos atravesados por importantes rutas comerciales que unían Nubia con el Delta oriental, también emergieron otros núcleos relevantes, principalmente en los oasis del desierto occidental (en Dakhla y Kharga)[9].

---

[4] Ryholt, *Political Situation in Egypt*, 72.

[5] Stephen Quirke, *Middle Kingdom Studies* (New Malden: SIA Publishing, 1991), 137–39.

[6] Katalin Khótay, "Categorisation, Classification, and Social Reality: Administrative Control and Interaction with the Population", en *Ancient Egyptian Administration*, ed. Juan C. Moreno García, HdO 104 (Leiden & Boston: Brill, 2013), 484.

[7] Detlef Franke, "Zur Chronologie des Mittleren Reiches Teil II: Die Sogenannte "Zweite Zwischenzeit" Altägyptens", *Orientalia* 57.3 (1988): 259; Ryholt, *Political Situation in Egypt*, 163–66.

[8] Josef Wegner y Kevin Cahail, *King Seneb-Kay's Tomb and the Necropolis of a Lost Dynasty at Abydos*, UMM 155 (Philadelphia: University of Pennsylvania Museum of Archaeology and Anthropology, 2021).

[9] Roxana Flammini, "Economics, Political Practices and Identities on the Nile", *e-Topoi Special Volume* 7 (2020): 135–37.

Así, durante una primera fase del Segundo Periodo Intermedio el núcleo tebano se mantuvo aislado de tales rutas comerciales, lo que se evidencia en el empobrecimiento de los recursos materiales[10] y en la aparición de una colección de fórmulas relativas a la vida de ultratumba (el Libro de los Muertos) cuyo carácter local puede vincularse con la falta de acceso a Menfis, sus escribas y bibliotecas, que estaban bajo el control de los hicsos[11]. Este núcleo mostró el mantenimiento de rasgos culturales ligados al Alto Egipto y a su vez, desarrolló rasgos típicamente locales. Se evidencia que durante la temprana dinastía XIII, la administración tebana estaba encabezada por un visir, mientras ciertos cambios se comenzaron a dar en los estratos más bajos de la misma. En un segundo momento, más tardío, los títulos religiosos y militares se fueron volviendo más preeminentes, a la vez que el templo de Amón en Karnak y su sacerdocio adquirían un rol legitimador de la realeza local. Así, los lazos entre la realeza, la élite local y el sacerdocio se vieron reforzados durante este periodo disruptivo[12]. De este modo, como señaló Moreno García, en ese escenario de poder atomizado que abarcó gran parte del Segundo Periodo Intermedio, el templo de Amón en Karnak—el destino final de la estela de Kamose—jugó un rol relevante para los gobernantes de Tebas, ya que eran ellos quienes seleccionaban al personal entre los miembros de su familia, los que luego, a la sazón, los legitimaban como gobernantes. Con lo cual, la hipertrofia que evidencia el templo durante el Reino Nuevo se remontaría, al menos en parte, a la relación mutuamente beneficiosa que existía entre los gobernantes locales y el sacerdocio, producto de la coyuntura histórica expuesta más arriba[13]. Además, otros rasgos también apuntan a la emergencia de prácticas locales y al fortalecimiento de los lazos sociales, como el uso colectivo de ciertas áreas de culto y objetos vinculados al principio de provisión mágica, que permitirían distinguir entre aquellos que pertenecían a la comunidad de aquellos que no[14].

---

[10] Janine Bourriau, "The Second Intermediate Period (c. 1650–1550 BC)", en *The Oxford History of Ancient Egypt*, ed. Ian Shaw, 2da. ed. (Oxford: Oxford University Press, 2003), 193.

[11] Juan C. Moreno García, "El Segundo Período Intermedio (1773–1550 a.C.)", en *El Antiguo Egipto: Sociedad, Economía, Política*, ed. José M. Parra (Madrid: Marcial Pons, 2009), 290.

[12] Moreno García, "El Segundo Período Intermedio (1773–1550 a.C.)", 286.

[13] Moreno García, "El Segundo Período Intermedio (1773–1550 a.C.)", 288.

[14] Los rasgos de los recipientes depositados en los enterramientos datados en la dinastía XVII sugieren que dos rituales relacionados con la reintegración social del fallecido jugaron un rol relevante: a una comida celebratoria compartida en la tumba le seguía el rito apotropaico que consistía en la rotura de los cuencos, con la intención de repeler

Ahora bien, es factible que Tebas haya avanzado sobre la ruta de Girga ("Girga Road") a fines de la dinastía XVII cuando también lo hizo sobre los oasis occidentales, posiblemente controlando el área a través de patrullas al tiempo que logró un avance hacia el sur, el ámbito ocupado por los nubios[15]. Por cierto, el control de las rutas que se extendían al oeste y al sur del Nilo fue crítico para que los gobernantes tebanos pudieran superar el aislamiento y beneficiarse por la llegada de bienes y mano de obra.

En cuanto a la extensión del núcleo gobernado por los hicsos, cabe mencionar la considerable brecha existente entre la información que proveen las evidencias arqueológicas—que apuntan a una escasa presencia más allá del Delta oriental—y el profuso discurso belicoso contenido en los textos tebanos. Esta dicotomía fue abordada por Alexander Ilin-Tomich, quien propuso como hipótesis que los tebanos de hecho estaban en lucha contra otras entidades egipcias—y de allí la proliferación de títulos militares—y que buscaron erigirse como los legítimos herederos de la tradición egipcia oponiéndose a un núcleo de "extranjeros"[16]. Por nuestra parte, consideramos que la dominación hicsa más allá del Delta pudo ejercerse a través de la práctica del patronazgo—una forma de vínculo sociopolítico personal que puede excluir el control territorial presencial—por parte de los gobernantes de Avaris (véase *ut infra* 3.3.). De todos modos, los tebanos subrayaron fuertemente la dicotomía "nosotros/ellos" para legitimar su avance y control sobre todo el territorio, unificándolo bajo su control de forma progresiva.

A modo de síntesis, podríamos afirmar que el corpus de estelas de Kamose destinadas al templo local tebano constituye una unidad de sentido donde subyace la perspectiva tebana sobre la particular coyuntura sociopolítica de

---

a los potenciales enemigos del fallecido. Seiler, "The Second Intermediate Period in Thebes: Regionalism in Pottery Development and its Cultural Implications", en Marée, *Second Intermediate Period*, 51.

[15] Sobre el avance en Girga Road, cf. John C. Darnell y Deborah Darnell, "The Girga Road: Abu Ziyâr, Tundaba, and the Integration of the Southern Oases into the Pharaonic State", en *Desert Road Archaeology in Ancient Egypt and Beyond*, ed. Frank Förster y Heiko Riemer, *Africa Praehistorica* 27 (2014), 245; Sylvie Marchand y Pierre Tallet, "Ayn Asil et l'oasis de Dakhla au Nouvel Empire", *BIFAO* 99 (1999): 307–52; Janine Bourriau, "Egyptian Pottery found in Kerma Ancien, Kerma Moyen and Kerma Classique Graves at Kerma", en *Nubian Studies, 1998: Proceedings of the Ninth Conference of the International Society of Nubian Studies, August 21–26, 1998, Boston, Massachusetts*, ed. Timothy Kendall (Boston: Department of African-American Studies, Northeastern University, 2004), 3–13.

[16] Alexander Ilin-Tomich, "The Theban Kingdom of Dynasty 16: Its Rise, Administration and Politics", *JEgH* 7 (2014): 168–70.

fines del Segundo Periodo Intermedio. Tal perspectiva está abonada por una serie de factores confluyentes y estrechamente ligados, a saber: el aislamiento de las rutas de intercambio y la consecuente emergencia de rasgos locales diferenciales; una fuerte identidad local constituida en un Egipto dividido y la relevancia del templo y el dios local. Todo ello inserto en una circunstancia histórica particular donde parte del territorio (entendido por los tebanos como "terruño" o "país natal"[17]) estaba controlado por extranjeros.

3.2. El gobernante Kamose y los "otros": diferenciación étnica

Kamose, tanto en K1 (como en su copia en hierático TIC) y K2, es presentado como un legítimo, valiente y fuerte gobernante establecido en Tebas: TIC brinda su protocolo real completo—que no se conservó de este modo en las estelas—y refuerza la idea de su localización en el distrito tebano, lo que a su vez subraya la división político-territorial existente en Egipto, un tópico recurrente en estas evidencias, y que trasciende hacia cuestiones étnicas.

En un nivel básico, las estelas reflejan la lucha ancestral entre el rey legítimo como garante del orden (*ma'at*) y los extranjeros, portadores del caos (*isfet*), aunque no haya una referencia explícita en la narrativa a este par de opuestos complementarios. Sin embargo, el *topos* subyace y se evidencia en una serie de metáforas y expresiones tanto lingüísticas como figurativas.

Así, en TIC y K1, Kamose es el *nswt*{ }^{det} *nḫt* { }^{id} *m-ḫnw w3s.t* "el fuerte/valiente rey en el interior del distrito tebano (nomo IV del Alto Egipto)" (TIC, 2; K1, 2), quien se queja frente a sus funcionarios (el "consejo de grandes (del reino)") del siguiente modo:

> *¿cómo reconoceré mi poder cuando hay un jefe (wr* { }^{id}*) en Avaris* (aquí con determinativo O49 𓊖)[18] *y otro en Kush* (con los determinativos T14 𓌙 [EXTRANJERO] y N25 𓈉 [LUGAR-EXTRANJERO])*?*[19]

---

[17] Véase S1 § XXVI, c).

[18] Véase *ut infra* 3.5. Lamentablemente los fragmentos de K1 no guardan mención de Avaris ni de Kush, con lo que la reconstrucción, hecha en base a la TIC, mantiene los determinativos que aparecen en esta última. Hoy en día se considera que la datación para la TIC es inicios de la dinastía XVIII, en base a estudios paleográficos, cf. Fredrik Hagen, "New Copies of Old Classics: Early Manuscripts of Khakheperreseneb and the Instruction of a Man for His Son", *JEA* 105.2 (2020): 3, con lo cual la aparición de este determinativo para Avaris podría tener que ver, hipotéticamente, con su "reincorporación" al estado egipcio luego de derrotados los hicsos.

[19] Miosi, *Reading Book of Second Intermediate Period Texts*, 36, l. 3.

Y agrega la explicación circunstancial: el tener que compartir "esta parte de Egipto" (*tꜣ km.t* {⊗}^{det}) con un "asiático" (*ꜥꜣm*) y un "nubio" (*nḥsy*) (TIC, 3)[20]. Nótese la referencia étnica que, como bien señala Spalinger, muestra la diferenciación entre Egipto y el "otro", el extranjero, y la referencia al territorio de pertenencia ("Egipto") que es ocupado por esos "otros" que no sólo son extranjeros (signo T14) sino enemigos (determinativo A14A o variantes)[21].

La palabra *ꜥꜣm* también está registrada en K1 tres veces en plural (líneas 5 y 8 del fragmento superior y 5 del inferior)—donde no hay mención alguna al nombre de los enemigos de Kamose como sí la hay en K2 en relación con el hicso—y allí el determinativo es probablemente un signo semejante al de K2, al menos en las reconstrucciones llevadas a cabo por Lacau en la Lám. XXXVIII de su trabajo sobre la comparación entre K1 y TIC[22].

En K2 el tema se repite, pero con una mayor incidencia relativa sobre los asiáticos que sobre los nubios, ya que la única mención a Kush—no hay referencia de tipo étnico a los nubios—se efectúa en relación con el envío, intercepción y devolución de la carta que Apepi le dirige a su gobernante con el fin de plantearle una alianza en contra de Kamose. Así, la calificación de "asiático" se le da a Apepi, pero también se utiliza en términos generales para designar a los enemigos que lo acompañan.

Más abajo presentaremos una reflexión acerca del determinativo que acompaña al nombre Apepi, pero aquí nos referiremos a los signos que componen la palabra "asiático", que aparece tres veces en singular y dos en plural en K2. Como vemos, la palabra inicia con el signo T14 "bumerán, garrote como arma extranjera de guerra" (GEgG 513) que, como hemos visto, está asociado con la idea de [EXTRANJERO][23] y cierra con el signo que remite a un hombre agachado que posee en sus manos un palo con su parte superior ligeramente curvada hacia su cabeza, sin que llegue a tocarla. Tal arma asemeja a, precisamente, un bumerán, signo que, como vimos, también forma parte de la palabra (véase Fig. 3).

---

[20] Miosi, *Reading Book of Second Intermediate Period Texts*, 36, l. 3.

[21] Spalinger, *The Books Behind the Masks*, 34.

[22] Lacau, "Une stèle du roi 'Kamosis'", Láms. XXXVII y XXXVIII. Lamentablemente, la fotografía de K1 en la Lám. XXXVII no tiene la calidad suficiente como para realizar una comparación exhaustiva.

[23] Este signo junto con A2 [VOZ - CONOCIMIENTO] aparecen como marcadores de *extranjeridad* en textos extranjeros transliterados al egipcio. Cf. Niv Allon, "At the Outskirts of a System: Classifiers and Word Dividers in Foreign Phrases and Texts", *LingAeg* 18 (2010): 1–17.

Es factible que este último signo como determinativo refiera la condición de [ENEMIGO] habitualmente expresada a través del signo A14 ("hombre con sangre saliendo de su cabeza", GEgG 443) y sus variantes (A14A; A14B; A14C; A14D; A14F; A14G; A14H; A14I; A14J), con lo cual aquí le daremos tal significado. De este modo, proponemos que el significado explícito posible que acompaña a la palabra "asiático" devenida del ideograma T14 y del determinativo sea [EXTRANJERO] [ENEMIGO].

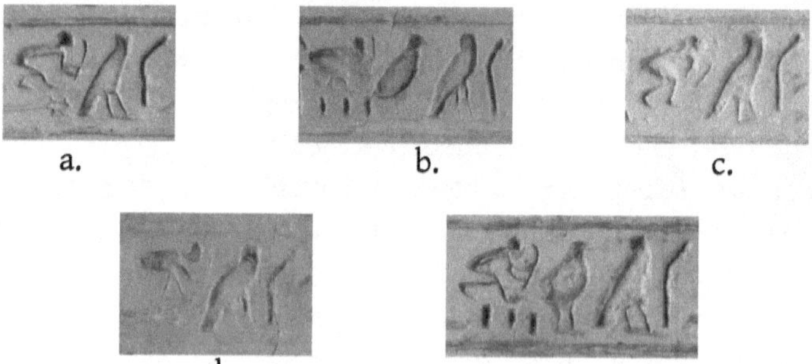

a. b. c. d. e.

Fig. 3: Determinativo del término *ꜥꜣm-ꜥꜣm.w* líneas 11 (a.), 12 (b.), 15 (c.), 16 (d.), 18 (e.)

3.3. Prácticas de subordinación: lazos de patronazgo

El discurso conservado en la estela muestra la posibilidad de que las prácticas de subordinación ejercidas por los hicsos hayan consistido en el establecimiento—efectivo o potencial—del *patronazgo*[24]. Esta práctica sociopolítica supone, en sentido amplio, una relación recíproca y asimétrica entre individuos, donde se intercambian bienes y servicios, que no está institucionalizada (en el sentido de que no está regida por contratos escritos) y que puede rastrearse en los textos a través del uso del lenguaje asociado a la *casa patrimonial* (términos como *padre*, *hijo*, *hermano*, *servidor* y *señor* suelen ser medios habituales de expresión del vínculo)[25]. Por cierto, como práctica sociopolítica pueden establecerse niveles, tal como lo propone Emanuel Pfoh: a) un primer y restringido nivel es la *relación de patronazgo* propiamente dicha, entre dos individuos; b) un segundo nivel, de medio alcance, estaría conformado por el

[24] Para una propuesta acerca de los conceptos utilizados para denominar estas prácticas, véase Roxana Flammini, "Building the Hyksos' Vassals: Some Thoughts on the Definition of the Hyksos Subordination Practices", *Ä&L* 25 (2015): 233–46.

[25] Raymond Westbrook, "Patronage in the Ancient Near East", *JESHO* 48.2 (2005): 210–33.

sistema de patronazgo, es decir, un entramado piramidal de relaciones entre patrones y clientes en un orden sociopolítico hegemónico como lo puede ser un estado o una sociedad de jefatura y c) un tercer y mayor nivel estaría conformado por una *sociedad de patronazgo*, donde tales vínculos se constituyen en el principal articulador social[26].

Lo que podríamos señalar con respecto a este punto en relación con K2 es que el texto suma evidencia para sostener la existencia de *relaciones de patronazgo* entre los hicsos y otros líderes locales—sus subordinados—y la posible intención por parte del gobernante hicso de constituir e instaurar un *sistema de patronazgo*, al tratar de subordinar al gobernante de Tebas.

Tanto en K1 como en TIC y K2 se hace referencia a la sumisión de gobernantes de diversas localidades a los hicsos. De particular interés es la situación de Neferusi, descripta en TIC, 13 y K1, 14, y cuya localización habitual se da en las cercanías de Beni Hasan[27]. En ambos casos, el topónimo aparece con el signo O49 ⊗ [LUGAR-EGIPCIO] como determinativo, que indicaría su consideración como parte del territorio bajo control tebano (teniendo en cuenta que estos textos refieren a esa área, pero por extensión podría considerarse como "egipcio"). Ahora bien, un egipcio llamado Teti, "el hijo de Pepi", recibe la ira de Kamose porque hizo de Neferusi "un nido de asiáticos". Sin dar más información, luego el texto hace referencia al ataque de Kamose a esa localidad. En K2, 17 y K2, 18 (cf. S1 § XXVIII), si bien no hay referencias explícitas a individuos y/o localidades, Kamose menciona a quienes considera traidores a Egipto y promete su destrucción:

> Yo quemaré sus residencias, que serán ruinas (lit.: "serán hechas como colinas rojas") [18] para siempre, como resultado de la destrucción que ellos (los enemigos) permitieron dentro de esta parte de Egipto [LUGAR-EGIPCIO] al escuchar el llamado de los asiáticos [EXTRANJERO] [ENEMIGO], después que abandonaron a Egipto [LUGAR-EGIPCIO], su señora[28].

Por cierto, los documentos no describen explícitamente los vínculos de subordinación ejercidos por los hicsos, pero el discurso permite inferir su existencia. A ello, además, se le puede adicionar otro tipo de evidencia que apunta

[26] Emanuel Pfoh, "Patronage as Analytical Concept and Socio-Political Practice", en *Patronage in Ancient Palestine and in the Hebrew Bible: A Reader*, ed. Emanuel Pfoh, The Social World of Biblical Antiquity 12 (Sheffield: Sheffield Phoenix Press, 2022), 3.

[27] *nfr-wsj*, TLA lema ID 550251.

[28] Sobre el significado explícito posible otorgado a los determinativos adosados a los locativos, cf. *ut infra* este capítulo.

en el mismo sentido, y que permite dilucidar la existencia de un circuito de intercambio de bienes en forma de regalos entre los gobernantes hicsos y ciertos individuos.

Dentro del ataúd hallado en Saqqarah de un "seguidor" de Apepi llamado Abed, se encontró una daga (Cairo JE 32735, CG 52768)—sin lugar a duda, un bien de prestigio—cuyo dueño original no era Abed, sino un tal Nehemen. Sobre uno de los lados de la empuñadura, se puede leer una inscripción en jeroglíficos que dice "*el buen dios, señor de las Dos Tierras, Neb-khepesh-ra, el Hijo de Ra, Apepi,* dotado de vida", mientras que, del otro, junto a una escena de caza, se lee el nombre del dueño de la daga: "*el seguidor de su señor, Nehemen*"[29]. Abed no era el dueño original de la daga, sino Nehemen, quien la habría recibido probablemente del propio Apepi. Es factible entonces, que el objeto haya formado parte de un circuito de recompensas entre patrones y clientes y así haya pasado de mano en mano hasta llegar a las de Abed.

A esta evidencia le podemos adicionar una paleta de escriba, entregada por Apepi a un escriba de nombre Atju, que también permite observar la existencia de tal circuito de bienes definido, según Dorothea Arnold, como una red de "lealtades mutuas que unía a los miembros de la clase gobernante de los hicsos"[30]. Otra de las hipótesis que abonan la posibilidad de que los hicsos implementaron este tipo de relaciones de subordinación tiene que ver con el fin de la dinastía XIII. Mucho se ha escrito acerca de la posibilidad de que, frente al avance hicso, los reyes de esa dinastía posteriores a Merneferra Ay se hubieran refugiado en Tebas. Sin embargo, no hay evidencia que confirme esta hipótesis, con lo cual también podría esgrimirse que la dinastía no "huyó" a Tebas, sino que sus reyes se transformaron en subordinados de los hicsos[31].

3.4. Marcadores de jerarquía política: signos 𓀗 (A19), 𓀲 (A43), 𓏛 (Y1)

En relación con lo expuesto en el apartado anterior, consideramos pertinente analizar el lenguaje de subordinación que la narrativa revela teniendo en cuenta las interpretaciones precedentes. Como ya señalamos, el texto comienza en la mitad de una frase donde la voz activa es la de Kamose, quien se dirige de modo desafiante al gobernante hicso quien, evidentemente, pretendía subordinarlo:

---

[29] Georges Daressy, "Un poignard du temps des rois pasteurs", *ASAE* 7 (1906): 115–20.
[30] Arnold, "Image and Identity: Egypt's Eastern Neighbours, East Delta People and the Hyksos", en Marée, *Second Intermediate Period*, 213.
[31] Marée, "Foreword", en Marée, *Second Intermediate Period*, xiii.

Dices cosas sin sentido cuando haces de mí un jefe (*wr* 𓀗) y tú te consideras el gobernante (*ḥq3* 𓋾𓂝𓀀)

Por cierto, el uso de los términos *wr* 𓀗 y *ḥq3* 𓋾𓂝𓀀 en una misma frase llamó la atención de los académicos desde las primeras traducciones del texto. Smith y Smith refirieron que tanto Kamose como Apepi utilizan el término *ḥq3* para referirse a ellos mismos "como siendo a sus propios ojos el legítimo faraón"[32], mientras que el término *wr* es utilizado por Apepi para referirse a Kamose (se desprende del enunciado arriba citado de Kamose en K2, 1), y Kamose para referirse tanto al gobernante de Avaris (en K2, 4) como al de Kush (este último en TIC, 3)[33]. Estos autores señalan que en ese contexto histórico *ḥq3* significaba "legítimo gobernante" mientras que *wr* era utilizado para designar gobernantes extranjeros o jefes subordinados[34].

En línea con estas cualidades, los términos permiten inferir que los individuos que los portaban no estaban a un mismo nivel jerárquico, y que tal información no se desprende únicamente de la narrativa, sino que está subrayada a nivel figurativo.

El término *wr* habitualmente refiere a los conceptos de "viejo", "mayor", "grande", y también "jefe", y suele poseer una forma estándar compuesta por el signo G36 𓅨 (TLA lema ID 47280); o la variante 𓆇 (TLA lema ID 47290)[35]. Pero el escriba optó por utilizar otra variante, el signo A19 𓀗 "hombre inclinado con bastón".

Por cierto, el cotexto brinda la posibilidad de considerar una comparación entre *m wr* 𓀗 y *m ḥq3* 𓋾𓂝𓀀 en K2, ya que da las pistas para argumentar que el término *wr* es utilizado para referir una posición política de menor rango que la de *ḥq3* 𓋾𓂝𓀀, y que deriva de la comparación que las contiene, mientras que el signo seleccionado reforzaría lo expresado lingüísticamente. El mismo signo aparece, como ya hemos visto, en TIC, 3 donde Kamose se queja de tener que compartir "esta parte de Egipto" con un asiático y un nubio, señalando que "un jefe está en Avaris y otro en Kush".

Como vemos, el escriba subrayó *visualmente* a través de la elección de un determinado signo la información brindada a través de lo escrito: la relación

---

[32] Smith y Smith, "Reconsideration of the Kamose Texts", 68.
[33] Gardiner, "Defeat of the Hyksos by Kamose", 98.
[34] Smith y Smith, "Reconsideration of the Kamose Texts", 68.
[35] *Wb.* 1: 330.7–11. En TIC, 3 se hace mención del "consejo de grandes (del reino)". (𓊽𓊽𓉐𓏥𓀗𓏥 *d3d3t wrw*) donde la escritura de *wr* con A19 tendría que ver con esta traducción del término.

asimétrica entre ambos gobernantes. Así, podríamos considerar que el *wr* se encuentra inclinado en actitud reverencial *con relación a* otro gobernante de mayor rango. Esta discriminación también se observa cuando Kamose describe a Apepi de modo negativo (K2, 3–4) y lo califica como *wr n(.j) rṯnw*, “jefe del Retjenu”, un título que Apepi no se atribuye a sí mismo en ningún momento[36]. Aquí adicionamos la calificación de <inferior> en la traducción para señalar esta particularidad marcada por el signo elegido por el escriba.

Ahora bien, si ahondamos en la escritura del término *ḥq3* en el texto, veremos que cuando se refiere a Kamose, o cuando Apepi se lo autoatribuye, aparece con el signo A43 “gobernante con la corona del Alto Egipto”; mientras que cuando Kamose lo refiere a los gobernantes de Avaris o Kush lo está con el signo Y1 “rollo de papiro”, un indicativo que para los autores del texto esos gobernantes no lo eran de modo concreto sino “a través de un papel”, “en palabras” pero no en la realidad. Tal variabilidad muestra la extrema sensibilidad al contexto que evidencian ciertos determinativos, como hemos señalado con anterioridad.

El signo Y1 es un determinativo que no brinda demasiada información a nivel semántico, y que en tiempos del Reino Nuevo y aún más en época ramésida se transformó en un “determinativo por defecto”, es decir, utilizado para identificar aquello que no se puede o no se quiere catalogar de un modo más detallado o preciso[37]. Aquí lo tradujimos como “gobernante *[EN ABSTRACTO]* ”, es decir, en los papeles, en las palabras, pero no en la “realidad”, considerando que el escriba procuró informar que el gobernante hicso y el de Kush ni siquiera merecían ser considerados como tales.

Por cierto, estos gobernantes *[EN ABSTRACTO]* aparecen en el texto, en todas las ocasiones, acompañados por el topónimo de pertenencia. Así, el texto refiere al y al , recibiendo ambos ámbitos territoriales el signo N25 como determinativo. De este modo, se puede visualizar cómo el escriba adicionó información a nivel figurativo exclusivamente[38].

Ya hemos hecho referencia a que en el texto hay indicios de una relación jerárquica entre el *wr* y el *ḥq3* que se informa tanto lingüística como

[36] “Hice que [4] Apepi *[DÉBIL-COBARDE]* [sin cartucho] vea un momento miserable, el jefe <inferior> del Retjenu [LUGAR-EXTRANJERO] (de) débiles brazos, el que planea muchas (hazañas) en su corazón que nunca le ocurrirán” (cf. S1 § V). En este momento histórico, se suele identificar Retjenu con los territorios levantinos, sin distinguir norte de sur, cf. *AEO* I, 147*.

[37] Orly Goldwasser, comunicación personal, 31 de diciembre de 2011.

[38] Roxana Flammini, “Disputed Rulership in Upper Egypt: Reconsidering the Second Stela of Kamose (K2)”, *JSSEA* 38 (2011–2012): 55–75.

visualmente. Sin embargo, hemos avanzado algo más y señalamos que, además, puede inferirse una diferenciación sustancial entre distintos *ḥq3* que únicamente se informa a través de la *figuratividad* de los signos seleccionados como determinativos para este término.

Aquí hemos propuesto otorgar un *significado explícito* a esta información que aparece codificada a través del empleo de tales determinativos. De este modo, así como al término *ḥq3* acompañado por Y1 le otorgamos el valor de *[EN ABSTRACTO]*, al mismo término con (A43) le otorgamos el valor *[DEL ALTO EGIPTO]*, en tanto sostenemos que  "rey del Alto Egipto" es una metonimia para "Alto Egipto" considerándolo una referencia locativa. El signo A43  aparece como determinativo en clara referencia a Kamose o bien de modo genérico en la carta que Apepi le envía al gobernante de Kush cuando le reprocha el considerarse un sin hacérselo saber; o bien en relación directa con el término "rey" (K2, 34) o en las construcciones "(mi) majestad en victoria"  (K2, 37) y "su majestad"  (K2, 38)[39].

En el caso de "rey" 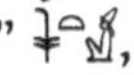, el término, con este determinativo, aparece registrado en el plural (según el *Wb.* 2: 329.11) mientras que para "majestad" , los determinativos habituales suelen ser A40 , G7C, o directamente el trazo  (*Wb.* 3: 91.2–14; 92.1). En cambio, en K2, todos estos términos poseen el signo A43 . El mismo ejemplo se encuentra en K1 donde aparecen los términos  y con el determinativo A43 . Consideramos que su uso en particular en  implicaría que, desde la perspectiva tebana, era Kamose el único gobernante legítimo del territorio que recibe como determinativo O49  [LUGAR-EGIPCIO], en tanto no perteneciente a la categoría [LUGAR-EXTRANJERO] marcada por N25 , como Kush, Retjenu y Avaris.

En síntesis, en cuanto a diferenciaciones de orden sociopolítico, la narrativa revela un discurso tendiente a establecer jerarquías: por un lado, de subordinación entre un "jefe" (expresada a través de la *figuratividad* del ideograma ) y un "gobernante" (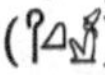); y por el otro, de cualidades diferenciantes *entre* gobernantes a través del uso de distintos determinativos (/ ).

3.5. Marcadores territoriales: signos (N25),  (O49), (N23),  (N24)

Este punto en particular es relevante y llamó la atención de los especialistas. Ciertos topónimos en K2, reciben como determinativos los signos O49 y N25

[39] En la línea 36, en una sección muy dañada, también se ha reconstruido el término "majestad" pero sin determinativo alguno.

𓈉 que, si bien no son los únicos, eran los más utilizados con anterioridad a la época ramésida. Julien Cooper profundizó en su estudio, considerando que los logogramas *ḫ3s.t* 𓈉𓏏𓏤 [PAÍS-MONTAÑOSO] y *njw.t* 𓊖𓏏𓏤 [CIUDAD-POBLADO], de carácter topográfico, dieron origen a los determinativos arriba señalados, pero que estos fueron adquiriendo significados diversos con el tiempo. De este modo, N25 𓈉 llegó a transformarse en el signo por antonomasia para señalar [LUGAR-EXTRANJERO] mientras que O49 𓊖 referiría [LUGAR-EGIPCIO][40].

En K2 el escriba utilizó el determinativo N25 𓈉 con los siguientes topónimos: *wḥ3.t*, habitualmente traducido como "oasis superior", aunque podría ser un término que refiera a todos los oasis[41] (K2, 18); *ḏsḏs*, "(oasis de) Bahariya", (K2, 30); *rṯnw*, "Retjenu", como ya hemos visto, denominación dada posiblemente a la amplia franja que cubre el Levante, (K2, 4; K2, 14); *kšj*, "Kush", (K2, 19; K2, 20; K2, 26) y un punto cardinal, *j3b.tjt* (el "este", K2, 28). En estos casos se trata del determinativo habitual para estos topónimos cuya significación, sin embargo, también podría ser discriminada en base a lo expuesto más arriba.

En el caso de los oasis e incluso del punto cardinal, el determinativo referiría a la topografía del lugar, es decir, a la *cualidad de ubicación en el desierto* de tales ámbitos y así lo hemos explicitado: [LUGAR-DESIERTO]. En cuanto al Retjenu y a Kush, evidentemente refiere a su calificación como topónimos extranjeros [LUGAR-EXTRANJERO]. El determinativo N25 𓈉 en relación con estos topónimos es de tipo lexical—y no referente—ya que su inserción no depende del contexto, en tanto es el determinativo habitual que tales términos reciben.

Ahora bien, es particularmente llamativo su uso con el topónimo *ḥw.t-wꜥr.t* (Avaris, actual Tell el-Dab'a), K2, 2; K2, 8; K2, 15; K2, 16; K2, 19) el cual, en

---

[40] Julien Cooper, *Toponymy on the Periphery*, PÄ 39 (Boston: Brill, 2020), 44–45. Cooper profundizó acerca del posible significado de O49 𓊖señalando que habitualmente es interpretado como [CIUDAD-CON-INTERSECCIÓN-DE-CALLES] pero que su uso con términos que no eran utilizados específicamente para asentamientos apuntaría a una vinculación con "los paisajes y el espacio que contienen establecimientos urbanos, la llanura aluvial y el Nilo" y propuso significados relacionados con [LUGAR-LLANURA ALUVIAL], [ESPACIO-NILO] o bien [ESPACIO-URBANO].

[41] Julien Cooper, "Foreign or Domestic? Classifiers, Placenames, and the Categorisation of Space in the Hieroglyphic System", en *Language, Semantics and Cognition in Ancient Egypt and Beyond: Proceedings of the International Conference, Yale University, April 16–18, 2021*, ed. Gaëlle Chantrain, YES 14 (New Haven: Yale University, 2024), 47–73.

diversas evidencias egipcias pertenecientes a distintos contextos históricos, aparece con el signo O49 𓊖[42].

Spalinger, siguiendo las propuestas previas de Hodjache y Berlev, sostuvo que esta particularidad de la escritura de Avaris en K2 tendría que ver directamente con la narrativa que la contiene; en otras palabras, por la fuerte sensibilidad al contexto, con lo cual se trataría de un determinativo referente[43]. Sin embargo, cabe mencionar que en la estela del *encargado de la mesa (de ofrendas) del gobernante* (*ꜣṯ.w-n-ṯt ḥqꜣ*, TLA lema ID 860717) Tjau, procedente de Edfu y datada a fines del Segundo Periodo Intermedio, Avaris también se encuentra determinada con el signo N25 𓈉[44]. Con lo cual, podría esgrimirse que, durante ese específico contexto histórico, signado por las luchas contra hicsos y nubios, las grafías de ciertos términos se tornan sumamente sensibles a tal contexto, reflejando *el punto de vista tebano.* De este modo, Avaris no puede más que pertenecer al ámbito de lo extranjero, o ser considerado como un territorio egipcio que está bajo dominación extranjera.

Una lectura divergente en cuanto al alcance geográfico del término fue propuesta por Nemirovsky y Safronov, quienes propusieron que el locativo Avaris con el determinativo N25 𓈉 haría referencia al área de control de los hicsos (el "reino" de Avaris) y no a la *ciudad* de Avaris propiamente dicha, así como *tꜣ km.t* ("esta parte de Egipto") referiría al área tebana, y Kush a los dominios nubios[45] mientras que *km.t* "la tierra negra (Egipto)", como señala Spalinger, poseería una connotación con reminiscencias identitarias de pertenencia, semejante a nuestro concepto contemporáneo—salvando todas las distancias—de "terruño" o "país/tierra natal"[46]. Estos mismos autores se detuvieron en el hecho de que Avaris aparece con el determinativo O49 𓊖 en TIC, 3, considerando que aquí la referencia es a la ciudad de Avaris. Sin embargo, al no haberse preservado la línea en K1, puede presentarse una hipótesis alternativa: que el escriba pudo haber alterado el determinativo, como ha sido el caso en otros términos conservados en K1, puesto que al estar datada TIC con posterioridad a la estela—en los inicios del Reino Nuevo—Avaris ya se

---

[42] Svetlana Hodjache y Oleg Berlev, "Objets royaux du Musée des Beaux-Arts Pouchkine à Moscou", *CdE* 52.103 (1977): 22–39.

[43] Anthony Spalinger, "A Garland of Determinatives", *JEA* 94 (2008): 142.

[44] Redford, "Textual Sources for the Hyksos Period", 12; Helck, *Historisch-Biographische Texte der 2. Zwischenzeit und Neue Texte der 18. Dynastie,* 78, nº 114.

[45] Anthony Spalinger, "A Garland of Determinatives", *JEA* 94 (2008): 142. Al respecto, cf. Alexander Nemirovsky y Alexander Safronov, "Did Kamose Ever Get to Tell-el-Dab'a?", *JAH* 1 (2014): 3–23; Ilin-Tomich, "Theban Kingdom of Dynasty 16", 143–93.

[46] Spalinger, *The Books behind the Masks*, 58, n. 103. Aquí lo traducimos como "Egipto".

encontraría bajo dominio egipcio nuevamente al momento de ser realizada la copia y el escriba optó por el determinativo de pertenencia a Egipto O49 𓊖[47].

Con respecto a si Kamose tomó o no la ciudad de Avaris, ya Ryholt sostuvo que el gobernante tebano no la había "arrasado" sino que sus acciones se limitaron a un territorio ubicado en el Egipto medio, estando centradas en el nomo de Cinópolis[48]. Según Nemirovsky y Safronov, las acciones referidas en la primera sección de la estela tuvieron lugar en el *dmj* {𓈇}^{det} "poblado [TIERRA-IRRIGADA]", mencionado en la línea 1. Tales consideraciones pueden ampliarse si se tienen en cuenta los topónimos que reciben O49 𓊖, que son: *tp-jh.w* (Afroditópolis, Atfih), centro del nomo XXII del Alto Egipto, el más septentrional, ubicado a unos pocos kilómetros al sur de Menfis (K2, 28 [TLA lema ID 171000]); *jnp.wt(t)*, ("La-Ciudad-de-Anubis", Cinópolis, nomo XVII del Alto Egipto) y su localidad principal *s3k3*, "Saka" (K2, 29 [TLA lema ID 400970]); *ḫmn.w* (Hermópolis, el-Ashmunein, nomo XV del Alto Egipto (K2, 16 [TLA lema ID 117260); *km.t*, "la tierra negra (Egipto)" (K2, 16 [TLA lema ID 164430]), *t3 km.t* comúnmente traducido, como ya señalamos, como "esta parte de Egipto", i.e. el área tebana (K2, 18; K2, 23). Aquí sostenemos como significado explícito para O49 𓊖, [LUGAR-EGIPCIO]. Estas localidades abarcan en su mayoría un área limitada a la altura del Egipto medio—salvo Atfih que se encuentra más al norte—donde las acciones bélicas mencionadas en la estela probablemente tuvieron lugar (ver Mapa 1).

Por otra parte, la localidad de Tebas aparece referida como "la ciudad" a la que se dirige Kamose luego de sus victorias sobre Apepi, señalada con el término 𓊖𓏏𓏤 (K2, 31) mientras que *w3s.t*{𓈈}^{det} con el determinativo N24 𓈈 "terreno delimitado con canales de riego" (GEgG, 488) podría traducirse como "distrito tebano" (nomo IV del Alto Egipto; K1, 3, 32, 38; *véase ut infra*, S3 § IV)[49].

Además de los topónimos ya referidos, se mencionan otros dos de los que no se conoce su localización, *Per-djed-qen* e *Inyt-net-khenet* {𓊛}^{det}, los cuales no poseen ninguno de los determinativos mencionados arriba, y que fueron

---

47 Nemirovsky y Alexander Safronov, "Did Kamose Ever Get to Tell-el-Dab'a?", 12. En relación con el hecho de que el escriba alteró algunos de los determinativos al copiar el texto del jeroglífico al hierático, cf. Lacau, "Une stèle du roi "Kamosis"". El contexto y el cotexto también definen las razones por las cuales Avaris aparece con este determinativo (N25 𓈉) en la Inscripción del Speos Artemidos de Hatshepsut, cf. James P. Allen, "The Speos Artemidos Inscription of Hatshepsut", *BES* 16 (2002): 1–17.

48 Ryholt, *Political Situation in Egypt*, 174.

49 Lacau traduce el término en K1, 3 como "nomo de Tebas", "Une stèle du roi 'Kamosis'", 250.

traducidos respectivamente como "la-casa-del-engreído" (K2, 3) y "Desembarco-del-Sur" (K2, 5).

Otro topónimo que no posee determinativo y cuya reconstrucción es dudosa es *khenet-hen-nefer* mencionado en la carta que Apepi le envía al gobernante de Kush (K2, 20).

Mapa 1. Localidades específicas mencionadas en K2 y su clasificación, © la autora.

Se pueden realizar ciertas distinciones en relación con estos topónimos. "(Las tierras) al este de Atfih (Afroditópolis)" (K2, 28) son el punto de referencia donde Kamose le devuelve a Apepi el mensaje que había intentado hacer llegar a Kush y que había sido interceptado en los oasis, informándole además la recaptura del nomo de Cinópolis, del que dice expresamente que había estado bajo el control del hicso, y su decisión de apoderarse del oasis de Bahariya ("Djesdjes"), es decir, de afianzar su control sobre esa región de Egipto (K2, 29). En K2 ambos nomos, Atfih (Afroditópolis) y Cinópolis, llevan el determinativo para [LUGAR-EGIPCIO], con lo cual podemos suponer que para ese momento se los consideraba como "reincorporados" a Egipto.

Cabe mencionar que es en esta sección en la que se hace mención a una gran cantidad de barcos cargados con productos del Retjenu, sobre cuya captura alardea Kamose (cf. *ut infra* S1 § XVIII, b). Spalinger trajo a colación la pregunta clave que tiene que ver con la mención a estos barcos, cuya cantidad es punto de debate: hay quienes consideran que se trata de "trescientos barcos", pero aquí optamos por traducir como "cientos de barcos"[50]. Sea de un modo u otro, la referencia a tal cantidad de barcos hizo suponer que se trataba de la captura de la ciudad de Avaris como, por ejemplo, lo consideró Manfred Bietak[51]. Sin embargo, como ya señalamos previamente, gran parte de la narrativa tiene carácter prospectivo, con lo cual puede suponerse que estas afirmaciones tienen esa cualidad y se sitúan en un tiempo futuro.

En síntesis, podemos diferenciar en K2, gracias a la información brindada por los determinativos territoriales la referencia a ámbitos que refieren a la cualidad de [LUGAR-DESIERTO] sin que se destaque en ellos una condición relativa a su estatus político; ámbitos que refieren a la calidad de [LUGAR-EXTRANJERO]; y ámbitos territoriales establecidos sobre el Nilo que se identifican como pertenecientes a Egipto [LUGAR-EGIPCIO]. Además, se puede distinguir entre referencias al área tebana y a lo que sería Egipto como ámbito de pertenencia e identidad. En cuanto al escenario de las acciones que quizás efectivamente tuvieron lugar, es factible que hayan tenido lugar no más al norte de Atfih.

---

[50] Spalinger, *The Books Behind the Masks*, 37–38. Véase *ut infra*, S1 § XIX.

[51] Bietak, "From Where Came the Hyksos and Where Did They Go?", en Marée, *Second Intermediate Period*, 139.

3.6. Marcadores de nombres personales: la escritura de Kamose y Apepi

Las distinciones no se agotan aquí. Los nombres de los principales actores de la narrativa, Kamose y Apepi, también están escritos de modo singular. El nombre de Kamose aparece, como en otras evidencias, rodeado por el cartucho real y el ideograma A24 "el fuerte" (y/o "valiente") que durante la dinastía XVIII se vio reemplazado por D40, de uso común también en hierático junto con D36 (GEgG, 444). Este ideograma también aparece en la narrativa junto con el *prenomen* de Kamose, *Wadj-kheper-ra* ("el floreciente, es la manifestación de Ra")[52], pudiendo constatarse que cuando se registran ambos nombres uno a continuación del otro, es el *nomen* el que recibe el ideograma (véase K2, 21; K2, 24; K2, 34).

En cambio, el nombre de Apepi (K2, 3–4; K2, 20), escrito aquí con el grupo silábico que indicaría un origen semítico-occidental[53], aparece registrado dos veces acompañado de un determinativo inusual—así calificado dado que no hemos podido hallar otros registros que lo contengan—y sin cartucho. Se trata de un hombre agachado que sostiene un palo recto entre sus manos : (Fig. 4, a. y b.)[54]. La versión de Helck toma al determinativo como A14A en la línea 20 [ ] mientras que la representación de éste en la línea 4 se acerca más al original [ ] al igual que las versiones de von Beckerath [ ] y la de Miosi [ ][55].

Smith y Smith propusieron que en la carta que Apepi le envía al gobernante de Kush, tanto el *prenomen* como el *nomen* del primero fueron editados por el escriba, quitándoles los cartuchos y adicionándole a este último un determinativo de "enemigo"[56], lo cual es factible, aunque no deja de estar en el terreno hipotético ya que la escritura del nombre es consistente en la narrativa, dado que en las líneas 3–4 también aparece de la misma manera. Es decir,

---

52 Ronald Leprohon, *The Great Name: Ancient Egyptian Royal Titulary*, WAW 33 (Atlanta: SBL Press, 2013), 91, 28.

53 Ryholt, *Political Situation in Egypt*, 129.

54 Otros registros del nombre en textos egipcios revelan otra escritura, como la del Pap. Sallier I ("Las Disputas de Apepi y Seqenenra") donde el nombre aparece escrito dentro del cartucho.

55 Helck, *Historisch-Biographische Texte der 2. Zwischenzeit und Neue Texte der 18. Dynastie*, 94, 91; Jürgen von Beckerath, *Handbuch der ägyptischen Königsnamen*, MÄS 20 (Münich, Berlin: Deutscher Kunstverlag, 1984), 217, E4; Miosi, *A Reading Book of Second Intermediate Period Texts*, 43, l. 4; 48, l. 20.

56 Smith y Smith, "Reconsideration of the Kamose Texts", 68, n. 51.

la escritura del nombre de Apepi de ese modo no se limita únicamente a la carta "editada".

Por cierto, no es extraño que un nombre de origen semítico-occidental posea determinativos, siendo el más habitual el signo T14 ("bumerán, garrote como arma extranjera de guerra", GEgG, 513). Otros determinativos que suelen registrarse son el signo E20 "animal de Seth" (asociado a Baal durante el Reino Nuevo); D18 "oreja"; o A24 "hombre de pie golpeando con un palo", entre otros. Incluso, se evidencian nombres acompañados por varios determinativos, siendo los ejemplos datados en el Reino Medio y en el Nuevo, e incluso alguno de ellos evidenciado en Biblos[57].

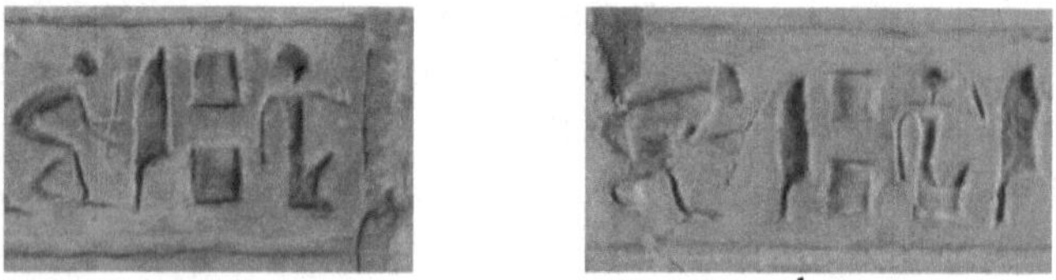

a. b.

Fig. 4. Escritura del nombre Apepi, con determinativo; a. K2, 4 (la inicial se encuentra en la línea previa) y b. K2, 20.

Una hipótesis acerca de la aparición de esta variante del nombre Apepi en K2 puede presentarse si se comparan ambos nombres, el de Apepi y el de Kamose. El determinativo que acompaña el nombre de Apepi podría indicar una designación por oposición a las cualidades de Kamose (*nḫt*), es decir, si este último es "fuerte" y "valiente", el determinativo para Apepi podría significar "débil" y "cobarde", ambas cualidades que, de hecho, se expresan lingüísticamente en la narrativa. Recordemos además que el nombre de coronación que utiliza Apepi en la carta que envía al gobernante de Kush, es *Aa-user-ra* "el grande, a quien Ra hizo *fuerte*" mientas que es explícitamente calificado por Kamose como "el jefe del Retjenu de *débiles* brazos" (K2, 4)[58]. En esta

[57] Raphael Giveon, *The Impact of Egypt on Canaan*, OBO 20 (Freiburg/Schweiz, Göttingen: Universitätsverlag; Vandenhoeck & Ruprecht, 1978), 15–18.

[58] De Apepi se conocen tres nombres de coronación (*prenomen* o nombre de "Rey Dual"), el referido *ꜥꜣ-wsr-rꜥ; ꜥꜣ-qn.n-rꜥ* ("el grande, a quien Ra hizo aguerrido") y *nb-ḫpš-rꜥ* ("el poseedor del *khepesh* es Ra"). Como se puede observar, todos estos nombres mencionan cualidades guerreras con calificativos referidos a la fuerza o valentía y es factible que en el caso del nombre *Neb-khepesh-ra*, habitualmente traducido como "el poseedor de la fuerza es Ra", también admita la traducción "el poseedor del *khepesh* es Ra", que es

línea de interpretación, la inferioridad y la debilidad son cualidades negativas atribuidas por Kamose al enemigo/extranjero Apepi[59], que también se expresan por medio de la capacidad altamente figurativa de los signos jeroglíficos. Además, el hecho de que se lo denomine con el título de "jefe del Retjenu" reforzaría aún más el carácter de extranjero que en la narrativa se le da a Apepi. Por cierto, es remarcable, como destaca Danielle Candelora, que en ninguna de las evidencias que existen sobre los hicsos se los nombra con el título de "jefe de país extranjero" (*ḥq3 ḫ3s.t*) salvo en el Papiro de Turín, mientras que algunos de los gobernantes hicsos se adjudicaron el título a sí mismos, incorporándolo en su protocolo posiblemente como un marcador identitario[60].

A todo lo anteriormente expuesto se adiciona el hecho de que, tanto el nombre de coronación—Aa-user-ra—como el de *Hijo de Ra*—Apepi—del gobernante hicso no poseen el cartucho, como sí lo tiene el resto de las evidencias de este gobernante que no proceden del área tebana[61]. Por cierto, el escriba

---

la que proponemos aquí. Se considera que la primera mención al *khepesh* aparece en K2, 34; pero este ejemplo, registrado sobre un cuchillo ceremonial, podría tratarse de otra referencia temprana al arma de origen levantino, en este caso incluida en el *prenomen* del gobernante hicso. Por cierto, esta hipótesis amerita un profundo estudio que excede los alcances de este trabajo. Sobre los nombres *Aa-user-ra* y *Aa-qen.en-ra*, cf. von Beckerath, *Handbuch der ägyptischen Königsnamen,* 78, 5; Leprohon, *Great Name*, 82, 5; sobre el nombre *Neb-khepesh-ra*, cf. Georges Daressy, "Un poignard du temps des rois pasteurs", 119. Daressy no traduce el signo F24 𓄪 que aparece en el nombre, del cual se registra otro ejemplo sobre un fragmento de recipiente proveniente de Tell el-Yahudiya (BM EA 32069). Aquí, el nombre es precedido por el epíteto *nṯr nfr nb t3.wy* "el buen dios, señor de las Dos Tierras". Cf. Ryholt, *Political Situation in Egypt*, 386.

59 Nótese que lo denomina "jefe del Retjenu" un título que en ningún caso Apepi se atribuye a sí mismo.

60 Danielle Candelora, "Defining the Hyksos: A Reevaluation of the Title *ḥk3 ḫ3swt* and Its Implications for Hyksos Identity", *JARCE* 53 (2017): 203–21.

61 Las evidencias que presentan la grafía (cartucho) se encuentran en: (1) un fragmento de jamba de puerta procedente de Bubastis (BM EA 1101), cf. HSSK, 60, lám. XXXI; Edouard Naville, *Bubastis (1887–1889)*, MEEF 8 (London: K. Paul, Trench, Trübner, 1891), 22–23, lám.XXXV; Henri Gauthier, *Le livre des rois d'Egypte. Recueil de titres et protocols royaux, noms propres de rois, reines, princes, princesses et parents de rois suivi d'un index alphabétique*, MIFAO 18 (Le Caire: l'institut français d'archéologie orientale du Caire, 1912), 142; (2) inscripción sobre los brazos de dos colosos de un rey precedente (*Imyr-meshaw*) procedente de Tanis (Cairo JE 37466–37467), cf. William F. Petrie, *Tanis*, MEEF 2 (London: Trübner & Co., 1885), lám. XIII, 6; Gauthier, *Le livre des rois d'Egypte. Recueil de titres et protocols royaux, noms propres de rois, reines, princes, princesses et parents de rois suivi d'un index alphabétique,* 141; (3) una esfinge usurpada por Ramsés II, hallada en Tanis, cf. Petrie, *Tanis*, lám. XVI, 4; Gauthier, *Le livre des rois d'Egypte. Recueil de titres et protocols*

optó por esta variante, con lo cual se podría suponer que de modo deliberado describió pictóricamente a Apepi como un jefe extranjero cuya intención era desafiar y doblegar al legítimo gobernante de Egipto. Esta particularidad puede asociarse a que el determinativo que acompaña la palabra *ḥq3* cuando refiere a Apepi es siempre Y1. De este modo, el escriba reforzó, haciendo uso de la *figuratividad* de la escritura jeroglífica, lo expresado lingüísticamente. Aquí brindaremos al signo "hombre agachado sosteniendo un palo", el significado explícito de *[DÉBIL-COBARDE]*.

Sin embargo, la cita "textual" de la carta (K2, 20) mantiene el epíteto *Hijo de Ra* atribuido a Apepi al igual que el *prenomen Aa-user-ra*, que contiene el teóforo "Ra". Como veremos luego, si bien no se descarta totalmente, es factible que el nombre Aa-user-ra no haya sufrido la *damnatio memoriae* y que los daños que muestra su escritura se hayan debido exclusivamente a un deterioro causado por razones ajenas a tal práctica[62]. Cabe aclarar que los gobernantes hicsos utilizaban el epíteto *Hijo de Ra*, pero aquí buscamos responder a las razones para su mantenimiento en una narrativa donde el gobernante hicso es considerado un enemigo extranjero.

Por cierto, las razones para la inclusión del epíteto real *Hijo de Ra* en la carta de Apepi, no pueden más que presentarse como hipótesis. Sin embargo, ya de por sí la cita "textual" de la carta en la narrativa posee un carácter disruptivo y, por cierto, más allá de su existencia "real", el hecho de que se la incluya es llamativo. Por cierto, como ya señalamos, fue "adaptada" a las reglas del *decorum* (editada, diríamos hoy) para que encajara dentro de las

---

royaux, noms propres de rois, reines, princes, princesses et parents de rois suivi d'un index alphabétique, 142; (4) las inscripciones de la *hermana del rey* Tjawat sobre un jarro con asa, hallada en Almuñécar, España; cf. Christine Lilyquist, *Egyptian Stone Vessels* (New York: The Metropolitan Museum of Art, 1995), 22; (5) un fragmento de paleta de escriba, hallado en El-Fayyum, Museo de Berlín 7798, cf. Hans Goedicke, "The Scribal Palette of Athu (Berlin Inv. Nr. 7798)", *CdE* 63 (1988): 42–56; (6) ¿un jarro con asa? Un marco simple con dos columnas, Berlin 20366; cf. Lilyquist, *Egyptian Stone Vessels*, 22; (7) un soporte para ofrendas de la *hermana del rey* Tany, dedicado a Montu, señor de Tebas, ¿Madamud?, Berlin 22487, cf. Ryholt, *Political Situation in Egypt*, 386; Rolf Krauss, "Zur Problematik der Nubienpolitik Kamoses sowie der Hyksosherrschaft in Oberägypten", *Or* 62.2 (1993): 27–29, fig. 2; William K. Simpson, "The Hyksos Princess Tany", *CdE* 34.68 (1959): 233–39 y (8) una esfinge de Senusret III, procedencia desconocida, BM EA 1849, cf. Goedicke, "A New Hyksos Inscription", *JSSEA* 7.4 (1977): 10–12. Un dintel con el prenombre *Aa-user-ra*, dentro del cartucho y precedido por la construcción ("larga vida al buen dios, *Aa-user-ra*[CARTUCHO]") fue hallado en Gebelein y asociado con el hicso Apepi, cf. Georges Daressy, "Notes et remarques", *RT* 14 (1893): 26 [XXX].

[62] Véase *ut infra*, pp. 144–45.

formas habituales de la narrativa. Como señala Candelora, es factible que tal inclusión se trate de un recurso literario en el cual el rey egipcio, Kamose, es descripto por Apepi como lo opuesto a lo que se espera de un rey egipcio: es quien dividió y destruyó Egipto, quien no resultó ser el garante de *ma'at* sino todo lo contrario[63]. De este modo, la carta podría ser leída como una inclusión del *topos* del "mundo-al-revés" percibido en este caso desde la perspectiva de los hicsos[64].

Si se avanza en esta línea hipotética, se trataría de una visión en espejo de lo que relata Kamose sobre Apepi, necesaria para definir aún más la imagen del enemigo que se cree con derechos a vencer al "verdadero" gobernante de Egipto como lo es Kamose desde la perspectiva local tebana. Como ya hemos visto, en TIC es Kamose quien se queja de compartir Egipto: "un jefe está en Avaris, otro en Kush, ¡y yo estoy sentado, asociado a un asiático y un nubio! ¡Cada hombre posee su tajada de esta parte de Egipto, dividiéndose la tierra conmigo!" (TIC, 3). En la carta, es Apepi el que le dice al gobernante de Kush que "... Kamose-el-fuerte/valiente[CARTUCHO], dotado de vida me ha invadido en mis territorios; yo no lo ataqué a él del mismo modo que todo lo que él ha hecho contra ti. *Él ha elegido estas dos tierras para hacerlas sufrir, mi tierra y la tuya, él las destruyó...*" (K2, 21; el énfasis me pertenece).

Esta lectura negativa de Kamose firmada por Apepi no haría más que refrendar e incluso justificar las acciones de Kamose contra él. El mantener el epíteto *Hijo de Ra* en la carta "editada", entonces, no sería más que parte del recurso literario que subraya la desubicación de Apepi frente a Kamose, al reclamar algo que no le pertenece, tema que aparece acentuado en la narrativa.

En este sentido, podríamos suponer que ese discurso va en línea con las definiciones que de Apepi hace Kamose a lo largo del texto: un individuo que habla tonterías cuando dice que está en una posición política superior (K2, 1); que lo que posee, lo ha robado (K2, 1); que tiene un ego desmesurado (K2, 3 y K2, 16); y que es un extranjero cuyos dominios ni siquiera están en Egipto, siendo que lo denomina "jefe del Retjenu" (K2, 4). En este contexto, el hecho de mantener en la carta el epíteto real *Hijo de Ra* para Apepi podría relacionarse, hipotéticamente, con el hecho de que se trataría de seguir resaltando—a los ojos de los tebanos—el despropósito de la figura y los reclamos del

[63] Danielle Candelora, "Redefining the Hyksos: Immigration and Identity Negotiation in the Second Intermediate Period", Tesis doctoral (inédita), University of California, 2020, 122–23.

[64] Para una descripción del *topos* de "el mundo al revés", cf. Jan Assmann, *Egipto a la luz de una teoría pluralista de la cultura*, HIPECU 5 (Madrid: Akal), 54–56.

gobernante extranjero, entre ellos la auto atribución de lo que no le pertenecía por derecho propio.

3.7. Marcadores negativos: abundancia del signo 𓅪 (signo G37)

Otra cuestión para subrayar en K2 es la abundante cantidad de palabras que reciben como determinativo el signo G37 𓅪 "gorrión" en el texto. Este determinativo suele aparecer en palabras con un fuerte sesgo negativo: *nḏs*, "pequeño"; *bjn*, "malo", "defectuoso"; *šw*, "vacío"; *mr*, "enfermo"; y *ꜣq*, "fallecer" (GEgG, 471).

Arlette David estudió este signo en profundidad distinguiendo entre términos que aluden a la *inferioridad*—aquellos con que se evoca el retrato del *desdichado*: "un tipo que provoca conmiseración y ternura, un gorrión frío con una insignificancia gris y aburrida, un ciudadano de segunda de las ciudades y el campo"—y a la *disrupción*—en palabras de la misma autora, "un retrato del miserable ... que evoca el carácter destructor del pájaro, temible, disruptivo, que simboliza la amenaza y el desorden, el pájaro de mal agüero, del mal augurio"[65]. Este determinativo aparece con más frecuencia en textos de los denominados "clásicos", es decir, aquellos que se supone fueron compuestos a fines del Reino Antiguo, durante el Primer Período Intermedio o el Reino Medio, pero cuyas versiones datan del Reino Nuevo[66].

Las palabras que son determinadas por G37 𓅪 en K2 registran las siguientes condiciones negativas (referidas a cualidades del hicso Apepi o a acciones tomadas contra él por parte de Kamose, o bien referidas por Apepi en relación con Kamose o sus acciones, (cf. Cuadro 2)[67]:

---

[65] Arlette David, *De l'infériorité à la perturbation: l'oiseau du "mal" et la catégorisation en Egypte ancienne*, GOF 4, Reihe Ägypten 38.1 (Wiesbaden: Harrassowitz, 2000), 7.

[66] David, *De l'infériorité à la perturbation*, 2.

[67] No le hemos asignado una traducción posible a este determinativo porque su utilización al final de la palabra explicita de por sí la connotación negativa que la misma posee. El resto de los determinativos que se especifican en el capítulo siguiente fueron omitidos aquí.

Palabra	Cotexto	Línea
ẖz  "débil, vil, miserable" *tf*  "expulsión"	*smj* ***ẖz***{𓅪}^{det} *m ẖnw dmj=k tw=k tw* ***tf***{𓅪}^{det}*.tj r-gs mšꜥ=k*	1
ḥns  "ser estrecho, estar restringido"	*r=k* ***ḥns(.w)***{𓅪}^{det} *m jrj=k wj m wr jw=k m ḥqꜣ*	2
nm.t  "robo (?)"	*tꜣ* ***nm.t***{𓅪}^{det} *ẖr.t=k n=s*	2
bjn  "mal, malas cosas"	*mꜣ sꜣ=k* ***bjn***{𓅪}^{det} *mšꜥ=j m-sꜣ=k*	2
ḥwr.t  "maldito, débil" *ẖz*  "débil, vil, miserable"	*dj=j mꜣ j[4]ppj ꜣ.t* ***ḥwr.t***{𓅪}^{det} *wr n(.j) rṯnw* ***ẖz*** {𓅪}^{det} *ꜥ.wy*	4
whm  "¿quemar, hervir?" *ẖz*  "débil, vil, miserable"	***wh{ꜣ}<m>***{𓅪}^{det} *jb=k jrf ꜥꜣm* ***ẖz***{𓅪}^{det}	11

šwj  "estar vacío, desprovisto de" *3q*  "perecer, quedar en la nada" *whm*  "¿quemar, hervir?" *ẖz*  "débil, vil, miserable"	*n(n) w3ḥ=j nkt ḥw.t-wꜥr.t n(.jt)* ***šwj***{𓅪}det *=s ꜥ3m* ***3q***{𓅪}det [16] ***wh{3}<m>***{𓅪}det *jb=k jrf ꜥ3m* ***ẖz***{𓅪}det	15–16
wš{3}  "ser destruido, destruir, estar vacío de"	*w3ḥ=j st m* ***wš{3}*** {𓅪}det	17
dšr.(w)t  "rojo, furioso" *ḥḏ(j).t*  "lesionar, destruir, carecer"	*wbd=j {j} <s.t>=sn jrj m j3.wt* ***dšr.(w)t***{𓅪}det [18] *n-ḏ.t ḥr p3* ***ḥḏ(j).t***{𓅪}det *jrj=sn m-ẖnw t3 km.t*	17–18
j3d  "sufrir, hacer sufrir"	*stp=f p3 t3 2 r* ***j3d***{𓅪}det *st*	22
3ꜥ  "¿tener miedo?"	*mj ẖdj m* [23] ***3ꜥ***{𓅪}d *mk sw ꜥ3 m-ꜥ=j*	22–23

nh.w  "pérdida, falta"	*nn* ***nh.w*** {𓅪}^{det}*=sn n šnj z jr.j=f n rmj jb=sn*	31

Cuadro 2. Términos que reciben G37 𓅪 en K2, © la autora.

Como se puede observar, predominan las palabras con una fuerte connotación negativa en la sección superior del texto, precisamente donde se describen las acciones de Kamose contra los asiáticos. Como señala Spalinger, los pájaros son considerados animales ruidosos, sucios, que se alimentan de modo rápido, con lo cual la metáfora que asocia pájaros con asiáticos no es inesperada[68].

De hecho, luego de la línea 23 hay sólo un término que lo posee (l. 31, *nh.w* {𓅪}^{det} "pérdida, falta"). Tal particularidad puede deberse a que en la sección final se mencionan las cualidades positivas de Kamose y su regreso triunfal a Tebas. De este modo, es posible que se haya buscado reforzar visualmente la situación negativa que implicó el intento de Apepi de avanzar sobre el área tebana y las consecuencias que tales acciones provocaron. Varios de los ejemplos se adscriben directamente a la persona de Apepi que, como ya hemos señalado, es descripto hiperbólicamente como un individuo engreído, de ego desmedido[69].

Así, el término *ẖz*  es el que aparece con mayor frecuencia (cuatro veces), tanto como verbo "ser débil; ser miserable" (TLA lema ID 124600) como adjetivo "débil, vil, miserable" (TLA lema ID 400267). Tres ejemplos aluden a Apepi, como un "miserable asiático", de "débiles brazos". El restante refiere al reporte que le llega a Kamose desde el poblado de Apepi, que desencadena su ira, ya que allí se dice que Apepi pretende subordinarlo (K2, 1).

La construcción *whm*[70] *jb=k jrf ꜥꜣm ẖz* aparece dos veces en el texto, en las líneas 11 y 16 y también aluden directamente al gobernante hicso. En ambas, se subraya la destrucción de las intenciones del asiático por parte de Kamose: "tu deseo será destruido, ¡oh, miserable asiático!"

---

[68] Spalinger, *The Books Behind the Masks*, 44, n. 53.

[69] Ya hemos visto que Kamose señala que llegó a "la-casa-del-engreído" (K2, 3) y que Apepi es alguien quien "planea muchas (hazañas) en su corazón que nunca le ocurrirán" (K2, 17).

[70] En el texto *wh{ꜣ}<m>*.

En síntesis, la descripción que se hace de la persona del gobernante hicso es muy negativa desde el inicio del texto: se señala que dice cosas sin sentido ("tonterías") al considerarse un gobernante de mayor jerarquía que Kamose; que es un ladrón, al hacer referencia a sus reclamos sobre "el robo"—probablemente una alusión a los avances que el hicso realizó sobre ámbitos que, a los ojos de los tebanos, no le pertenecían (*nm.t* considerado aquí como sustantivo, ligado al verbo *nm* , véase *ut infra* S1 § I, d). A ello deben sumarse las referencias negativas mencionadas más arriba. No sólo su persona sino sus acciones y las consecuencias de éstas son también objeto de calificaciones negativas. Así, se explicita que será "expulsado" junto con su ejército; que se le hará pasar un momento "miserable"—de debilidad extrema (*ḥwr.t*, TLA lema ID 400950); que Avaris quedará vacía; que habrá desolación en sus ciudades; que a sus aliados también se los destruirá. Además, también Apepi utiliza términos negativos para referirse a las acciones de Kamose, cuando en su carta dirigida al gobernante de Kush señala que Kamose sólo trajo desolación a sus territorios (sobre esta particularidad cf. *ut supra* 3.6).

4.
Análisis del texto: Transliteración, traducción y comentarios

4.1. Luneta

La luneta está parcialmente destruida en la parte superior, pero se pueden visualizar las alas de la diosa buitre Nekhbet de quien se desprenden verticalmente dos representaciones en paralelo de la diosa cobra Wadjet (el *uraeus*), conformando la escritura del epíteto real *Dos Señoras* en una interacción específica entre imagen y escritura. Enmarcada entre las alas del buitre y la cobra a ambos lados se lee, escrito en jeroglíficos dispuestos horizontalmente, *bḥdt nb pt* "el de Behedet—Horus—señor del cielo" y entre ambas cobras la continuación del texto, en vertical: *dj=f dj ꜥnḫ ḏd wꜥs* "él hace que le sean dados vida, estabilidad y dominio". Una línea horizontal separa la luneta del cuerpo del texto.

4.2. Texto

4.2.1. Primera Sección

La composición combina una narrativa en tercera persona y un elemento dialógico construido—en el sentido de que no hay diálogos explícitos entre los personajes, pero sí existe la intención de comunicación entre ellos, en tanto Kamose se dirige directamente a Apepi y este último al gobernante de Kush por medio de una carta. El texto pasa, de este modo, de la primera a la tercera persona del singular. La primera línea está en la voz activa, siendo Kamose el hablante quien se dirige directamente a Apepi, el gobernante de Avaris, de modo peyorativo acusándolo de querer subordinarlo a su accionar.

S1 § I. Líneas 1 y 2:

[1]

[2]

Transliteración: [a] [1]… *smj ẖz m-ẖnw dmj*{𓈇}^{det} *=k tw=k tf*{𓂡}^{det}*.tj r-gs mšꜥ=k r=k ḥns(.w)*{𓂡}^{det} [b] *m jrj=k wj m wr* {[illegible]}^{id} [c] *jw=k m ḥq3* {[illegible]}^{det} *r dbḥ* [2] *n=k t3 nm.t* {𓂡}^{det} *ẖr.t=k n=s*[d]

smj: "reporte, reconocimiento, acusación", SUSTANTIVO Masc. (TLA lema ID 134830)
ẖz: "débil, vil, miserable", ADJETIVO (TLA lema ID 400267)
m-ẖnw: "en el interior de, adentro de", PREPOSICIÓN (TLA lema ID 65370)
dmj{𓈇}^{det}: "poblado; barrio; muelle", SUSTANTIVO Masc. (TLA lema ID 179330)
k: "tú, su, tuyo, (a/de) ti", PRONOMBRE PERSONAL, SUFIJO 2da. Pers. Masc. Sg. (TLA lema ID 10110)
tw=k: "tú, usted", PRONOMBRE PERSONAL, COMPUESTO 2da. Pers. Masc. Sg. (TLA lema ID 851201)
tf{𓂡}^{det}*.tj*: "quitar con fuerza, repeler, expulsar", VERBO *tfj*, 3ae. *inf.* (TLA lema ID 171780), pseudoparticipio.
r-gs: "junto a", PREPOSICIÓN (TLA lema ID 92390)
mšꜥ: "ejército, fuerza de trabajo", SUSTANTIVO Masc. (TLA lema ID 76300)
k: "tú, su, tuyo, (a/de) ti", PRONOMBRE PERSONAL, SUFIJO 2da. Pers. Masc. Sg. (TLA lema ID 10110)
r: "discurso, declaración", SUSTANTIVO Masc. (TLA lema ID 92580) y también "boca", SUSTANTIVO Masc. (TLA lema ID 92560)
k: "tú, su, tuyo, (a/de) ti", PRONOMBRE PERSONAL, SUFIJO 2da. Pers. Masc. Sg. (TLA lema ID 10110)
ḥns(.w){𓂡}^{det}: "ser estrecho, estar restringido", VERBO *ḥns*, 3-lit. (TLA lema ID 400975), pseudoparticipio.
m: "cuando", PREPOSICIÓN/CONJUNCIÓN (TLA lema ID 64370)
jrj: "hacer, crear, actuar como", VERBO *jrj*, 3ae. *inf.* (TLA lema ID 28550), *sḏm=f* aoristo.
k: "tú, su, tuyo, (a/de) ti", PRONOMBRE PERSONAL, SUFIJO 2da. Pers. Masc. Sg. (TLA lema ID 10110)
wj: "yo, mi", PRONOMBRE PERSONAL, DEPENDIENTE 1ra. Sg. Común (TLA lema ID 44000)
m: "como", "m" de PREDICACIÓN (TLA lema ID 500292)
wr: "grande, magnate, jefe", SUSTANTIVO Masc. (TLA lema ID 47280)
jw: PARTÍCULA, convertidor circunstancial (TLA lema ID 851512)
k: "tú, su, tuyo, (a/de) ti", PRONOMBRE PERSONAL, SUFIJO 2da. Pers. Masc. Sg. (TLA lema ID 10110)
m: "como", "m" de PREDICACIÓN (TLA lema ID 500292)

ḥqꜣ{}det: "gobernante", SUSTANTIVO Masc. (TLA lema ID 110360). Aquí traducimos "gobernante *[DEL ALTO EGIPTO]*".
r: "con el fin de, para", PREPOSICIÓN + INFINITIVO (TLA lema ID 91909)
dbḥ: "estar en necesidad de, pedir, requisar, reclamar", VERBO *dbḥ*, 3-lit. (TLA lema ID 178750), infinitivo.
n: "a, para", PREPOSICIÓN (TLA lema ID 400055)
k: "tú, su, tuyo, (a/de) ti", PRONOMBRE PERSONAL, SUFIJO 2da. Pers. Masc. Sg. (TLA lema ID 10110)
tꜣ: "la", PRONOMBRE DEMOSTRATIVO, ARTÍCULO DEFINIDO Fem. Sg. (TLA lema ID 168850)
nm.t {}det: "robo (?)" SUSTANTIVO [TLA lema ID 400947]
ḫr.t: "caer, ser derribado", VERBO *ḫr*, 2-lit. (TLA lema ID 119610), infinitivo.
k: "tú, su, tuyo, (a/de) ti", PRONOMBRE PERSONAL, SUFIJO 2da. Pers. Masc. Sg. (TLA lema ID 10110)
n: "a causa de", PREPOSICIÓN (TLA lema ID 78874)
s: "ella, de ella", PRONOMBRE SUFIJO 3ra. Pers. Fem. Sg. (TLA lema ID 10090)

Traducción: **[1] "… un informe miserable (llega) desde el interior de tu poblado [TIERRA-IRRIGADA]. Tú serás expulsado por la fuerza junto a tu ejército (ya que) dices cosas sin sentido (lit. "tu boca se empequeñece", "es estrecha") cuando me haces un jefe <inferior> (mientras) tú te consideras el gobernante *[DEL ALTO EGIPTO]* con el fin de reclamar [2] para ti lo robado (lit.: "el robo para ti"). ¡Tu caída (sucederá) a causa de ello!**

Comentarios:

a) El inicio de la estela en la mitad de una frase y no con la fórmula habitual llamó la atención de los especialistas quienes se refirieron a esta cuestión desde las primeras publicaciones[1]. Smith y Smith, a diferencia de Habachi—quien consideraba que no era posible que la estela comenzara en la mitad de una oración—sugirieron que, si bien era poco usual que un texto se dividiera entre dos estelas, era factible que tal división hubiera sido dejada en manos del escriba que la realizó[2]. Por su parte, Goedicke optó por traducir *smj* como imperativo, seguido por *ḥz* (sic) como vocativo, para evitar suscribir la existencia de una primera parte del texto de la estela: "¡Repórtate! ¡Oh, maldito!

[1] Wilson, "War against the Hyksos", 554, n. 2; HSSK, 32, n. b.
[2] Smith y Smith, "Reconsideration of the Kamose Texts", 63, n. k.

Dentro de tu dominio...”[3]. Redford sostuvo que K2 era presumiblemente una composición única inscrita sobre más de una estela, sin hacer otras apreciaciones al respecto[4]. El resto de los autores no efectuó referencias explícitas a esta cuestión. Consideramos que el “informe miserable” que llega a manos de Kamose es el desencadenante de la ira de este último: se infiere que allí Apepi reclama para sí el título de *ḥq3*{ }^{det} “gobernante [*DEL ALTO EGIPTO*] considerando a Kamose un simple “jefe” (*wr*).

b) Sobre la construcción *r=k ḥns(.w)*: aquí se entiende *ḥns* como “es estrecho” en el sentido de una disminución del tamaño de la boca—una condición física—que impediría una pronunciación correcta de las palabras, equivalente a “decir cosas sin sentido”, “tonterías”, si se tiene en cuenta el sentido del determinativo G37 “que posee “los significados de ‘inferior’, ‘socialmente inferior’ y, al final del Reino Antiguo, claramente se transforma en la categoría [INFERIOR-MALVADO] o [MALVADO]”[5].

c) *m jr=k wj m wr* { }^{id} *jw=k m ḥq3*{ }^{det}: véase *ut supra* Cap. 3, 3.4.

d) La construcción *r dbḥ* [2] *n=k t3 nm.t ḫr.t=k n.s* fue traducida de varias maneras, en particular debido al término *nm.t,* que registra diversos significados. La palabra *nm.t* { }^{det}, con el determinativo G37, remite a una cualidad negativa. Habachi señaló que “*t3 nm.t* puede ser tomado como sustantivo a partir de nm también determinado por el pájaro del mal y significar ‘aprovecharse mal de algo’ (*Wb.* 2: 264.12), refiriendo el hecho de que Apophis (NB: Apepi) ha ocupado tierras que no eran suyas”[6], haciendo hincapié—aspecto que retomó luego Ryholt—en el signo que acompaña al término como definitorio: G37 “gorrión” y no T29 (combinación entre T28 “bloque de carnicero” y T30 “cuchillo”) que suele acompañar, como ya señalamos, al sustantivo femenino *nm.t* con el sentido de “matadero” o “lugar de ejecución”[7]. Sin embargo,

---

[3] Goedicke, *Studies about Kamose and Ahmose*, 60 y n. 192.

[4] Redford, “Textual Sources for the Hyksos Period”, 13.

[5] Cf. Orly Goldwasser, “A Comparison between Classifier Languages and Classifier Script: The Case of Ancient Egyptian”, en *Egyptian, Semitic and General Grammar: Studies in Memory of H. J. Polotsky*, ed. Gideon Goldenberg y Ariel Shisha-Halevy (Jerusalem: Magnes Press, 2009), 31. Cf. también *Wb.* 3: 251, especialmente 13–14.

[6] HSSK, 33, i.

[7] HSSK, 33, i; Ryholt, *Political Situation in Egypt*, 326. Este aspecto está señalado también en Brose, https://thesaurus-linguae-aegyptiae.de/sentence/ IBUBd7oikWHUQU94kif Z2BEdh2g, en: TLA (Consultado: 15 de junio de 2023).

la mayor parte de los autores, con la excepción de Habachi, Ryholt y Brose (quien propuso "ocupado (?)"), optaron por esta última traducción[8]. Aquí, siguiendo la perspectiva de Habachi, lo consideramos un sustantivo ("robo") y, a los fines de la traducción, propondremos "lo robado" proporcionando la nomenclatura del TLA.

S1 § II. Línea 2 (cont.)

Transliteración: *mꜣ sꜣ=k bjn*{𓅪}^{det} *mšꜥ=j m-sꜣ=k*

mꜣ: "ver, mirar", VERBO *mꜣꜣ*, 3ae. gem. (TLA lema ID 66270), *sḏm=f* subjuntiva, prospectiva.
sꜣ: "espalda", SUSTANTIVO Masc. (TLA lema ID 125670)
k: "tú, su, tuyo, (a/de) ti", PRONOMBRE PERSONAL, SUFIJO 2da. Pers. Masc. Sg. (TLA lema ID 10110)
bjn {𓅪}^{det}: "mal, malas cosas", SUSTANTIVO Masc. (TLA lema ID 54620)
mšꜥ: "ejército, fuerza de trabajo", SUSTANTIVO Masc. (TLA lema ID 76300)
j: "yo, mi, mío" PRONOMBRE PERSONAL, SUFIJO 1ra. Pers. Sg. (TLA lema ID 10030)
m-sꜣ: "después" con sentido temporal o espacial, PREPOSICIÓN (TLA lema ID 65420)

[8] Wilson, "War against the Hyksos", 554; Smith y Smith, "Reconsideration of the Kamose Texts", 60; Kaplony-Heckel, "Ägyptische historische Texte", 530; Goedicke, *Studies about Kamose and Ahmose*, 60; Redford, "Textual Sources for the Hyksos Period", 14; Robert Ritner en William K. Simpson, ed., *The Literature of Ancient Egypt*, 3ra. ed. (New Haven & London: Yale University Press, 2003), 348; Hofmann, *Die Königsnovelle*, 117; Roland Enmarch, "Some Literary Aspects of the Kamose Inscriptions", *JEA* 99 (2013): 259; Mathieu, "Attaquer ou ne pas attaquer?", 709; Spalinger, *The Books Behind the Masks*, 50; Serrano Delgado, *Textos para la historia antigua de Egipto* 151; HSSK 32, 33 n. i; Marc, Brose, https://thesaurus-linguae-aegyptiae.de/sentence/IBUBd7oikWHUQU94kifZ2BEdh2g en: TLA (Consultado: 15 de junio de 2023).

k: "tú, su, tuyo, (a/de) ti", PRONOMBRE PERSONAL, SUFIJO 2da. Pers. Masc. Sg. (TLA lema ID 10110)

Traducción: **Tu retaguardia (lit.: espalda) verá el mal (cuando) mi ejército (esté) detrás de ti**

Comentarios:

Las traducciones de los diferentes autores no presentan mayores divergencias en torno a este pasaje, ya que la idea central no se ve afectada por las variaciones en la interpretación. A modo de ejemplo, mencionaremos que Wilson tradujo "tu espalda ha sido vista, ¡oh, maldito! Mi ejército está detrás de ti"; Habachi propuso "Tu espalda ve la desgracia porque mi ejército está detrás de ti"; Smith y Smith brindaron "tu espalda miserable es vista con mi ejército detrás tuyo"; Redford leyó "mis tropas son una amenaza detrás de ti", mientras que Spalinger tradujo "tu espalda despreciable es vista cuando mi ejército está detrás de ti"[9].

S1 § III. Líneas 2 (cont.) y 3

[3]

[9] Wilson, "War against the Hyksos", 554; HSSK, 32; Smith y Smith, "Reconsideration of the Kamose Texts", 60; Spalinger, *The Books Behind the Masks*, 29; Redford, "Textual Sources for the Hyksos Period", 14, n. 134.

Transliteración: *nn* [*j*]*w*[*r*] *ḥm.wt ḥw.t-wꜥr.t* {𓈊}[det a)] *nn zn jbw=sn* [3] *m-ẖnw ẖ.t=sn*[b)] *sḏm.t*(*w*) *hmhm.t n*(.*j*).*t pꜣy=j mšꜥ*[c)]

nn: PARTÍCULA DE NEGACIÓN (TLA lema ID 851961)
[*j*]*w*[*r*]: "concebir, embarazarse", VERBO *jwr,* 3-lit. (TLA lema ID 22930), *sḏm=f* subjuntiva, prospectiva.
ḥm.wt: "mujer, esposa", SUSTANTIVO Fem. Pl. (TLA lema ID 104730)
ḥw.t-wꜥr.t {𓈊}[det]: "Avaris", TOPÓNIMO (TLA lema ID 99860). Aquí traducimos "Avaris *[LUGAR-EXTRANJERO]*".
nn: PARTÍCULA DE NEGACIÓN (TLA lema ID 851961)
zn: "abrir", VERBO *zn*, 2-lit. (TLA lema ID 136070), *sḏm=f* subjuntiva, prospectiva.
jbw: "corazón, mente, deseo, carácter", SUSTANTIVO Masc. Pl. (TLA lema ID 23290)
sn: "ellos/as, a ellos/as, suyos/as", PRONOMBRE PERSONAL, SUFIJO 3ra. Pers. Pl. Común (TLA lema ID 10100)
m-ẖnw: "en el interior de, adentro de", PREPOSICIÓN (TLA lema ID 65370)
ẖ.t: "cuerpo, vientre, útero, matriz", SUSTANTIVO, Fem. (TLA lema ID 122080)
sn: "ellos/as, a ellos/as, suyos/as", PRONOMBRE PERSONAL, SUFIJO 3ra. Pers. Pl. Común (TLA lema ID 10100)
sḏm.t(*w*): "oír, escuchar", VERBO *sḏm*, 3-lit. (TLA lema ID 150560), *sḏm.tw=f* forma pasiva.
hmhm.t: "rugido, grito de guerra", SUSTANTIVO Fem. (TLA lema ID 98500)
n(.*j*).*t:* "perteneciente a, de", PREPOSICIÓN (GENITIVO NISBE) (TLA lema ID 79800)
pꜣy: ADJETIVO POSESIVO Masc. (TLA lema ID 550021)
j: "yo, mi, mío" PRONOMBRE PERSONAL, SUFIJO 1ra. Pers. Sg. Común (TLA lema ID 10030)
mšꜥ: "ejército, fuerza de trabajo", SUSTANTIVO Masc. (TLA lema ID 76300)

Traducción: **las mujeres de Avaris *[LUGAR-EXTRANJERO]* no concebirán; su deseo no se abrirá (lit.: "sus corazones no se abrirán") [3] dentro de sus vientres cuando el grito de guerra de mi ejército sea escuchado.**

Comentarios:

a) Primera referencia a Avaris con el determinativo N25 𓈊 *[LUGAR-EXTRANJERO]*.

b) *nn* [*j*]*w*[*r*] *ḥm.wt ḥw.t-wꜥr.t* { }^{det} *nn zn jbw=sn* [3] *m-ẖnw ẖ.t=sn*: se señalan dos construcciones continuas *nn* + *sḏm=f* con sentido futuro (prospectivas).

c) En otro orden de análisis, Habachi propuso que el término *jb* ("corazón, mente, deseo, carácter", TLA lema ID 23290) posee aquí una connotación sensual, mientras que Goedicke señala que la amenaza proferida por Kamose ("las mujeres de Avaris no concebirán (nuevamente)") estaría directamente vinculada a la situación en la que quedaría el ejército de Apepi: sus hombres habrían fallecido en la batalla. El resto del pasaje lo interpreta como que la referencia a las mujeres de Avaris indica que ellas no sólo afrontarían la viudez, sino que además serían violadas, tomando el término *ẖn* como un *sḏm=f* pasivo que referiría no únicamente a un combate cuerpo a cuerpo, sino que poseería una relación aplicable al acercamiento sexual[10]. Aquí tradujimos *jb* como "deseo", con una connotación sexual dada la oración anterior. El pasaje sugiere la imposibilidad de goce y concepción dada la presencia aterradora de Kamose.

S1 § IV. Línea 3

Transliteración: *jw=j m(j)nj*[{ }^{det}]*.kwj r pr-ḏd-qn*[a)]

jw: PARTÍCULA INTRODUCTORIA. Sin traducción a las lenguas modernas, marca oraciones y formas verbales complejas (oraciones adverbiales, con predicado adjetivo). Señala la circunstancialidad del hecho que describe (TLA lema ID 851515)

j: "yo, mi, mío" PRONOMBRE PERSONAL, SUFIJO 1ra. Pers. Sg. Común (TLA lema ID 10030).

---

[10] HSSK, 33, l.; Goedicke, *Studies about Kamose and Ahmose*, 62–63. Para la relación entre ambas connotaciones, los actuales estudios desde la perspectiva de género aportan lecturas complementarias, cf. Uroš Matić, "Gender-Based Violence", en *UCLA Encyclopedia of Egyptology*, ed. Willecke Wendrich (2010), 1–20.

m(j)nj[{ }^{det}].*kwj*: "amarrar, dirigir, morir (metafóricamente)", VERBO *mjnj*, 4ae. *inf.* (TLA lema ID 70060), pseudoparticipio.
r: "a, hacia", PREPOSICIÓN (TLA lema ID 91901)
pr-ḏd-qn: "la-casa-del-engreído", TOPÓNIMO (TLA lema ID 400948)

Traducción: **Yo me dirigí hacia Per-djed-qen ("la-casa-del-engreído")**

Comentarios:

a) Varios especialistas que tradujeron el pasaje consideran al término Per-djed-qen un topónimo desconocido debido a que el verbo que lo rige tiene que ver con la acción de amarrar una embarcación, pero no lo tradujeron[11]. Sin embargo, Smith y Smith propusieron traducirlo como una expresión locativa que imprime el tono con el que Kamose se refiere a Apepi en otros pasajes del texto. De este modo tradujeron "amarré en "la-casa-del-engreído" (lit. "aquél-que-habla-cosas-valientes/fuertes", pero no las concreta, es decir, alguien que grita, vocifera) en clara referencia a otro pasaje de la estela donde Kamose describe a Apepi en términos similares (K2, 16–17)[12]. Goedicke se suma a lo expresado por aquellos, traduciendo el pasaje del siguiente modo "ahora que estoy amarrado en "el dominio del que-habla-fuerte..."[13]. Se ha propuesto que el determinativo del término *qn* ("fuerte")[14], aquí reconstruido, es D40 —contraparte de A24 —que refiere a la categoría [FUERZA][15]; pero en sí, el locativo Per-djed-qen no tendría determinativo. Aquí, en la traducción, mantenemos el posible topónimo transcripto y brindamos su posible significado entre paréntesis.

---

[11] HSSK, 33—34 y a; Kaplony-Heckel, "Ägyptische historische Texte", 530, n. 5 a; Hofmann, *Die Königsnovelle*, 117; Ritner en Simpson, *Literature of Ancient Egypt*, 348; Hofmann, *Die Königsnovelle*, 117; Mathieu, "Attaquer ou ne pas attaquer ?", 709; Serrano Delgado, *Textos para la historia antigua de Egipto*, 158; Spalinger, *The Books Behind the Masks*, 50.
[12] Smith y Smith, "Reconsideration of the Kamose Texts", 60; Redford, "Textual Sources for the Hyksos Period", 14, y n. 135.
[13] Goedicke, *Studies about Kamose and Ahmose*, 63–64.
[14] FCD, 279.
[15] Julien Cooper, "Kushites Expressing 'Egyptian' Kingship: Nubian Dynasties in Hieroglyphic Texts and a Phantom Kushite King", *Ä&L* 28 (2018): 150.

S1 § V. Líneas 3 (cont.) y 4

[4]

Transliteración: [*jb*]=*j ꜣw*(.*w*)[a] *dj*=*j mꜣj*[4]*ppj*{ }det b) *ꜣ.t ḥwr.t*{ }det *wr*[c] *n*(.*j*) *rṯnw*{ }det d) *ẖz*{ }det *ꜥ.wj ẖmt qn.w m jb*=*f n ḫpr*=*sn n*=*f*[e]

[*jb*]: "corazón, mente, deseo, carácter", SUSTANTIVO Masc. (TLA lema ID 23290)
j: "yo, mi, mío" PRONOMBRE PERSONAL, SUFIJO 1ra. Pers. Sg. Común (TLA lema ID 10030)
ꜣw(.*w*): "extenderse, expandirse", VERBO *ꜣwj*, 3ae *inf.* (TLA lema ID 50), participio perfectivo activo.
dj: "causar, permitir", VERBO *rdj* irr. (TLA lema ID 550028), *sḏm*=*f* subjuntiva, prospectiva.
j: "yo, mi, mío" PRONOMBRE PERSONAL, SUFIJO 1ra. Pers. Sg. Común (TLA lema ID 10030)

mꜣ: "ver, mirar", VERBO *mꜣꜣ*, 2ae. gem. (TLA lema ID 66270), subjuntivo.
jppj{}[det]: "Apepi", SUSTANTIVO NOMINATIVO, NOMBRE DE REY (TLA lema ID 400949). Aquí traducimos "Apepi *[DÉBIL-COBARDE]* [sin cartucho]".
ꜣ.t: "momento, instante", SUSTANTIVO Fem. (TLA lema ID 5)
ḥwr.t{}[det]: "maldito, débil", ADJETIVO Fem. (TLA lema ID 400950)
wr: "grande, magnate, jefe", SUSTANTIVO Masc. (TLA lema ID 47280)
n(.j): "perteneciente a, de", PREPOSICIÓN (GENITIVO NISBE) (TLA lema ID 79800)
rṯnw{}[det]: "Retjenu", TOPÓNIMO (TLA lema ID 96590)
ẖz{}[det]: "débil, vil, miserable", ADJETIVO (TLA lema ID 400267)
ꜥ.wj: "brazo, mano", SUSTANTIVO Masc. Dual (TLA lema ID 34320)
ḫmt: "planear, intentar", VERBO *ḫmt*, 3-lit. (TLA lema ID 117340), participio imperfectivo activo.
qn.w: "las muchas/varias", SUSTANTIVO Masc. Pl. (TLA lema ID 161070)
m: "en, a, en, de (espacial)", PREPOSICIÓN, (TLA lema ID 400007)
jb: "corazón, mente, deseo, carácter", SUSTANTIVO Masc. (TLA lema ID 23290)
f: "él, a él, suyo", PRONOMBRE PERSONAL, SUFIJO 3ra. Pers. Masc. Sg. (TLA lema ID 10050)
n: PARTÍCULA DE NEGACIÓN (TLA lema ID 78890)
ḫpr: "llegar a ser, ocurrir", VERBO *ḫpr*, 3-lit. (TLA lema ID 116230), *sḏm=f* subjuntiva, prospectiva.
sn: "ellos/as, a ellos/as, suyos/as", PRONOMBRE PERSONAL, SUFIJO 3ra. Pers. Pl. Común (TLA lema ID 10100)
n: "a, para, en [dativo]", PREPOSICIÓN (TLA lema ID 400055)
f: "él, a él, suyo", PRONOMBRE PERSONAL, SUFIJO 3ra. Pers. Masc. Sg. (TLA lema ID 10050)

Traducción: **(con) mi corazón expandido (en alegría) (porque) hice que [4] Apepi *[DÉBIL-COBARDE]* [sin cartucho] vea un momento miserable, el jefe <inferior> del Retjenu [LUGAR-EXTRANJERO] (de) débiles brazos[16], el que planea muchas (hazañas) en su corazón que nunca le ocurrirán.**

[16] Mathieu considera que el sintagma *ẖz ꜥ.wy* es una inversión deliberada de la expresión *wꜥb ꜥ.wy*, "con brazos puros" con la que se calificaba a los oficiantes. Mathieu, "Attaquer ou ne pas attaquer ?", 709, n. 25.

Comentarios:

a) La construcción *jb=j ꜣw(.w)* "mi corazón expandido (en alegría)" está relacionada con el sustantivo *ꜣwt-jb* ("alegría", TLA lema ID 42). Goedicke señaló "*Sn-ib* parece no estar atestiguado en otro lugar, el significado parece "ser/estar alegre, agradecido", en anticipación gozosa con un posible matiz erótico"[17]. Mathieu tradujo "en plenitud"[18]. Aquí entendemos *ꜣw(.w)* como un participio perfectivo activo del verbo *ꜣwj*.

b) Nótese el determinativo adicionado al nombre del gobernante hicso {}, cf. Cap. 3, 3.6.

c) Nuevamente la palabra *wr*, al igual que en la primera línea del texto, está escrita con el signo A19  con lo cual mantenemos el calificativo de <inferior> en la traducción. A diferencia de la referencia anterior, aquí se explicita el título con el topónimo de pertenencia (*rṯnw*) aludiendo al ámbito levantino, que habitualmente le es asignado a este topónimo. Esta alusión es una clara referencia a que para Kamose, el territorio al que pertenece y que le pertenece a Apepi no es Egipto, como se deduce del reclamo que Apepi efectúa y el gobernante egipcio responde en la primera línea del texto. Nótese la redundancia sobre la "debilidad" de Apepi, expresada tanto figurativa como lingüísticamente en el pasaje.

d) El topónimo Retjenu lleva el determinativo habitual que acompaña al término, N25  [LUGAR-EXTRANJERO].

e) La parte final del pasaje, en clara referencia a Apepi ("el jefe <inferior> del Retjenu [LUGAR-EXTRANJERO] (de) débiles brazos, el que planea muchas (hazañas) en su corazón que nunca le ocurrirán") puede ser relacionada con la traducción que del término Per-djed-qen ("la-casa-del-engreído")—que aparece en el apartado anterior—proveen tanto Smith y Smith como Goedicke, así como el pasaje de la línea 16 donde Kamose dice despectivamente que Apepi se considera a sí mismo "un señor sin igual..." (K2, 16). Las diversas traducciones coinciden en este pasaje, si bien algunas consideran distintos tiempos verbales en relación con la construcción *n ḫpr=sn n=f.*

---

[17] Goedicke, *Studies about Kamose and Ahmose*, 62, n. 207 y 63.

[18] Mathieu, "Attaquer ou ne pas attaquer ?", 709.

S1 § VI. Líneas 4 (cont.) y 5

[5]

Transliteración: *spr.kw(j) r jnyt* [5]-*n.t-ḫnt*{𓊛}^{det} [a] *tw=j ḏ3*{𓊛}^{det}.*kwj n=sn r wšd st*[b]

spr.kw(j): "arribar a, alcanzar", VERBO *spr*, 3-lit. (TLA lema ID 132830), pseudoparticipio.
r: "a, hacia", PREPOSICIÓN (TLA lema ID 91901)
jnyt-n.t-ḫnt{𓊛}^{det}: "¿Desembarco-del-Sur?", TOPÓNIMO (TLA lema ID 400951)
tw=j: "yo", PRONOMBRE PERSONAL, COMPUESTO, 1ra. Pers. Sg. (TLA lema ID 851200)
ḏ3{𓊛}^{det}.*kwj*: "cruzar (un cuerpo de agua); transbordar", VERBO *ḏ3j*, 3ae. *inf.* (TLA lema ID 181780), pseudoparticipio.
n: "a, para, en [dativo]", PREPOSICIÓN (TLA lema ID 400055)
sn: "ellos/as, a ellos/as, suyos/as", PRONOMBRE PERSONAL, SUFIJO 3ra. Pers. Pl. Común (TLA lema ID 10100)
r: "con el fin de", PREPOSICIÓN (TLA lema ID 91909)
wšd: "dirigirse a (alguien), preguntar, saludar", VERBO *wšd*, 3-lit. (TLA lema ID 50700), infinitivo.
st: "ellos, a ellos", PRONOMBRE PERSONAL, COMPUESTO 3ra. Pers. Pl. (TLA lema ID 400960)

Traducción: **Habiendo llegado a Inyt-[5]-net-khenet ("¿Desembarco-del-Sur?"); yo crucé (por agua) con el fin de dirigirme a ellos (?).**

Comentarios:

a) Inyt-net-khenet cuyo determinativo es P1 𓊛 [EMBARCACIÓN-BARCO], es considerado un topónimo principalmente debido al verbo que lo rige, *spr* "arribar a, alcanzar" (TLA lema ID 132830). Aquí las opiniones en cuanto a la traducción difieren sutilmente, aunque la mayoría de los especialistas lo consideran como una referencia a una estación marítima tomada como punto de partida para los viajes río arriba. Wilson propone "terminal para ir al sur" asumiendo la idea de una estación en el río para el término *jnyt*, utilizada con frecuencia para dar la vuelta durante la travesía, sin descartar que se trate de un topónimo desconocido[19]. Habachi también se inclina por interpretarlo como una locación que sería el punto de partida de los barcos que navegaban río arriba[20], al igual que Smith y Smith, quienes traducen "el transbordador-yendo-al-sur"; Goedicke, quien brinda "puerto-de-ir-al-sur"[21]; Redford, quien propone "Yenet del-viaje-hacia-el-sur" considerándolo un sitio desconocido probablemente ubicado en los alrededores de Avaris[22]; y Ritner, quien traduce "lugar de arribo con destino al sur"[23]. Por su parte, Mathieu traduce "*Ynit* de aguas arriba"[24]. Otros mantienen el topónimo sin traducción, como Hofmann y Serrano Delgado[25]. Spalinger opta por adicionar una posible traducción ("¿Desembarco-del-Sur?") sugiriendo que las traducciones provistas por Ritner y Smith y Smith son acertadas y conviniendo que "la ubicación (*ḫnt* es la palabra clave) debería estar ligeramente al sur de Avaris, si se considera que el objetivo geográfico más cercano es la capital de los hicsos, como proponen muchos académicos"[26].

---

19 Wilson, "War against the Hyksos", 554, n. 5.

20 HSSK, 34, b.

21 Smith y Smith, "Reconsideration of the Kamose Texts", 60; Kaplony-Heckel, "Ägyptische historische Texte", 530, n. 5 a; Goedicke, *Studies about Kamose and Ahmose*, 64.

22 Redford, "Textual Sources for the Hyksos Period", 14, 30 y n. 137.

23 Ritner en Simpson, *Literature of Ancient Egypt*, 348.

24 Mathieu, "Attaquer ou ne pas attaquer ?", 709.

25 Hofmann, *Die Königsnovelle*, 117.

26 Spalinger, *The Books Behind the Masks*, 52, n. 78.

b) La construcción *tw=j ḏꜣ*{𓊛}^{det}=*kwj n=sn r wšd st* presenta algunas discrepancias según a quiénes se considere como antecedente del sufijo *sn* y del pronombre *st*. Wilson propuso que, dado que Kamose cruzó a la otra orilla, "ellos" probablemente haga referencia a los enemigos o, alternativamente, a los habitantes de la estación marítima, con lo cual la traducción podría ser "para dirigirme a ellos"[27]. Habachi, luego de señalar que el pronombre *st* en la construcción *wšd st* no posee antecedente, se inclina al igual que Wilson por la posibilidad de que refiera a los habitantes de la estación marítima, indicando que *wšd* ("hablar, consultar, saludar", TLA lema ID 50700) puede también ser traducido como "interrogar" infiriendo que puede referirse a las amenazas proferidas por Kamose a partir de la línea 9[28]. Smith y Smith retoman lo señalado por Habachi y agregan que además podría referir a las tropas de Kamose (mencionadas luego) o también a los habitantes de Avaris[29]. Kaplony-Heckel da un tono de desafío ("Me dispuse a desafiarlos después de haber alineado la flota uno detrás de otro") mientras que Goedicke subraya la idea de que Kamose pide la rendición[30]. Redford deja la duda entre traducir "saludar" o "dirigirse a" mientras que Ritner opta por esta última opción, al igual que Hofmann y Spalinger[31]. Por su parte, Mathieu traduce "arengar" y Serrano Delgado "imprecar"[32]. Como vemos, las traducciones varían de acuerdo con la acción que se considere en relación con el verbo *wšd*: interrogar, dirigirse a, saludar, arengar o imprecar. Aquí optamos por traducirlo como la acción de Kamose de "dirigirse (a ellos)" de modo tentativo por razones ligadas al cotexto: la acción subsiguiente se enmarca en el ordenamiento de la flota, con lo cual es muy posible que la referencia tenga que ver con aquellos que la integraban.

[27] Wilson, "War against the Hyksos", 554, n. 6.
[28] HSSK, 33, 34 y n. c.
[29] Smith y Smith, "Reconsideration of the Kamose Texts", 60, 63 y n. m.
[30] Kaplony-Heckel, "Ägyptische historische Texte", 530 y n. 5b; Goedicke, *Studies about Kamose and Ahmose*, 65 y n. 224.
[31] Redford, "Textual Sources for the Hyksos Period", 14, 30 y n. 138; Ritner en Simpson, *Literature of Ancient Egypt*, 348; Hofmann, *Die Königsnovelle*, 117; Spalinger, *The Books Behind the Masks*, 52.
[32] Mathieu, "Attaquer ou ne pas attaquer ?", 709; Serrano Delgado, *Textos para la historia antigua de Egipto*, 158.

S1 § VII. Línea 5 (cont.)

Transliteración: *jr.n=j pꜣ ꜥḥꜥ.w zꜥbꜣ(.w) [wꜥ] m-sꜣ wꜥ*

jr.n: "hacer, crear, actuar como", VERBO *jrj*, 3ae *inf.* (TLA lema ID 28550), *sḏm.n=f* predicativo.
j: "yo, mi, mío" PRONOMBRE PERSONAL, SUFIJO 1ra. Pers. Sg. Común (TLA lema ID 10030)
pꜣ: "el", PRONOMBRE DEMOSTRATIVO, ARTÍCULO DEFINIDO, Masc. Sg. (TLA lema ID 58770)
ꜥḥꜥ.w: "flota", SUSTANTIVO Masc. Pl. (TLA lema ID 859328)
zꜥbꜣ(.w): "ordenar", VERBO *sꜥbꜣ*, causativo 3-lit. (TLA lema ID 857653), pseudo-participio.
[wꜥ]: "uno", SUSTANTIVO Masc. (TLA lema ID 400101)
m-sꜣ: "después" con sentido temporal o espacial, PREPOSICIÓN (TLA lema ID 65420)
wꜥ: "uno", SUSTANTIVO Masc. (TLA lema ID 400101)

Traducción: **Yo hice (que) la flota (estuviera) ordenada, un (barco) detrás del otro**

Comentarios:

Las traducciones de los diferentes autores no presentan mayores divergencias en torno a este pasaje.

S1 § VIII. Líneas 5 (cont.) y 6

[6]

Transliteración: *dj=j* [*ḥꜣ*].*t* [*ḥr*] [*ḥm*]*w m nꜣy* [6] *=j n*(.*j*) *qn.yt ḥr ꜥẖj.t ḥr j*{*r*}<*t*>*rw mj wnn bjk jmw=j n*(.*j*) *nbw r ḥꜣ.t* [*jrj*] [*jw*] [*=j*] [*mj*] [*bj*]*k* {*jr*} <*nṯrj*> *r ḥꜣ.t=sn*

dj: "dar, poner, colocar", VERBO *rdj,* irr. (TLA lema ID 96700), *sḏm=f* indicativa.

j: "yo, mi, mío" PRONOMBRE PERSONAL, SUFIJO 1ra. Pers. Sg. Común (TLA lema ID 10030)
[*ḥꜣ*].*t*: "parte delantera, comienzo, principal, mejor", SUSTANTIVO Fem. (TLA lema ID 100310)
[*ḥr*]: "en, sobre, arriba", PREPOSICIÓN (TLA lema ID 400090)
[*ḥm*]*w*: "remo de dirección", SUSTANTIVO Fem. (TLA lema ID 105240)
m: "en, a, en, de (espacial)", PREPOSICIÓN, (TLA lema ID 400007)
nꜣy: PRONOMBRE DEMOSTRATIVO, ADJETIVO POSESIVO, Pl. Común (TLA lema ID 550008), seguido de pronombre sufijo
j: "yo, mi, mío" PRONOMBRE PERSONAL, SUFIJO 1ra. Pers. Sg. Común (TLA lema ID 10030)
n(.*j*): "perteneciente a, de", PREPOSICIÓN (GENITIVO NISBE) (TLA lema ID 79800)
qn.yt: "los bravos, cuerpo de élite", SUSTANTIVO Fem. Pl. (TLA lema ID 161230)
ḥr: PREPOSICIÓN + VERBO EN INFINITIVO a continuación (TLA lema ID 107529)
ʿḫj.t: "volar, alejarse", VERBO *ʿḫj*, 3ae. *inf.*, (TLA lema ID 40760), infinitivo.
ḥr: "en, sobre, arriba", PREPOSICIÓN (TLA lema ID 400090)
j{*r*}<*t*>*rw*: "río", SUSTANTIVO Masc. (TLA lema ID 33370)
mj: "como si, si", PREPOSICIÓN (TLA lema ID 67830)
wnn: "ser, existir, convertirse", VERBO *wnn,* 2da gem. (TLA lema ID 46050), forma *mrr.f* imperfectiva enfática.
bjk: "halcón", SUSTANTIVO Masc. (TLA lema ID 54680)
jmw: "barco", SUSTANTIVO Masc. (TLA lema ID 25990)
j: "yo, mi, mío" PRONOMBRE PERSONAL, SUFIJO 1ra. Pers. Sg. Común (TLA lema ID 10030)
n(*j*): "perteneciente a, de", PREPOSICIÓN (GENITIVO NISBE) (TLA lema ID 79800)
nbw: "oro", SUSTANTIVO Masc. (TLA lema ID 81680)
r: "a, hacia", PREPOSICIÓN (TLA lema ID 91901)
ḥꜣ.t: "parte delantera; comienzo; principal; mejor", SUSTANTIVO Fem. (TLA lema ID 100310)
[*jrj*]: "del mismo", PREPOSICIÓN, ADJETIVO NISBE (TLA lema ID 850583)
[*jw*]: PARTÍCULA, convertidor circunstancial (TLA lema ID 851512)
[=*j*]: "yo, mi, mío" PRONOMBRE PERSONAL, SUFIJO 1ra. Pers. Sg. Común (TLA lema ID 10030)
[*mj*]: "como, según como", PREPOSICIÓN (TLA lema ID 67820)
[*bj*]*k*: "halcón", SUSTANTIVO Masc. (TLA lema ID 54680)

{jr} *<nṯrj>*: segundo componente del epíteto *bjk nṯrj* "halcón divino"; "ser divino, hacer divino", VERBO *nṯrj*, 4ae. *inf.* (TLA lema ID 90400)
r: "a, hacia", PREPOSICIÓN (TLA lema ID 91901)
ḥ3.t: "parte delantera; comienzo; principal; mejor", SUSTANTIVO Fem. (TLA lema ID 100310)
sn: "ellos/as, a ellos/as, suyos/as", PRONOMBRE PERSONAL, SUFIJO 3ra. Pers. Pl. Común (TLA lema ID 10100)

Traducción: **poniéndome a la vanguardia (de la flota) en el remo de dirección, con mi [6] cuerpo de élite volando sobre el río como si fuera un halcón. Mi barco de oro iba delante (a la vanguardia), [yo como el halcón divino] delante de ellos (de la flota),**

Comentarios:

Si bien se encuentran ciertas variantes en las traducciones, la idea general se mantiene. Obsérvese la expresión metafórica que semeja al barco con un halcón, siendo este animal una de las formas del dios Horus y del rey-dios.

S1 § IX. Líneas 7 y 8

[7]

[8]

Transliteración: [7] *rdj=j p3 mk qn ḥr ḫ3j*[a)] *r ꜥḏ t3 (w)ḏ3.t m-s3=f* [*mj*] [*wnn*] [*ḏr.tjw*][b)] *ḥr ẖt.t ḥr ḏꜥ.t*{𓈇}[det c)] [8] *ḥw.t-wꜥr.t*{𓈉}[det d)]

rdj: "causar, permitir", VERBO *rdj*, irr. (TLA lema ID 550028), *sḏm=f* indicativa.
j: "yo, mi, mío" PRONOMBRE PERSONAL, SUFIJO 1ra. Pers. Sg. Común (TLA lema ID 10030)
p3: "el", PRONOMBRE DEMOSTRATIVO, ARTÍCULO DEFINIDO, Masc. Sg. (TLA lema ID 58770)
mk: "barco-*mek*", SUSTANTIVO Masc. (TLA lema ID 76800)
qn: "fuerte, bravo, capaz", ADJETIVO (TLA lema ID 550122)
ḥr: PREPOSICIÓN + VERBO EN INFINITIVO a continuación (TLA lema ID 107529)
ḫ3j: "medir, pesar, valorar", VERBO *ḫ3j*, 3ae. *inf.* (TLA lema ID 113410); "patrullar" (*Wb.* 3: 223.2–3; *MedWb* 644–646), infinitivo.
r: "a, hacia", PREPOSICIÓN (TLA lema ID 91901)
ꜥḏ: "borde; margen (de tierra cultivada, del desierto)", SUSTANTIVO Masc. (TLA lema ID 41960)
t3: "la", PRONOMBRE DEMOSTRATIVO, ARTÍCULO DEFINIDO Fem. Sg. (TLA lema ID 168850)
(w)ḏ3.t: "resto", SUSTANTIVO Fem. (TLA lema ID 52210)
m-s3: "después" con sentido temporal o espacial, PREPOSICIÓN (TLA lema ID 65420)
f: "él, a él, suyo", PRONOMBRE PERSONAL, SUFIJO 3ra. Pers. Masc. Sg. (TLA lema ID 10050)

[*mj*]: "como si, si", PREPOSICIÓN (TLA lema ID 67830)
[*wnn*]: "ser, existir, convertirse", VERBO *wnn,* 2da gem. (TLA lema ID 46050), forma *mrr.f* imperfectiva enfática.
[*ḏr.tjw*]: "milano, halcón", SUSTANTIVO Fem. Pl. (TLA lema ID 184660)
ḥr: PREPOSICIÓN + VERBO EN INFINITIVO a continuación (TLA lema ID 107529)
ẖt.t: "agarrar, arrancar (plantas)", VERBO *ẖtj*, 3ra. *inf.* (TLA lema ID 124930), infinitivo.
ḥr: "en, sobre, arriba", PREPOSICIÓN (TLA lema ID 400090)
ḏꜥt{𓈅}^{det}: "¿una región? ¿territorio?", SUSTANTIVO (TLA lema ID 400953). Hápax.
ḥw.t-wꜥr.t {𓈉}^{det}: "Avaris", TOPÓNIMO (TLA lema ID 99860). Aquí traducimos "Avaris *[LUGAR-EXTRANJERO]*".

Traducción: **[7] haciendo (que) este poderoso barco-*mek* patrullara el margen de la tierra cultivada, el resto (de los barcos) detrás de él como si fueran aves de rapiña arrancando (los cultivos) en el "territorio-*djat*" [8] (de) Avaris *[LUGAR-EXTRANJERO]*.**

Comentarios:

a) La acepción habitual del verbo *ẖꜣj* (TLA lema ID 113410) es "medir, pesar, valorar", pero con el determinativo D36 𓂝 puede poseer las acepciones de "investigar, patrullar, rastrear"[33]. Aquí optamos por esta última variante dado que, por un lado, se trata de la acción ejercida por un barco y el verbo aparece con el determinativo D40 𓂡 y, por el otro, en el texto se hace mención a *ꜥḏ* (TLA lema ID 41960) habitualmente traducido como "margen de la tierra cultivada".

b) El barco principal es seguido por el resto de la flota y a continuación, aparece una metáfora: "como si fueran aves de rapiña arrancando (*ẖtj,* "agarrar, arrancar (plantas)" (TLA lema 124930) (los cultivos) en el territorio-*djat* (de) Avaris". Seguimos a Habachi en traducir *ḏr.tjw* como "ave de rapiña"[34]. Véase

---

[33] *Wb.* 3: 223.2–3; *MedWb* 644–646.
[34] HSSK, 35, n. b; cf. Hofmann, *Die Königsnovelle*, 117, quien lee "Ich liess das starke Mek-Schiff den Wüstenrand (Ufer) untersuchen, die Djat-Flotte war in seinem Rücken, als ob es ein Raubvogel wäre der über der Peh-Landschaft". Para una explicación alternativa a los conceptos de *djat* y *dmj* de Avaris, cf. Nemirovsky y Alexander Safronov, "Did Kamose Ever Get to Tell-el-Dab'a?", 3–23.

una construcción semejante en S1 §VIII, *mj wnn bjk* "como si fuera un halcón" y aquí *mj wnn ḏr.tjw* "como si fueran aves de rapiña".

c) La palabra *ḏʿ.t* (det. N23 𓈇 [TIERRA-IRRIGADA]) constituye un hápax. Wilson tradujo "las tierras-*djat* de Avaris"[35]. Habachi optó por "la tierra-*pehu* de Avaris", ligando el término *djat* a la palabra *Sḫt-ḏʿ*, el *pehu* de Tanis, pero aclara que el término solo aparece mencionado en textos tardíos, con lo cual esta traducción no sería del todo precisa y de hecho W. Murnane[36], en su reseña sobre el libro de Habachi, menciona esta cuestión, que retoma más tarde Redford para brindar su propia lectura del término: "sobre los llanos de Avaris"[37]. Continuando con las traducciones, Smith y Smith optaron por "en el territorio de Avaris"[38]. Kaplony-Heckel, sin agregar comentarios, tradujo "áreas ribereñas" de Avaris[39]. Por su parte, Ryholt optó por definirlo como "el territorio de Avaris", un término general para toda el área gobernada por Apepi, y no en referencia el área en los alrededores de Avaris[40]. Aquí optamos por dejar el término sin traducción específica debido a que se trata de un hápax, pero consideramos que probablemente se trate un territorio cultivado perteneciente a los dominios de Avaris.

d) Nuevo registro de Avaris con el determinativo N25 𓈉 *[LUGAR-EXTRANJERO]*.

S1 § X. Línea 8 (cont.)

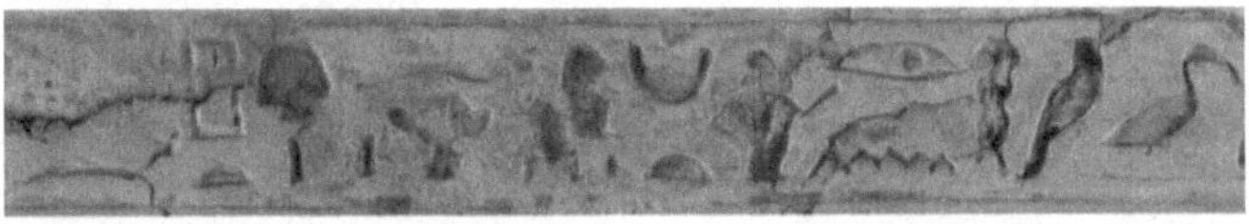

[35] Wilson, "War against the Hyksos", 554.
[36] Murnane, "Reviewed Work(s): The Second Stela of Kamose and His Struggle against the Hyksos Ruler and His Capital by Labib Habachi", 278.
[37] Redford, "Textual Sources for the Hyksos Period", 14, 30 y n. 141.
[38] Smith y Smith, "Reconsideration of the Kamose Texts", 60 y 63, n. o.
[39] Kaplony-Heckel, "Ägyptische historische Texte", 530.
[40] Ryholt, *Political Situation in Egypt*, 173.

Transliteración: *gmḥ.n=j ḥm.wt=f ḥr tp-ḥw.t=f*[a)] *ḥr nwꜣ m ššd.w=*[*sn*] [*r*] [*mr.yt*]

gmḥ.n: "avistar, mirar", VERBO *gmḥ*, 3-lit. (TLA lema ID 167270), *sḏm.n=f*
j: "yo, mi, mío" PRONOMBRE PERSONAL, SUFIJO 1ra. Pers. Sg. Común (TLA lema ID 10030)
ḥm.wt: "mujer, esposa", SUSTANTIVO Fem. Pl. (TLA lema ID 104730)
f: "él, a él, suyo", PRONOMBRE PERSONAL, SUFIJO 3ra. Pers. Masc. Sg. (TLA lema ID 10050)
ḥr: "en, sobre, arriba", PREPOSICIÓN (TLA lema ID 400090)
tp-ḥw.t: "techo, azotea", SUSTANTIVO (TLA lema ID 171260)
f: "él, a él, suyo", PRONOMBRE PERSONAL, SUFIJO 3ra. Pers. Masc. Sg. (TLA lema ID 10050)
ḥr: PREPOSICIÓN + VERBO EN INFINITIVO a continuación (TLA lema ID 107529)
nwꜣ: "ver, mirar, observar", VERBO *nwꜣ*, 3-lit. (TLA lema ID 80800), infinitivo.
m: "en, a, en, de (espacial)", PREPOSICIÓN, (TLA lema ID 400007)
ššd.w: "ventana", SUSTANTIVO Masc. Pl. (TLA lema ID 145880)
[*sn*]: "ellos/as, a ellos/as, suyos/as", PRONOMBRE PERSONAL, SUFIJO 3ra. Pers. Pl. Común (TLA lema ID 10100)
[*r*]: "a, hacia", PREPOSICIÓN (TLA lema ID 91901)
[*mr.yt*]: "orilla, muelle", SUSTANTIVO Fem. (TLA lema ID 72540)

Traducción: **Yo vi a sus mujeres (de Apepi) sobre su azotea (la del edificio perteneciente a Apepi) mirando desde sus ventanas hacia la costa**

Comentarios:

a) La construcción *tp-ḥw.t=f* (*tp-ḥw.t* "techo, azotea"[41]; "techo", "techo del templo" -lit: "lo que está sobre el edificio"; determinativo O1 (TLA lema ID 171260) recibió diferentes interpretaciones. Sin realizar apreciaciones

[41] FCD, 297.

complementarias, Wilson tradujo "sobre su azotea"; Habachi "sobre la azotea de su palacio"; Smith y Smith "sobre lo alto de su palacio"; Redford "sobre su azotea"[42]. Recientemente Spalinger propuso leer el término como "su azotea" señalando que

> tp ḥwt, debe significar "azotea", como en el Príncipe Predestinado (4,7), aunque reconociendo que el texto dice "su azotea", es decir, la parte superior de uno de los edificios de Apofis. Que el edificio no es necesariamente el palacio podría además argumentarse en base a que el término técnico, *ʿḥ*, está explícitamente utilizado en TIC, 2 para referirse al centro administrativo y la corte de Kamose. ¿Por qué no aquí?[43].

Aquí seguimos esta última interpretación dado que el texto menciona que los barcos de Kamose se encontraban patrullando el territorio-*djat* de Avaris, que no sería la ciudad propiamente dicha. Desde allí, en algún edificio o conjunto de edificios ligados al gobernante hicso, las mujeres espiaban desde lo alto lo que sucedía en la costa.

S1 § XI. Líneas 8 (cont.) y 9

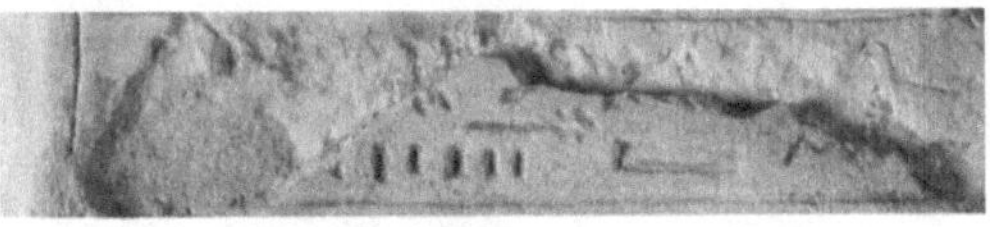

[9]

[42] Wilson, "War against the Hyksos", 554; HSSK, 34; Smith y Smith, "Reconsideration of the Kamose Texts", 60; Redford, "Textual Sources for the Hyksos Period", 14.
[43] Spalinger, *The Books Behind the Masks*, 38.

Transliteración: *nn* [*zn*] [*ẖ.wt*]=[*sn*] [*mꜣ*][9]=*sn wj*

nn: PARTÍCULA DE NEGACIÓN (TLA lema ID 851961)
[*zn*]: "abrir", VERBO *zn,* 2-lit. (TLA lema ID 136070), infinitivo.
[*ẖ.wt*]: "cuerpo, vientre, útero, matriz", SUSTANTIVO, Fem. Pl. (TLA lema ID 122080)
[*sn*]: "ellos/as, a ellos/as, suyos/as", PRONOMBRE PERSONAL, SUFIJO 3ra. Pers. Pl. Común (TLA lema ID 10100)
[*mꜣ*]: "ver, mirar", VERBO *mꜣꜣ,* 2da. gem. (TLA lema ID 66270), infinitivo.
sn: "ellos/as, a ellos/as, suyos/as", PRONOMBRE PERSONAL, SUFIJO 3ra. Pers. Pl. Común (TLA lema ID 10100)
wj: "yo, mi", PRONOMBRE PERSONAL, DEPENDIENTE 1ra. Sg. Común (TLA lema ID 44000)

Traducción: **sus cuerpos inmóviles (lit.: sin agitar(se)) al verme (ellas) [9]**

Comentarios:

Este pasaje no presenta dificultades para su traducción, que coincide en la mayor parte de las ediciones publicadas. Por ejemplo, Wilson propone "sin que sus cuerpos *se agitaran* cuando me oyeron (sic)"; Habachi leyó "sus cuerpos no se mueven, porque me ven", aclarando que el verbo *zn* es aquí utilizado como en la línea 2 con el sentido de "abrir" o "agitar", indicando paralización por temor, un aspecto traducido literalmente de ese modo por Mathieu ("ellas estaban paralizadas...") y por Serrano Delgado ("sus cuerpos inmóviles...") que seguimos aquí[44]. El resto de las traducciones se ajusta a alguna de estas variantes.

S1 § XII. Líneas 9 (cont.) y 10

[44] Wilson, "War against the Hyksos", 554; HSSK, 35, n. e; Mathieu, "Attaquer ou ne pas attaquer ?", 709; Serrano Delgado, *Textos para la historia antigua de Egipto*, 159.

[10]

Transliteración: *nwꜣ=sn m šr.wt*[a] *jrj ḥr jnb.w*[b]*=sn mj ṯꜣ.w n(.jw) jnḥw m-ẖnw bꜣb(ꜣ).w=sn m-ḏd ḥn(.w)*{𓂻}[det] [10] *pw*[c]

nwꜣ: "ver, mirar, observar", VERBO *nwꜣ,* 3-lit. (TLA lema ID 80800), *sḏm=f* indicativa
sn: "ellos/as, a ellos/as, suyos/as", PRONOMBRE PERSONAL, SUFIJO 3ra. Pers. Pl. Común (TLA lema ID 10100)
m: "junto con", PREPOSICIÓN (TLA lema ID 400080)
šr.wt: "nariz, narina", SUSTANTIVO Fem. Pl. (TLA lema ID 156610)
jrj: "del mismo", PREPOSICIÓN, ADJETIVO NISBE (TLA lema ID 850583)
ḥr: "en, sobre, arriba", PREPOSICIÓN (TLA lema ID 400090)
jnb.w: pared, valla, recinto", SUSTANTIVO Masc. Pl. (TLA lema ID 27180)
sn: "ellos/as, a ellos/as, suyos/as", PRONOMBRE PERSONAL, SUFIJO 3ra. Pers. Pl. Común (TLA lema ID 10100)
mj: "como, según como", PREPOSICIÓN (TLA lema ID 67820)
ṯꜣ.w: "polluelo, cría", SUSTANTIVO Masc. Pl. (TLA lema ID 173950)
n(.jw): "perteneciente a, de", PREPOSICIÓN (GENITIVO NISBE) (TLA lema ID 79800)
jnḥw: "pequeño roedor", SUSTANTIVO (TLA lema ID 400954)
m-ẖnw: "en el interior de, adentro de", PREPOSICIÓN (TLA lema ID 65370)
bꜣb(ꜣ).w: "agujero, caverna", SUSTANTIVO Masc. Pl. (TLA lema ID 53420)

sn: “ellos/as, a ellos/as, suyos/as”, PRONOMBRE PERSONAL, SUFIJO 3ra. Pers. Pl. Común (TLA lema ID 10100)
m-ḏd: “de la siguiente manera (introduciendo el discurso directo)”, PARTÍCULA, preposición *m* + infinitivo *ḏd* (TLA lema ID 550005)
ḥn(.w){ }^{det}: “correr, pasar, llevar a cabo, retroceder, retirarse, ceder”, VERBO *ḥn,* 2-lit. (TLA lema ID 854531), con determinativo D54, “ir rápidamente” (FCD, 171), participio imperfecto activo.
pw: “ese”, PRONOMBRE DEMOSTRATIVO Masc. Sg. (TLA lema ID 59741)

Traducción: **(cuando ellas estaban) espiando a través de los sensores de viento (lit: narinas, fosas nasales) sobre las murallas—como crías de roedores pequeños dentro de sus madrigueras. Como (yo) he dicho: ¡él (Apepi, es) [10] un fugitivo!**

Comentarios:

a) Franck Monnier propuso traducir el término *šr.wt* (lit: “narinas/ fosas nasales”) como una referencia a los “sensores de viento” o *malqaf*, las estructuras que se encuentran en las azoteas de los edificios para captar el viento e inducir una refrigeración al interior de estos[45]. El mismo autor en otra contribución, realizó un exhaustivo análisis del término *jnb.w* y concluye que puede hacer referencia a un conjunto de edificios, no necesariamente fortalezas[46]. A nuestro criterio, esta traducción para el término es convincente dado el contexto y la metáfora vinculada *mj ṯ3.w n jnḥw m-ẖnw b3b(3).w* “como crías de ratones (?) dentro de sus madrigueras”. Sin embargo, esta construcción presenta también dificultades.

b) El término *jnḥw* lleva como determinativo el signo F27 “piel de vaca”, el cual refiere habitualmente a mamíferos, refiriendo a la categoría [ANIMAL]. Además, en este caso, se señala que el animal habita en *b3b3(w)* (plural de “agujero, caverna” det. N90 o (TLA lema ID 53420) semejantes a las que construyen serpientes y ratones[47], mientras que aquí el determinativo que acompaña es el signo O1 “casa”. Por este motivo Habachi adoptó la traducción

[45] Franck Monnier, “Les ”narines au-dessus de leurs murs” (L. 9 de la stèle II de Kamosé)”, *GM* 236 (2013): 62.
[46] Franck Monnier, “Quelques réflexions sur le terme «*jnb*» , ”, *ENiM* 5 (2012): 257–83.
[47] HSSK, 35, n. f.

"madriguera": "la cría de ratones (?) en sus madrigueras[48]" mientras que Smith y Smith prefirieron traducir *jnḥw* como "lagarto/lagartija" teniendo en cuenta el significado de *jnḥ* "rodear" como un atributo de un animal de ese tipo[49]. Sin embargo, el determinativo de mamífero llevaría a optar por la traducción de Habachi. Previamente, Wilson tradujo "ellas se asomaron con sus narices sobre sus muros como las crías del animal *inhet* desde dentro de sus agujeros" optando por no traducir el término específico[50].

c) *ḥn(.w) pw*: Habachi se inclinó por traducir "esto es un ataque" (al igual que, por ejemplo, Spalinger[51] o Mathieu[52]) indicando lo siguiente:

> la palabra *ẖn* (sic) puede significar "date prisa, ve" (*Wb.* 3: 103.6), pero también significa "retroceder" (*ibid.* 22). Por lo tanto, significa "retirándose" o "yendo a toda prisa"; cuyo significado se pretende aquí que puede depender de a quién refiere el enunciado *m ḏd.* Si se refiere a las mujeres hablando desde lo alto, puede significar "esto es un ataque" (...) pero si consideramos que es Kamose quien habla, puede significar "él es un fugitivo" refiriéndose a Apepi[53].

Smith y Smith propusieron traducir "como yo dije" considerando, probablemente, al pronombre dependiente *wj* mencionado a continuación (cf. S1 § XIII) y traduciendo *ḥn pw* como "este es el asalto". Nosotros preferimos traducir "fugitivo" (siguiendo a Habachi) basándonos en el significado del verbo que rige el término (el que huye, el que corre, el que retrocede (participio imperfecto activo = un fugitivo) y el determinativo que acompaña la palabra *ḥn*, que indica movimiento.

La idea general del pasaje sería que las mujeres de Apepi estarían en las azoteas de un conjunto de edificios (*jnb.w*) pertenecientes al gobernante hicso ubicado en o en las cercanías del *djat* de Avaris, escondidas dentro de los sensores de viento, observando aterradas la llegada de Kamose.

[48] HSSK, 34.
[49] Smith y Smith, "Reconsideration of the Kamose Texts", 64.
[50] Wilson, "War against the Hyksos", 554.
[51] Spalinger, *The Books Behind the Masks*, 55.
[52] Mathieu, "Attaquer ou ne pas attaquer ?", 709.
[53] HSSK, 35, n. g.

S1 § XIII. Línea 10 (cont.)

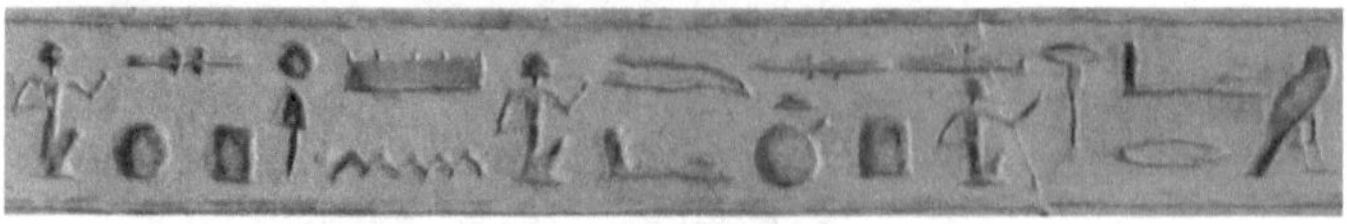

Transliteración: *mk wj jy=kwj mꜥr=j zp.(y)t{𓊖}*[det] *m-ꜥ=j*[a)] *mnḫ zp=j*

mk: "¡mira!", PARTICULA NO ENCLÍTICA (TLA lema ID 64440)
wj: "yo, mi", PRONOMBRE PERSONAL, DEPENDIENTE 1ra. Sg. Común (TLA lema ID 44000)
jy.kwj: "venir, regresar", VERBO *jwy*, irr. (TLA lema ID 21930), pseudoparticipio.
mꜥr: "ser afortunado, tener éxito", VERBO *mꜥr*, 3-lit. (TLA lema ID 400955), *sḏm=f* subjuntiva, prospectiva.
j: "yo, mi, mío" PRONOMBRE PERSONAL, SUFIJO 1ra. Pers. Sg. Común (TLA lema ID 10030)
zp.(y)t{𓊖}[det]: "resto, remanente", SUSTANTIVO Fem. (TLA lema ID 132730)
m-ꜥ: "en la mano de; en posesión de; junto con", PREPOSICIÓN (TLA lema ID 64550)
j: "yo, mi, mío" PRONOMBRE PERSONAL, SUFIJO 1ra. Pers. Sg. Común (TLA lema ID 10030)
mnḫ: "eficaz, espléndido", ADJETIVO (TLA lema ID 400110)
zp: "asunto, causa, caso", SUSTANTIVO Masc. (TLA lema ID 854543)
j: "yo, mi, mío" PRONOMBRE PERSONAL, SUFIJO 1ra. Pers. Sg. Común (TLA lema ID 10030)

Traducción: **¡Mira! ¡Yo he venido! Yo tendré éxito (porque) el resto (del territorio) está en mi mano, (y) mi causa es excelente.**

Comentarios:

a) Hay sutiles variaciones en la interpretación de este pasaje por los especialistas. Habachi consideró a la construcción *zp.(y)t*{ }^{det} *m-ꜥ=j* como una subordinada de la oración anterior, y le atribuyó el significado literal de "el remanente/el resto está en mi mano" refiriéndose a que el resto del país, sin contar a Avaris, estaba bajo el control de Kamose[54]. Por su parte, Smith y Smith consideraron que la referencia del "remanente/resto" tendría que ver con lo que quedaba de la lucha contra Apepi, y no en relación con el territorio[55]. Redford propuso traducir el pasaje de la siguiente manera "¡lo que queda está en mi posesión, y mi ventura prospera![56]. Recientemente, Spalinger tradujo "el resto lo poseo y mi causa es excelente" aclarando que la referencia a la posesión mencionada tendría que ver con que Kamose previamente había tomado el resto del dominio de Apepi[57]. El determinativo O48A es una variante de O48 (a su vez con un uso similar a O47) con el significado habitual de [EDIFICIO], i.e. *Nḫn* "Hieracómpolis". Por este motivo seguimos a quienes vinculan esta palabra al territorio, traduciendo "el resto (del territorio)".

S1 § XIV. Línea 10 (cont.) y 11

[54] HSSK, 36, n. a.
[55] Smith y Smith, "Reconsideration of the Kamose Texts", 64, n. q.
[56] Redford, "Textual Sources for the Hyksos Period", 14.
[57] Spalinger, *The Books Behind the Masks*, 55 y n. 91.

[11]

Transliteración: *w3ḥ jmn qn nn w3ḥ=j tw*[a] *nn dj=j d*[11]*gs=k 3ḥ.t jw nn wj ḥr=k*[b]

w3ḥ: "poner, durar, sacrificar, dejar, dejar algo atrás, dejar regresar", VERBO *w3ḥ,* 3-lit. (TLA lema ID 43010), forma relativa no atributiva inicial.
jmn: "Amón", NOMBRE DE DEIDAD (TLA lema ID 26060)
qn: "fuerte, bravo, capaz", ADJETIVO (TLA lema ID 550122)
nn: PARTÍCULA DE NEGACIÓN (TLA lema ID 851961)
w3ḥ: "poner, durar, sacrificar, dejar, dejar algo atrás, dejar regresar", VERBO *w3ḥ*, 3-lit. (TLA lema ID 43010), *sḏm=f* subjuntiva, prospectiva.
j: "yo, mi, mío" PRONOMBRE PERSONAL, SUFIJO 1ra. Pers. Sg. Común (TLA lema ID 10030)
tw: "tú, tuyo", PRONOMBRE PERSONAL, DEPENDIENTE 2da. Masc. Sg. (TLA lema ID 851182)
nn: PARTÍCULA DE NEGACIÓN (TLA lema ID 851961)
dj: "causar, permitir", VERBO *rdj*, irr. (TLA lema ID 550028), *sḏm=f* subjuntiva, prospectiva.
j: "yo, mi, mío" PRONOMBRE PERSONAL, SUFIJO 1ra. Pers. Sg. Común (TLA lema ID 10030)
dgs: "ingresar, entrar", VERBO *dgs,* 3-lit. (TLA lema ID 181250), *sḏm=f* aoristo.
k: "tú, su, tuyo, (a/de) ti", PRONOMBRE PERSONAL, SUFIJO 2da. Pers. Masc. Sg. (TLA lema ID 10110)
3ḥ.t: "campo, tierra arable", SUSTANTIVO Fem. (TLA lema ID 191)
jw: PARTÍCULA, convertidor circunstancial (TLA lema ID 851512)
nn: PARTÍCULA DE NEGACIÓN (TLA lema ID 851961)
wj: "yo, mi", PRONOMBRE PERSONAL, DEPENDIENTE 1ra. Sg. Común (TLA lema ID 44000)
ḥr: "en, sobre, arriba", PREPOSICIÓN (TLA lema ID 400090)
k: "tú, su, tuyo, (a/de) ti", PRONOMBRE PERSONAL, SUFIJO 2da. Pers. Masc. Sg. (TLA lema ID 10110)

Traducción: **¡(Porque) el poderoso Amón perdura, yo no te dejaré ser, (y) no permitiré que tú [11] ingreses en la tierra arable sin estar sobre ti!**

Comentarios:

a) Se trata de una fórmula de tipo "juramento" encabezada por una forma inicial relativa no atributiva del verbo *w3ḥ*, a la que le sigue la construcción principal con el mismo verbo en *sḏm=f* subjuntivo, que aquí tradujimos como "ser" para no repetir "perdurar" y sostener la idea a transmitir[58]. Wilson tradujo este pasaje de la siguiente manera: "¡Mientras el valiente Amón perdure, no te dejaré, no dejaré que pongas un pie en los campos a menos que yo esté sobre ti!"[59]. Por su parte, Habachi había sostenido que el pasaje constituía un juramento por una afirmación de la verdad. Además, hizo mención del hecho de que el nombre Amón y el determinativo Y1 𓏛 fueron restaurados luego del interregno amarniano (véase Cap. 4). Varias de las traducciones coinciden con la brindada por Habachi, quien propuso "Mientras el poderoso Amón perdure, no te dejaré (solo). No te dejaré pisotear los campos sin estar sobre ti"[60]. Smith y Smith dieron una versión algo diferente, al traducir "como Amón el valiente perdura, yo no te toleraré ni permitiré que camines la tierra sin que yo esté sobre ti". Enmarch también refiere a que hay un juego de palabras con el verbo *w3ḥ* ("poner, durar, sacrificar, dejar, dejar algo atrás, dejar regresar", TLA lema ID 43010), proponiendo una traducción semejante a la de Smith y Smith, aunque con ciertos reparos en tanto los paralelismos existentes para *w3ḥ* con el sentido de "tolerar" son inconvincentes[61]. Goedicke puso en duda que el juramento al que refiere Habachi haya tenido lugar tan tempranamente, proponiendo una datación mucho más tardía, y en base a ello propone otra lectura, entendiendo a *w3ḥ jmn* como una construcción verbal en la que *qn* sirve como objeto aplicado a Kamose. Así, lee: "Amón dejará que el valiente perdure, pero yo no dejaré que tú persistas"[62]. El resto de las lecturas varían

[58] Cf. AMEg 376, 4.

[59] Wilson, "War against the Hyksos", 555.

[60] Wilson, "War against the Hyksos", 554; Redford, "Textual Sources for the Hyksos Period", 14.

[61] Smith y Smith, "Reconsideration of the Kamose Texts", 60; Enmarch, "Some Literary Aspects of the Kamose Inscriptions", 260, n. 41.

[62] Kaplony-Heckel, "Ägyptische historische Texte", 531; Goedicke, *Studies about Kamose and Ahmose*, 69–72.

en detalles, pero el sentido general se mantiene[63]. Stauder, tal como señala Spalinger, da como ejemplo este pasaje para ilustrar el uso de *jw* antes de una cláusula de no existencia, que en este contexto se acerca a un juramento[64].

b) La mayor parte de las traducciones de este pasaje coinciden[65].

S1 § XV. Línea 11 (cont.)

Transliteración: *wh{ꜣ}<m>* {}[det a)] *jb=k jrf ꜥꜣm* {}[det] *ẖz* {}[det]

wh{ꜣ}<m> {}[det]: "¿quemar, hervir?", variante del VERBO *wḥm*, 3-lit., (TLA lema ID 48420), *Wb.* 1: 340.10; *sḏm=f* subjuntiva, prospectiva.
jb: "corazón, mente, deseo, carácter", SUSTANTIVO Masc. (TLA lema ID 23290)
k: "tú, su, tuyo, (a/de) ti", PRONOMBRE PERSONAL, SUFIJO 2da. Pers. Masc. Sg. (TLA lema ID 10110)
jrf: PARTÍCULA ENCLÍTICA ENFÁTICA (*jr*, TLA lema ID 28170)
ꜥꜣm {}[det]: "asiático", SUSTANTIVO Masc. (TLA lema ID 35400)
ẖz {}[det]: "débil, vil, miserable", ADJETIVO (TLA lema ID 400267)

Traducción: **Tu deseo será destruido, ¡oh, miserable asiático [EXTRANJERO] [ENEMIGO]!**

---

[63] Ritner en Simpson, *Literature of Ancient Egypt*, 349; Redford, "Textual Sources for the Hyksos Period", 15; Mathieu, "Attaquer ou ne pas attaquer ?", 710; Serrano Delgado, *Textos para la historia antigua de Egipto*, 159; Spalinger, *The Books Behind the Masks*, 55, n. 92.

[64] Stauder, *Linguistic Dating of Middle Egyptian Literary Texts*, 275–76; Spalinger, *The Books Behind the Masks*, 55, n. 92.

[65] Wilson, "War against the Hyksos", 554; HSSK, 36, n. c. Con matices, el resto de las traducciones son similares. Por ejemplo, Redford tradujo "¡no te permitiré (11) pisar los campos aun cuando yo no estuviera (allí) contigo!, Redford, "Textual Sources for the Hyksos Period", 14.

Comentarios:

a) Wilson tradujo "¡tu deseo ha fallado, maldito asiático!, probablemente siguiendo al *Wb.* 1: 339.16 *whj* "falla"; mientras que Habachi consideró que el término debería leerse *wh3-jb* "sin corazón" o "cruel". Faulkner, bajo la descripción de *whj,* propone traducir el término tal como está escrito en K2 como "estar desecho" (el corazón), leyendo [66]; mientras que Smith y Smith proponen leer "deja que tu corazón se desmorone, vulgar 'Alam"[67]. Mathieu, por su parte, tradujo la frase como "que ton esprit bouille" ("que tu mente esté agitada"; "que tu mente hierva") sosteniendo la lectura *whm*, basándose en el hecho de que la misma composición aparece en K2, 16 y es poco probable que se trate de un error del escriba. Aquí lo traduciremos tal como propone Mathieu, considerando al verbo como una variante de *whm*, a lo que adicionamos su cualidad negativa al presentar como determinativo el signo G37 , traduciendo "tu deseo será destruido". En cuanto a la forma verbal, lo consideramos un *sḏm.f* subjuntivo en prospectivo, a cumplirse en el futuro.

S1 § XVI. Líneas 11 (cont.) y 12

[12]

[66] FCD, 65.

[67] Smith y Smith, "Reconsideration of the Kamose Texts", 60.

Transliteración: *mk swr=j m jrp n(.j) kꜣm.w=k* [12] *m ꜥtḫ n=j ꜥꜣm.w*{𓁐}^{det} *n(.jw) ḥꜣq=j*

mk: "¡mira!", PARTICULA NO ENCLÍTICA (TLA lema ID 64440)
swr: "beber", VERBO *zwr*, 3-lit. (TLA lema ID 130360), variante (*Wb.* 4: 328, 5–15); *sḏm=f* subjuntiva, prospectiva.
j: "yo, mi, mío" PRONOMBRE PERSONAL, SUFIJO 1ra. Pers. Sg. Común (TLA lema ID 10030)
m: "en, de, (que consiste) en", PREPOSICIÓN (TLA lema ID 400082)
jrp: "vino", SUSTANTIVO Masc. (TLA lema ID 29740)
n(.j): "perteneciente a, de", PREPOSICIÓN (GENITIVO NISBE) (TLA lema ID 79800)
kꜣm.w: "viñedo", SUSTANTIVO Masc. (*kꜣn.w*,TLA lema ID 163590)
k: "tú, su, tuyo, (a/de) ti", PRONOMBRE PERSONAL, SUFIJO 2da. Pers. Masc. Sg. (TLA lema ID 10110)
m: "en, de, (que consiste) en", PREPOSICIÓN (TLA lema ID 400082)
ꜥtḫ: "tamizar, presionar", VERBO *ꜥtḫ*, 3-lit. (TLA lema ID 41820), infinitivo.
n: "a, para, en [dativo]", PREPOSICIÓN (TLA lema ID 400055)
j: "yo, mi, mío" PRONOMBRE PERSONAL, SUFIJO 1ra. Pers. Sg. Común (TLA lema ID 10030)
ꜥꜣm.w{𓁐}^{det}: "asiático", SUSTANTIVO Masc. Pl. (TLA lema ID 35400)
n(.jw): "perteneciente a, de", PREPOSICIÓN (GENITIVO NISBE) (TLA lema ID 79800)
ḥꜣq: "saquear, capturar", VERBO *ḥꜣq,* 3-lit. (TLA lema ID 101520), *sḏm=f* subjuntiva, prospectiva
j: "yo, mi, mío" PRONOMBRE PERSONAL, SUFIJO 1ra. Pers. Sg. Común (TLA lema ID 10030)

Traducción: **¡Mira! Yo beberé el vino de tu viñedo [12] tamizado para mí (por) los asiáticos [EXTRANJERO] [ENEMIGO] que yo capturaré.**

Comentarios:

Las diversas traducciones no difieren en el sentido de este pasaje, aunque sí en el tiempo verbal que le adjudican.

S1 § XVII. Línea 12 (cont.)

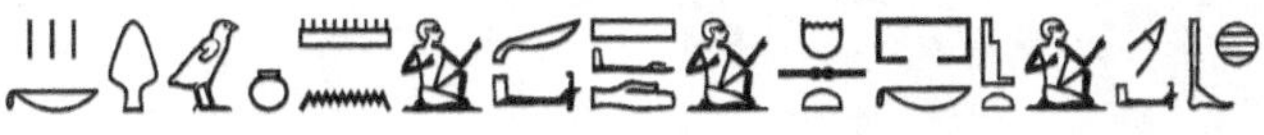

Transliteración: *ḫb(ꜣ)=j s.t=k ḥms.t*[a)] *šꜥd=j mn.w=k*

ḫb(ꜣ): "destruir, disminuir", VERBO *ḫbꜣ,* 3-lit. (TLA lema ID 115490), *sḏm=f* subjuntiva, prospectiva.
j: "yo, mi, mío" PRONOMBRE PERSONAL, SUFIJO 1ra. Pers. Sg. Común (TLA lema ID 10030)
s.t: "residencia, ubicación", SUSTANTIVO Fem. (TLA lema ID 400493)
k: "tú, su, tuyo, (a/de) ti", PRONOMBRE PERSONAL, SUFIJO 2da. Pers. Masc. Sg. (TLA lema ID 10110)
ḥms.t: "rango, posición", SUSTANTIVO Fem. (TLA lema ID 105730)
šꜥd: "cortar, talar", VERBO *šꜥd,* 3-lit. (TLA lema ID 152600), *sḏm=f* subjuntiva, prospectiva.
j: "yo, mi, mío" PRONOMBRE PERSONAL, SUFIJO 1ra. Pers. Sg. Común (TLA lema ID 10030)
mn.w: "árboles, plantación", SUSTANTIVO Masc. (TLA lema ID 70450)
k: "tú, su, tuyo, (a/de) ti", PRONOMBRE PERSONAL, SUFIJO 2da. Pers. Masc. Sg. (TLA lema ID 10110)

Traducción: **Yo destruiré tu lugar de rango (¿palacio?), talaré tus árboles**
Comentarios:

a) Existe consenso en traducir *s.t=k ḥms.t* (*ḥms.t,* det. A1 [HOMBRE]: "rango, posición", TLA lema ID 105730) como "tu morada" o "tu residencia"[68] ya que a

[68] Wilson, "War against the Hyksos", 554; HSSK, 36; Smith y Smith, "Reconsideration of the Kamose Texts", 60; Kaplony-Heckel, "Ägyptische historische Texte", 531; Goedicke, *Studies about Kamose and Ahmose*, 72; Ritner en Simpson, *Literature of Ancient Egypt*, 349; Redford, "Textual Sources for the Hyksos Period", 14; Hofmann, *Die Königsnovelle*, 118; Mathieu, "Attaquer ou ne pas attaquer ?", 710; Serrano Delgado, *Textos para la historia antigua de Egipto*, 159; Spalinger, *The Books Behind the Masks*, 56.

continuación se menciona la tala de árboles. Aquí consideramos que podría hacer referencia al palacio de Apepi, ya que menciona que es el ámbito donde ejerce su rango.

S1 § XVIII. Líneas 12 (cont.) y 13

[13]

Transliteración: *grm*{ }^{det}*.n=j*[a] *ḥm.wt=k r wnḏ.wt* [13] *nḥm=j t3-n.t-ḥtrj*[b]

grm{ }^{det}*.n*: "llevarse, (arrastrar afuera)" por la fuerza, VERBO *grm,* 3-lit. (TLA lema ID 167860), *sḏm.n=f.* Hápax.
j: "yo, mi, mío" PRONOMBRE PERSONAL, SUFIJO 1ra. Pers. Sg. Común (TLA lema ID 10030)
ḥm.wt: "mujer, esposa", SUSTANTIVO Fem. Pl. (TLA lema ID 104730)
k: "tú, su, tuyo, (a/de) ti", PRONOMBRE PERSONAL, SUFIJO 2da. Pers. Masc. Sg. (TLA lema ID 10110)
r: "a, hacia", PREPOSICIÓN (TLA lema ID 91901)
wnḏ.wt: "bodega (de barco), cavidad", SUSTANTIVO Fem. Pl. (TLA lema ID 47220)
nḥm: "llevar, rescatar", VERBO *nḥm,* 3-lit. (TLA lema ID 86430), *sḏm=f* subjuntiva, prospectiva.
j: "yo, mi, mío" PRONOMBRE PERSONAL, SUFIJO 1ra. Pers. Sg. Común (TLA lema ID 10030)

tꜣ-n.t-ḥtrj: "tropa de carros (carros tirados por caballos)", SUSTANTIVO (TLA lema ID 850297), primera mención en textos.

Traducción: **(después de que) yo haya llevado por la fuerza (?) a tus mujeres a las bodegas (de los barcos) [13], y me llevaré tu tropa de carros (de guerra, tirados por caballos).**

Comentarios:

a) el término *grm* 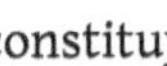 constituye un hápax. Brose señala que la única aparición de éste se da en esta estela, y lo traduce como "arrastrar afuera" ("fortschleppen") ubicándolo bajo el lema ID 167860 en el TLA. La situación refleja la decisión de Kamose de decirle a Apepi que "arrastrará violentamente" a sus mujeres (traducción por la que aquí optamos, teniendo en consideración el determinativo D40 ) a las bodegas de los barcos bajo su conducción. Los diversos especialistas optan por traducciones que brinden esa idea de acto no voluntario por parte de tales mujeres, mediado por la fuerza del que es victorioso en el campo de batalla. Así, Wilson traduce el término específico como "confinar"; Habachi lo vincula con la idea de "humillar" a las mujeres al llevarlas a los barcos; Kaplony-Heckel con la idea de "aplastar"; Goedicke con la de "entregar" (a tales mujeres) a la tripulación, mientras que Ritner y Mathieu proponen "secuestrar", Redford "forzar"; Hofmann "traer"; Spalinger "entrampar" y Serrano Delgado "llevar"[69]. Algunos de los especialistas procuraron rastrear el origen del término: Habachi propuso que era factible que derivara del copto σοειλε[ς] con el significado de "depositar, asignar, confiar" (sugerido por G.R. Hughes) o bien de σωρμ[ς] (sugerido por J. Wilson) con la idea de "tomar por la fuerza", inclinándose por la primera opción; mientras que Smith y Smith prefirieron la segunda. En cambio, Mathieu se inclinó, siguiendo a J. Hoch, por una derivación del término de la raíz semítica √grp, "secuestrar"[70]. Aquí seguiremos la propuesta de Spalinger, quien llama la atención sobre el uso de dos construcciones futuras (cf. S1 §§ XVII–

---

[69] Wilson, "War against the Hyksos", 554; HSSK, 36; Smith y Smith, "Reconsideration of the Kamose Texts", 60; Kaplony-Heckel, "Ägyptische historische Texte", 531; Goedicke, *Studies about Kamose and Ahmose*, 72; Ritner en Simpson, *Literature of Ancient Egypt*, 349; Mathieu, "Attaquer ou ne pas attaquer ?", 710; Redford, "Textual Sources for the Hyksos Period", 14; Hofmann, *Die Königsnovelle*, 118; Spalinger, *The Books Behind the Masks*, 56 y n. 94; Serrano Delgado, *Textos para la historia antigua de Egipto*, 159.

[70] HSSK, 36, n. f; Smith y Smith, "Reconsideration of the Kamose Texts", 60, 65 y n. r; Mathieu, "Attaquer ou ne pas attaquer ?", 710, n. 34.

XVIII) con los verbos *ḥb(ꜣ)=j* y *šꜥd=j* seguidos por un pasado circunstancial (*grm.n=j*) para luego adicionar un tiempo futuro (*nḥm=j*)[71].

b) Aunque no se pueda visualizar el determinativo, hay consenso en considerar a ésta como la primera evidencia de la construcción *tꜣ-nt-ḥtrj*, "carros de guerra (tirados por caballos), lit. 'carros de caballos'" (TLA lema ID 850297) en un documento egipcio.

S1 § XIX. Línea 13 (cont.)

Transliteración: *n(n) wꜣḥ=j*[a)] *pẖ(ꜣ) ẖr bꜣ.w*[b)] *šn.wtn(.j) ꜥš wꜣḏ mḥ(.w) m nbw ḫsbd ḥḏ mfk.t*

n(n): PARTÍCULA DE NEGACIÓN (TLA lema ID 851961)
wꜣḥ: "poner, durar, sacrificar, dejar, dejar algo atrás, dejar regresar", VERBO *wꜣḥ*, 3-lit. (TLA lema ID 43010), *sḏm=f* subjuntiva, prospectiva.
j: "yo, mi, mío" PRONOMBRE PERSONAL, SUFIJO 1ra. Pers. Sg. Común (TLA lema ID 10030)
pẖ(ꜣ): "tablón", SUSTANTIVO Masc. (TLA lema ID 61760)
ẖr: "bajo, bajo (supervisión), bajo (modismo)", PREPOSICIÓN (TLA lema ID 123910)
bꜣ.w: "barco de carga", SUSTANTIVO Masc. (TLA lema ID 53310)
šn.wt: "ciento", NÚMERO CARDINAL, Pl. (TLA lema ID 155320)

[71] Spalinger, *The Books Behind the Masks*, 56 y n. 94.

n(.j): "perteneciente a, de", PREPOSICIÓN (GENITIVO NISBE) (TLA lema ID 79800)
ˁš: "cedro, abeto libanés, (madera del Líbano)", SUSTANTIVO Masc. (TLA lema ID 40940)
w3ḏ: "verde, fresco, joven", ADJETIVO (TLA lema ID 600304)
mḥ(.w): "llenar, estar lleno", VERBO *mḥ,* 2da lit. (TLA lema ID 73290), pseudo-participio.
m: "por medio de; a través de (instrumental)", PREPOSICIÓN (TLA lema ID 64364)
nbw: "oro", SUSTANTIVO Masc. (TLA lema ID 81680)
ḫsbḏ: "lapizlázuli (o sustitutos como fayenza o vidrio)", SUSTANTIVO Masc. (TLA lema ID 120700)
ḥḏ: "plata", SUSTANTIVO Masc. (TLA lema ID 112330)
mfk.t: "turquesa", SUSTANTIVO Fem. (TLA lema ID 69410)

Traducción: **Yo no dejaré (en pie ni) un tablón de los cientos de barcos de cedro nuevo llenos de oro, lapislázuli, plata, turquesa**

Comentarios:

a) La construcción *n w3ḥ=j* es traducida por algunos autores (como Wilson, Habachi, Smith y Smith, Spalinger y Serrano Delgado) en tiempo pasado, mientras que otros (Kaplony-Heckel; Hofmann; Brose) la traducen en futuro[72]. Aquí optamos, siguiendo la secuencia de los hechos enunciados, en presentarla en futuro.

b) La secuencia de signos que acompaña al término *b3.w* (barcos) es el numeral plural 𓍢𓍢𓍢[73]. Habachi propone leer "cientos de barcos" en lugar de trescientos como prefieren Smith y Smith[74]. El resto de los autores optan por una u otra versión, aquí seguiremos la sugerencia de Habachi.

---

[72] Wilson, "War against the Hyksos", 554; HSSK, 37; Smith y Smith, "Reconsideration of the Kamose Texts", 60; Redford, "Textual Sources for the Hyksos Period", 14; Spalinger, *The Books Behind the Masks*, 56–57; Serrano Delgado, *Textos para la historia antigua de Egipto*, 159; Kaplony-Heckel, "Ägyptische historische Texte", 531; Hofmann, *Die Königsnovelle*, 118; Brose, https://thesaurus-linguae-aegyptiae.de/sentence/IBUBd4KDSYD5iUT6rFZcUHFLQhU, en: TLA (Consultado: 15 de junio de 2023).
[73] *št* o *šnt,* cf. GEgG § 260; para la primera acepción, *Wb.* 4: 399; TLA, lema ID 151060; para la segunda, *Wb.* 4: 497.9–12; TLA, lema ID 155320.
[74] HSSK, 37, y n. b; Smith y Smith, "Reconsideration of the Kamose Texts", 60, 65 y n. s.

S1 § XX. Línea 14

[14]

Transliteración: [14] *ḥzmn mjnb*[a)] *nn ṯn.(w)t st ḥr.w-r bꜣq snṯr ꜥḏ bjt jtwrn*{𓆱}[det] *ssnḏm*{𓆱}[det] *zpnj*{𓆱}[det b)]

ḥzmn: "bronce", SUSTANTIVO Masc. (TLA lema ID 110060)
mjnb: "hacha (herramienta, arma), SUSTANTIVO Masc. (TLA lema ID 68460)
nn: PARTÍCULA DE NEGACIÓN (TLA lema ID 851961)
ṯn(w)t: "número, cantidad", SUSTANTIVO Masc. (TLA lema ID 175830)
st: "ellos, a ellos", PRONOMBRE PERSONAL, COMPUESTO 3ra. Pers. Pl. (TLA lema ID 400960)
ḥr.w-r: "al lado, aparte de", PREPOSICIÓN (TLA lema ID 600337)
bꜣq: "aceite de moringa", SUSTANTIVO Masc. (TLA lema ID 53720)
snṯr: "incienso", SUSTANTIVO Masc. (TLA lema ID 138670)
ꜥḏ: "pedazos de grasa", SUSTANTIVO Masc. (TLA lema ID 41980)
bjt: "miel", SUSTANTIVO Fem. (TLA lema ID 54210)
jtwrn{𓆱}[det]: (un tipo de madera), SUSTANTIVO (TLA lema ID 400956). Hápax.
ssnḏm{𓆱}[det]: "madera costosa", SUSTANTIVO Masc. (TLA lema ID 850595)
zpnj{𓆱}[det]: "un tipo de madera extranjera", SUSTANTIVO (TLA lema ID 400958)

Traducción: **[14] innumerables hachas de guerra de bronce, junto con aceite de moringa, incienso, pedazos de grasa, miel, madera-*jtwrn*, madera costosa- *ssnḏm*, madera-*zpnj*,**

Comentarios:

a) *ḥzmn mjnb*: "hachas de guerra de bronce"[75].

b) No ha sido posible identificar estos tipos de madera, aunque las propuestas realizadas por los diversos autores coinciden en destacar que refieren a maderas de calidad procedentes del Levante[76]; *jtwrn*{𓆱}^{det}: una especie de madera; *ssnḏm*{𓆱}^{det}: Habachi menciona su aparición en los Anales de Thutmose III, pero indica que no es posible identificarla[77]; *zpnj*{𓆱}^{det}: una madera desconocida[78].

S1 § XXI. Línea 14 (cont.) y 15

[15]

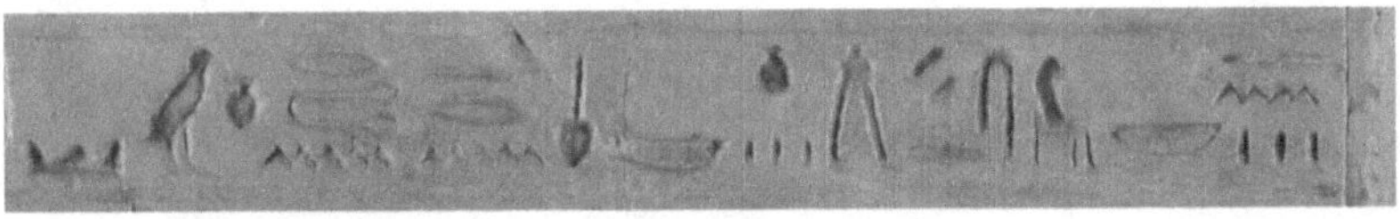

[75] HSSK, 37, n. d; Smith y Smith, "Reconsideration of the Kamose Texts", 65, n. t.

[76] Para la discusión más reciente, cf. Mathieu, ¿"Attaquer ou ne pas attaquer ?", 710, n. 35; Spalinger traduce *jtwrn* como "sauce" (Spalinger, *The Books Behind the Masks*, 56), pero aquí optamos por dejarlo sin traducir.

[77] HSSK, 37, n. f.

[78] HSSK, 37, n. f. Habachi remite a *Wb.* 3: 440.4: *zpi-n(.j)-ḫt* "piezas de madera", pero señala que aquí se lee como una palabra.

Transliteración: *ḫt* [15]=*sn nb špsy jnw nb nfr n rṯnw*{𓈉}^{det} *jfw*{𓂡}^{det}*.n=j*[a)] *st r-3w*

ḫt: "madera, árbol, palo", SUSTANTIVO (TLA lema ID 121200)
sn: "ellos/as, a ellos/as, suyos/as", PRONOMBRE PERSONAL, SUFIJO 3ra. Pers. Pl. Común (TLA lema ID 10100)
nb: "cada, todo", ADJETIVO (TLA lema ID 81660)
špsy: "ser espléndido; ser noble; ser valioso", VERBO *špsy,* 4ta. *inf.* (TLA lema ID 153780), participio perfecto activo.
jnw: "regalo, producto, tributo", SUSTANTIVO Masc. (TLA lema ID 27040)
nb: "cada, todo", ADJETIVO (TLA lema ID 81660)
nfr: "bueno, perfecto, hermoso, terminado", ADJETIVO (TLA lema ID 550034)
n(.j): "perteneciente a, de", PREPOSICIÓN (GENITIVO NISBE) (TLA lema ID 79800)
rṯnw{𓈉}^{det}: "Retjenu", TOPÓNIMO (TLA lema ID 96590)
jfw {𓂡}^{det}*.n*: "levantar, llevar (por la fuerza)", probablemente relacionado con el VERBO *f3j*, 3ae. *inf.* (TLA lema ID 63460), *sḏm.n=f* enfática. Hápax.
j: "yo, mi, mío" PRONOMBRE PERSONAL, SUFIJO 1ra. Pers. Sg. Común (TLA lema ID 10030)
st: "ellos, a ellos", PRONOMBRE PERSONAL, COMPUESTO 3ra. Pers. Pl. (TLA lema ID 400960)
r-3w: "enteramente, completamente", PREPOSICIÓN (TLA lema ID 91930)

Traducción: **[15] toda su madera valiosa y todo noble producto del Retjenu [LUGAR-EXTRANJERO], ¡yo los habré incautado completamente!**

Comentarios:

a) El verbo *jfw* constituye un hápax, probablemente vinculado al verbo *f3j,* aquí se adiciona "por la fuerza" dado el determinativo que acompaña al mismo, optando por el verbo "incautar". Por lo demás, las traducciones coinciden en este pasaje. Aquí traducimos el tiempo verbal en futuro perfecto por la relación con el texto precedente.

S1 § XXII. Línea 15 (cont.) y 16

[16]

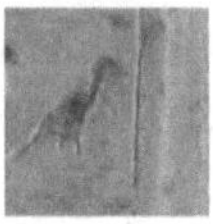

Transliteración: *n*(*n*) *w3ḥ*=*j nkt ḥw.t-wʿr.t*{ }det a) *n*(*.jt*) *šwj*{ }det =*s*b) *ʿ3m*{ }det *3q*{ }det

n(*n*): PARTÍCULA DE NEGACIÓN (TLA lema ID 851961)
w3ḥ: "poner, durar, sacrificar, dejar, dejar algo atrás, dejar regresar", VERBO *w3ḥ*, 3-lit. (TLA lema ID 43010), *sḏm=f* subjuntiva, prospectiva.
j: "yo, mi, mío" PRONOMBRE PERSONAL, SUFIJO 1ra. Pers. Sg. Común (TLA lema ID 10030)
nkt: "alguno, algo de (con genitivo posterior)", SUSTANTIVO Masc. (TLA lema ID 89440)

ḥw.t-wꜥr.t{𓈉}^{det}: “Avaris”, TOPÓNIMO (TLA lema ID 99860). Aquí traducimos “Avaris *[LUGAR-EXTRANJERO]*”.
n(.jt): “perteneciente a, de”, PREPOSICIÓN (GENITIVO NISBE) (TLA lema ID 79800)
šwj{𓅪}^{det}: “estar vacío, desprovisto de”, VERBO *šwj*, 3ra. *inf.* (TLA lema ID 152670), *sḏm=f* subjuntiva, prospectiva.
s: “ella, de ella” PRONOMBRE SUFIJO 3ra. Pers. Fem. Sg. (TLA lema ID 10090)
ꜥꜣm{𓀎}^{det}: “asiático”, SUSTANTIVO Masc. Pl. (TLA lema ID 35400)
ꜣq{𓅪}^{det}: “perecer, quedar en la nada”, VERBO *ꜣq* (TLA lema ID 290)

Traducción: **¡No dejaré nada en Avaris *[LUGAR-EXTRANJERO]*!¡ ella estará vacía (y) el asiático [EXTRANJERO] [ENEMIGO] muerto!**

Comentarios:

a) el topónimo Avaris, nuevamente, posee el determinativo N25 𓈉.

b) la idea general se mantiene en las diferentes traducciones. De este modo, por ejemplo, Wilson traduce “no dejé una cosa de Avaris, porque está vacía, con el asiático vencido”; Kaplony-Heckel, “No dejo nada, para que Avaris esté vacía cuando el Aamu se haya ido”; Redford “No le he dejado nada a Avaris a su (propia) indigencia (?): ¡el asiático ha perecido!”; Ritner, “Yo no dejé nada de Avaris, porque fue vaciada, oh desafortunado asiático”; Hofmann “No dejo nada sin quedar vacío donde ha perecido el asiático”, aunque llamativamente no menciona a Avaris por su nombre; Mathieu “Tomé todo, no dejé nada, ¡(el reino de) Avaris es abandonado a su devastación y el arameo ha desaparecido!”; Serrano Delgado “Me he llevado (?) todo ello y no he dejado nada de Avaris, (pues) el asiático ha perecido”. Otros, como Habachi y Smith y Smith proponen traducciones donde desacoplan la última expresión. Así, Habachi propuso “No dejé un fragmento de Avaris sin que estuviera vacío” y Smith y Smith “No he pasado por alto nada perteneciente a Avaris, ¡porque está vacía!”. Por su parte, Goedicke brindó una traducción algo diversa “¡Después de que la haya borrado por completo, no dejaré nada! ¡Avaris, pertenece a quien la vacía, ¡oh asiático, que llegue él a sufrir!”[79]. Aquí la tradujimos en futuro,

[79] Wilson, “War against the Hyksos”, 555; Kaplony-Heckel, “Ägyptische historische Texte”, 531; Redford, “Textual Sources for the Hyksos Period”, 14 y 30, n. 147; Ritner en Simpson, *Literature of Ancient Egypt*, 349; Hofmann, *Die Königsnovelle*, 118; Mathieu,

entendiéndola como un deseo amenazante proferido por Kamose, quien luego de afirmar la captura de los bienes provenientes del Retjenu incrementa su amenaza hacia la destrucción total.

S1 § XXIII. Línea 16 (cont.)

Transliteración: [16] *wh{ꜣ}<m>* {𓅪}[det] *jb=k jrf ꜥꜣm* {𓌙}[det] *ẖz* {𓅪}[det a)] *wn(.w) ḥr ḏd*[b)]

wh{ꜣ}<m> {𓅪}[det]: "¿quemar, hervir?", variante del VERBO *whm,* 3-lit., (TLA lema ID 48420), *Wb.* 1: 340, 10; *sḏm=f* subjuntiva, prospectiva
jb: "corazón, mente, deseo, carácter", SUSTANTIVO Masc. (TLA lema ID 23290)
k: "tú, su, tuyo, (a/de) ti", PRONOMBRE PERSONAL, SUFIJO 2da. Pers. Masc. Sg. (TLA lema ID 10110)
jrf: PARTÍCULA ENCLÍTICA ENFÁTICA (*jr*, TLA lema ID 28170)
ꜥꜣm {𓌙}[det]: "asiático", SUSTANTIVO Masc. (TLA lema ID 35400)
ẖz {𓅪}[det]: "débil, vil, miserable", ADJETIVO (TLA lema ID 400267)
wn(.w): "existir", VERBO *wnn*, 2ae. gem. (TLA lema ID 400006), participio perfectivo activo.
ḥr: PREPOSICIÓN + VERBO EN INFINITIVO a continuación (TLA lema ID 107529)
ḏd: "comunicar, decir", VERBO *ḏd*, 2-lit. (TLA lema ID 185810), infinitivo

Traducción: **[16] Tu deseo será destruido, ¡oh, miserable asiático [EXTRANJERO] [ENEMIGO]!**

El que dice[80]:

"Attaquer ou ne pas attaquer?", 710; Serrano Delgado, *Textos para la historia antigua de Egipto*, 159; HSSK, 37, n. h; Smith y Smith, "Reconsideration of the Kamose Texts", 60; Goedicke, *Studies about Kamose and Ahmose*, 72.

[80] Lit. "el que existe al decir (o "diciendo")".

Comentarios:

a) La frase *whm*{ }^{det}*jb=k jrf ꜥꜣm*{ }^{det} *ẖz*{ }^{det} aparece en la línea 11 del texto, cf. S1, §XV.

b) *wn ḥr ḏd*: Las traducciones varían entre "que has dicho", "que acostumbrabas a decir" o "el que dice".

S1 § XXIV. Línea 16 (cont.) y 17

[17]

Transliteración: *jnk nb nn sn.nw=j šꜣꜥ-r ḫmn.w*{⊗}^{det} [*r*] *pr-ḥw.t-ḥr ḥr ḫrp* (?) *r ḥw.t-wꜥr.t*{⊔⊔}^{det} *m* [17] *j*{*r*}<*t*>*r.w 2*[a)]

jnk: "yo", PRONOMBRE PERSONAL, INDEPENDIENTE 1ra. Pers. Sg. Común (TLA lema ID 27940)
nb: "señor, dueño (de algo)", SUSTANTIVO Masc. (TLA lema ID 81650)

nn: PARTÍCULA DE NEGACIÓN (TLA lema ID 851961)
sn.nw: "compañero, réplica", SUSTANTIVO Masc. (TLA lema ID 550359)
j: "yo, mi, mío" PRONOMBRE PERSONAL, SUFIJO 1ra. Pers. Sg. Común (TLA lema ID 10030)
šꜣꜥ-r: "de... a/hasta; hasta después de", PREPOSICIÓN (TLA lema ID 151540)
ḫmn.w{𓊖}^{det}: "Hermópolis", TOPÓNIMO (TLA lema ID 117260)
[*r*]: "a, hacia", PREPOSICIÓN (TLA lema ID 91901)
pr-ḥw.t-ḥr: "Templo-de-Hathor" (Gebelein)", TOPÓNIMO (TLA lema ID 400959)
ḥr: PREPOSICIÓN + VERBO EN INFINITIVO a continuación (TLA lema ID 107529)
ẖrp (?): "gobernar, controlar, administrar, dirigir, traer, proveer", VERBO *ẖrp*, 3-lit. (TLA lema ID 120160), infinitivo.
r: "a, hacia", PREPOSICIÓN (TLA lema ID 91901)
ḥw.t-wꜥr.t{𓈉}^{det}: "Avaris", TOPÓNIMO (TLA lema ID 99860). Aquí traducimos "Avaris *[LUGAR-EXTRANJERO]*".
m: "en, a, en, de (espacial)", PREPOSICIÓN (TLA lema ID 400007)
j{*r*}<*ṯ*>*r.w*: "río, canal, el Nilo", SUSTANTIVO Masc. Pl. (TLA lema ID 33370)
2: "dos", NÚMERO CARDINAL (TLA lema ID 850814)

Traducción: **"yo soy un señor sin igual desde Hermópolis (el-Ashmunein) [LUGAR-EGIPCIO] hasta Gebelein (el Templo-de-Hathor), gobernando a Avaris *[LUGAR-EXTRANJERO]* [17] entre los dos ríos".**

Comentarios:

a) *jnk nb nn sn.nw=j šꜣꜥ-r ḫmn.w*{𓊖}^{det} [*r*] *pr-ḥw.t-ḥr ḥr ẖrp* (?) *r ḥw.t-wꜥr.t*{𓈉}^{det} *m* [17] *j*{*r*}<*ṯ*>*r.w 2:* Habachi sostuvo que el signo D21 (𓂋, "boca") en la construcción [*r*] *pr* fue tallado incorrectamente y borrado parcialmente por el escriba[81]. El grupo de caracteres inscritos a continuación lo leemos aquí *ḥr ẖrp* (?) (en el texto se lee *ẖpr*) traduciendo al verbo *ẖrp* (?)—que posee las acepciones de "gobernar, controlar, administrar, dirigir" o bien "traer, proveer, hacer una ofrenda a, dedicar" (TLA lema ID 120160)—como "proveer, traer", entendiendo que el pasaje, a pesar de las dificultades que presenta para su correcta interpretación, muestra a un Apepi de ego exagerado—como es descripto en el resto del texto—que sostiene que casi todo Egipto está en su mano, ya que él es capaz de proveer a Avaris (¿de bienes? ¿tributos?) desde Hermópolis hasta Gebelein. Sin embargo, no todas las traducciones coinciden con una lectura de esta índole. Habachi tradujo "soy el señor, no tengo un par hasta el-

[81] HSSK, 38, n. d.

Ashmunein, y (aún) Per-Hathor trae tributo a Avaris en (17) los dos ríos"[82]. En una línea semejante, Kaplony-Heckel propuso leer "Yo soy el señor; no hay otro como yo hasta Hermópolis (Hemenu). (Incluso) Per Hathor entrega a Avaris en los dos ríos"[83]. Por su parte, Smith y Smith propusieron leer la primera parte de la construcción "soy un señor sin igual hasta tan lejos como Hermópolis" y, siguiendo a J.R. Harris, la segunda parte *ḥr ẖrp* (*?*) *r ḥw.t-wˁr.t* {}^{det} *m* [17] *jrrw 2* "mi intención es administrar Avaris entre los dos ríos", considerando que *ẖrp* puede transmitir la idea de "mantener el control de"[84]. Goedicke propuso "yo soy un señor sin igual desde el-Ashmunein hasta el templo de Hathor más allá de Dep, y hasta Avaris entre los dos ríos" ya que leyó *pr-ḥwt-ḥr ḏp*[85] mientras que Ritner interpretó, de modo semejante a Smith y Smith, "yo soy un señor sin igual, hasta tan lejos como Hermópolis, y hasta tan lejos como el templo de Hathor. Mi intención (?) es controlar Avaris entre los dos ríos"[86]. Por su parte, Hofmann tradujo "soy gobernante. No hay un segundo hasta Hermópolis, incluso Pathyris trae (sus regalos) a (?) Avaris en los dos ríos" que es, en cierto modo, la propuesta que seguimos aquí[87]. Mathieu propuso "¡soy un señor sin igual, hasta Hermópolis y hasta Pi-Hathor! ¡Mi voluntad es controlar hasta el reino de Avaris (K II, 17) entre los dos ríos!"[88], mientras que Serrano Delgado optó por traducir "Yo soy el señor sin rival hasta Khmun, trayendo Per-Hathor tributos hasta Avaris, en los dos ríos"[89]. Spalinger, por su parte, propuso "yo soy (ahora) señor sin igual hasta Hermópolis, hasta Pathyris, y mi intención (?) es controlar Avaris entre los dos ríos"[90]. Aquí tradujimos "gobernando" ya que entendemos que Kamose se refiere a la grandilocuencia excesiva de Apepi, haciéndolo afirmar que tiene el control desde Hermópolis a Gebelein a la vez que domina Avaris.

---

[82] HSSK, 38.
[83] Kaplony-Heckel, "Ägyptische historische Texte", 531.
[84] Smith y Smith, "Reconsideration of the Kamose Texts", 57–58.
[85] Goedicke, *Studies about Kamose and Ahmose*, 76 y explicación en 77.
[86] Ritner en Simpson, *Literature of Ancient Egypt*, 349.
[87] Hofmann, *Die Königsnovelle*, 118.
[88] Mathieu, "Attaquer ou ne pas attaquer ?", 710.
[89] Serrano Delgado, *Textos para la historia antigua de Egipto*, 159.
[90] Spalinger, *The Books Behind the Masks*, 57, y n. 101.

S1 § XXV. Línea 17 (cont.)

Transliteración: *w3ḥ=j st*[a] *m wš{3}* {𓅪}^{det} *nn r(m)ṯ jm ḫb(3).n=j n(j)w.wt=sn*[b]

w3ḥ: "poner, durar, sacrificar, dejar, dejar algo atrás, dejar regresar", VERBO *w3ḥ*, 3-lit. (TLA lema ID 43010), *sḏm=f* subjuntiva, prospectiva.
j: "yo, mi, mío" PRONOMBRE PERSONAL, SUFIJO 1ra. Pers. Sg. Común (TLA lema ID 10030)
st: "eso, ello", PRONOMBRE PERSONAL, DEPENDIENTE, 3ra. Pers. Sg. Común (TLA lema ID 147350).
m: "en (con infinitivo)", PREPOSICIÓN VERBO EN INFINITIVO a continuación (TLA lema ID 64369)
wš{3} {𓅪}^{det}: "ser destruido; destruir; estar vacío de", VERBO *wš*, 2-lit. (TLA lema ID 50040), infinitivo.
nn: PARTÍCULA DE NEGACIÓN (TLA lema ID 851961)
r(m)ṯ: "gente", SUSTANTIVO Masc. Pl. (TLA lema ID 94530)
jm: "allí", ADVERBIO (TLA lema ID 24640)
ḫb(3).n: "destruir, disminuir", VERBO *ḫb3*, 3-lit. (TLA lema ID 115490), *sḏm.n=f* circunstancial.
j: "yo, mi, mío" PRONOMBRE PERSONAL, SUFIJO 1ra. Pers. Sg. Común (TLA lema ID 10030)
n(j)w.wt: "ciudades", SUSTANTIVO Masc. Pl. (TLA lema ID 80890)
sn: "ellos/as, a ellos/as, suyos/as", PRONOMBRE PERSONAL, SUFIJO 3ra. Pers. Pl. Común (TLA lema ID 10100)

Traducción: **Yo la dejaré vacía, sin gente allí, (después de que) yo haya destruido sus ciudades.**

Comentarios:

a) *st* es un pronombre dependiente común en singular, con lo cual podría referirse a Avaris como antecedente, entendido "Avaris" como el reino y no la ciudad, tal como plantea Spalinger.

b) Seguimos las consideraciones de Spalinger quien, a su vez, se basa en las apreciaciones realizadas por Jean Marie Kruchten y Andréas Stauder[91].

S1 § XXVI. Líneas 17 (cont.) y 18

[18]

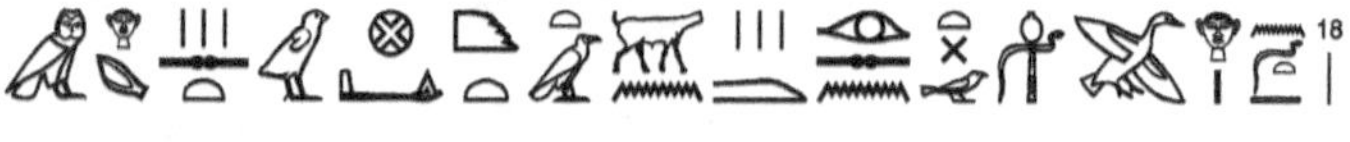

[91] Spalinger, *The Books Behind the Masks*, 58 y n. 102; Jean-Marie Kruchten, "From Middle Egyptian to Late Egyptian", *LingAeg* 6 (1999): 14; Stauder, *Linguistic Dating of Middle Egyptian Literary Texts*, 48.

Transliteración: *wbd=j {j} <s.t>*[a)]*=sn jrj m j3.wt dšr.(w)t*{𓅪}[det b)] [18] *n-ḏ.t ḥr p3 ḥḏ(j).t*{𓅪}[det] *jrj=sn m-ḫnw t3 km.t*{𓊖}[det] *rdj.w st ḥr sḏm j3ʿš n(.j) ʿ3m.w*{𓀾}[det] [c)] *bt3.n=sn km.t*{𓊖}[det] *ḥn.wt=sn*

wbd: "quemar, calentar", VERBO *wbd,* 3-lit. (TLA lema ID 45410), *sḏm=f* subjuntiva, prospectiva.
j: "yo, mi, mío" PRONOMBRE PERSONAL, SUFIJO 1ra. Pers. Sg. Común (TLA lema ID 10030)
<s.t>: "residencia", SUSTANTIVO Fem. (TLA lema ID 400493)
sn: "ellos/as, a ellos/as, suyos/as", PRONOMBRE PERSONAL, SUFIJO 3ra. Pers. Pl. Común (TLA lema ID 10100)
jrj: "hacer, crear, actuar como", VERBO *jrj,* 3ae. *inf.* (TLA lema ID 28550), participio prospectivo pasivo.
m: "como", "m" de PREDICACIÓN (TLA lema ID 500292)
j3.wt: "lugar, sitio", SUSTANTIVO Fem. Pl. (TLA lema ID 20120)
dšr.(w)t{𓅪}[det]: "rojo, furioso", ADJETIVO Pl. (TLA lema ID 550232)
n-ḏ.t: "eternamente, para siempre", ADVERBIO (TLA lema ID 79510)
ḥr: "a causa de, relativo a", PREPOSICIÓN (TLA lema ID 400092)
p3: "el", PRONOMBRE DEMOSTRATIVO, ARTÍCULO DEFINIDO, Masc. Sg. (TLA lema ID 58770)
ḥḏ(j).t{𓅪}[det]: "lesionar, destruir, carecer", VERBO *ḥḏj,* 3ae. *inf.* (TLA lema ID 112660), infinitivo/sustantivo.
jrj: "hacer, crear, actuar como", VERBO *jrj,* 3ae. *inf.* (TLA lema ID 28550), *sḏm=f* indicativa (o narrativa).
sn: "ellos/as, a ellos/as, suyos/as", PRONOMBRE PERSONAL, SUFIJO 3ra. Pers. Pl. Común (TLA lema ID 10100)
m-ḫnw: "en el interior de, adentro de", PREPOSICIÓN (TLA lema ID 65370)
t3: "esta", PRONOMBRE DEMOSTRATIVO Fem. Sg. (TLA lema ID 168840)
km.t{𓊖}[det]: "la tierra negra (Egipto)", TOPÓNIMO (TLA lema ID 164430)
rdj.w: "dar, poner, colocar", VERBO *rdj,* irr. (TLA lema ID 96700), participio perfectivo activo.

st: "ellos, a ellos", PRONOMBRE PERSONAL, COMPUESTO 3ra. Pers. Pl. (TLA lema ID 400960)
ḥr: PREPOSICIÓN + VERBO EN INFINITIVO a continuación (TLA lema ID 107529)
sḏm: "oír, escuchar", VERBO *sḏm*, 3-lit. (TLA lema ID 150560), infinitivo.
jꜣꜥš: "llamado, citación, anuncio", SUSTANTIVO Masc. (TLA lema ID 40900)
n(.j): "perteneciente a, de", PREPOSICIÓN (GENITIVO NISBE) (TLA lema ID 79800)
ꜥꜣm.w{𓀎}det: "asiático", SUSTANTIVO Masc. Pl. (TLA lema ID 35400)
btꜣ.n: "huir, abandonar", VERBO *bṯ*, 2-lit. (TLA lema ID 58290), *sḏm.n=f* circunstancial
sn: "ellos/as, a ellos/as, suyos/as", PRONOMBRE PERSONAL, SUFIJO 3ra. Pers. Pl. Común (TLA lema ID 10100)
km.t{⊗}det: "la tierra negra (Egipto)", TOPÓNIMO (TLA lema ID 164430)
ḥn.wt: "amante, dama, señora", SUSTANTIVO Fem. (TLA lema ID 106350)
sn: "ellos/as, a ellos/as, suyos/as", PRONOMBRE PERSONAL, SUFIJO 3ra. Pers. Pl. Común (TLA lema ID 10100)

Traducción: **Yo quemaré sus residencias, que serán ruinas (lit.: "serán hechas como colinas rojas") [18] para siempre, como resultado de la destrucción que ellos (los enemigos) permitieron dentro de esta parte de Egipto [LUGAR-EGIPCIO] al escuchar el llamado de los asiáticos [EXTRANJERO] [ENEMIGO], después que abandonaron a Egipto [LUGAR-EGIPCIO], su señora.**

Comentarios:

a) El texto está dañado y se observa la restauración de una 𓇋, sin embargo, como el resto de los especialistas, consideramos que se trata de un error y que el signo que correspondería leer es 𓊨 *s.t*, "residencia".

b) Habachi sugirió para *dšr.(w)t* la traducción que aquí seguimos, considerando que "colinas rojas" se asimila a "ruinas". Además, el determinativo de *dšr.(w)t* (G37 𓅪 "gorrión") refuerza el sesgo negativo del término. Smith y Smith tradujeron "montículos del desierto" dándole a *dšr.(w)t* el sentido figurado de "estéril, infértil, desperdicio"[92]. Hofmann tradujo, ateniéndose más al

---

[92] Smith y Smith, "Reconsideration of the Kamose Texts", 61, 65 y n. v., como previamente había propuesto Wilson, "War against the Hyksos", 555.

sentido literal, como "fueron hechos sitios rojos como la sangre"[93]. El resto de las traducciones o bien sigue una línea más apegada a la traducción literal, o bien adopta un sesgo figurativo, pero el sentido es semejante.

c) Refiere a los egipcios que estaban del lado de los asiáticos; en K1 hay una referencia a quienes transformaron Egipto en un "nido de asiáticos"[94]. Claramente, como señala Spalinger, la expresión *ḥn.wt=sn*, revela que Egipto (incluso más allá de Tebas) no era simplemente un territorio para Kamose, sino un ámbito al que los egipcios estaban ligados de un modo personal, con una idea semejante a lo que nosotros comprendemos por "terruño" o "país natal".

4.2.2. Segunda Sección

Esta sección abarca desde la línea 18 a la 30, donde el texto incluye la cita de la carta enviada por Apepi al gobernante de Kush proponiéndole una alianza para derrotar a Kamose, y todas las acciones vinculadas a la captura del mensajero que la transportaba y su devolución al gobernante hicso, además de acciones en ámbitos precisos (el nomo de Cinópolis y el oasis de Bahariya) por parte del gobernante tebano. El texto está narrado en la 1ra. persona del singular, siendo Kamose el narrador.

S2 § I. Línea 18 (cont.) y 19

[19]

[93] Hofmann, *Die Königsnovelle*, 118.
[94] Cf. K1, 14 y TIC, 13 donde se menciona que los enemigos hicieron de Neferusi un "nido de asiáticos", cf. Spalinger, *The Books Behind the Masks*, 44 y n. 53.

Transliteración: *kfꜥ.n=j* [19] *wp(w).t=f* [a)] *m-ḥr.t wḥꜣ.t*{ }[det b)] *ḥr ḫntj.t r kšj* { }[det c)] *ḥr šꜥ.t zḫꜣ.w*[d)]

kfꜥ.n: capturar, VERBO *kfꜥ*, 3-lit. (TLA lema ID 164220), *sḏm.n=f* circunstancial
j: "yo, mi, mío" PRONOMBRE PERSONAL, SUFIJO 1ra. Pers. Sg. Común (TLA lema ID 10030)
wp(w).t: "mensaje, asunto", SUSTANTIVO Fem. (TLA lema ID 45750)
f: "él, a él, suyo", PRONOMBRE PERSONAL, SUFIJO 3ra. Pers. Masc. Sg. (TLA lema ID 10050)
m: "en, a, en, de (espacial)", PREPOSICIÓN, (TLA lema ID 400007)
ḥr.t: "parte/lado superior", SUSTANTIVO Fem. (TLA lema ID 107630)
wḥꜣ.t{ }[det]: "oasis", SUSTANTIVO Fem. (TLA lema ID 48700)
ḥr: PREPOSICIÓN + VERBO EN INFINITIVO a continuación (TLA lema ID 107529)
ḫntj.t: "navegar río arriba (al sur)", VERBO *ḫntj*, 4ae. *inf.* (TLA lema ID 119140), infinitivo.
r: "a, hacia", PREPOSICIÓN (TLA lema ID 91901)
kšj{ }[det]: "Kush", TOPÓNIMO (TLA lema ID 163680)
ḥr: "en, sobre, arriba", PREPOSICIÓN (TLA lema ID 400090)
šꜥ.t: "documento, carta", SUSTANTIVO Fem. (TLA lema ID 152350)
zḫꜣ.w: "escrito, documento, informe", SUSTANTIVO Pl. (TLA lema ID 450097)

Traducción: **Capturé (requisé/intercepté) [19] su mensaje (de Apepi) por encima/sobre el oasis (¿al sur del oasis de Bahariya?) [LUGAR-DESIERTO] mientras viajaba río arriba a Kush [LUGAR-EXTRANJERO], en una carta (documento escrito).**

Comentarios:

a) El verbo *kfꜥ* suele tener el sentido de "capturar/saquear" (TLA lema ID 164220) aunque también el de "requisar" (TLA lema ID 163880). La selección de la traducción más acorde del verbo, a nuestro criterio, tiene que ver con la que se le otorgue al objeto directo de la oración, que es el término *wp(w).t* (TLA lema ID 45750) que puede significar tanto "mensaje" como "embajada". Las traducciones difieren entre darle el primer sentido (Wilson), el segundo (Goedicke) o bien traducir el término por "mensajero" (Redford, Ritner, Mathieu, Spalinger)[95]. Aquí optamos por traducir "mensaje".

b) Wilson tradujo la construcción *m-ḥr.t wḥꜣ.t* "*por sobre* el oasis", preguntándose si la referencia mencionaría algún terreno más alto que el oasis de Kharga. Habachi, por su parte, atribuyó a *m-ḥr.t* el significado de "sobre", "más allá" o incluso "al sur de", traduciendo "más allá del oasis"[96]. Smith y Smith tradujeron "(ruta) del oasis de las tierras altas"[97]. Goedicke brindó una versión algo diferente en tanto tradujo "a la altura del oasis..."[98]. Redford optó por traducir "en las tierras altas del oasis", una opción semejante a la de Ritner ("porque estaba en el camino de las tierras altas del oasis", mientras que Kaplony-Heckel y Hofmann también brindaron una traducción parecida ("por sobre el/encima del oasis", al igual que Brose, quien aclara que se trata de una referencia "al sur" del oasis ("... por encima (i.e. al sur) del oasis" y que Mathieu ("por encima del/sobre el oasis"), quien aclara que se trata de "los bordes de la depresión de Bahariya")[99]. Spalinger tradujo "en la tierra alta del oasis", mientras que Serrano Delgado optó por "en el oasis"[100]. Dado que como es factible que el término *wḥꜣ.t* sea un término genérico para todos los oasis (cf. *ut*

[95] Wilson, "War against the Hyksos", 555; Goedicke, *Studies about Kamose and Ahmose*, 80; Redford, "Textual Sources for the Hyksos Period", 14; Ritner en Simpson, *Literature of Ancient Egypt*, 349; Mathieu, "Attaquer ou ne pas attaquer ?", 711; Spalinger, *The Books Behind the Masks*, 59.

[96] HSSK, 39, 40 y n. b.

[97] Smith y Smith, "Reconsideration of the Kamose Texts", 61.

[98] Goedicke, *Studies about Kamose and Ahmose*, 79.

[99] Redford, "Textual Sources for the Hyksos Period", 14; Ritner en Simpson, *Literature of Ancient Egypt*, 349; Kaplony-Heckel, "Ägyptische historische Texte", 531; Hofmann, *Die Königsnovelle*, 118; Brose, https://thesaurus-linguae-aegyptiae.de/sentence/IBUBd1d8EbkpQ0ddpxJYTjfPUtY, en: TLA (Consultado: 15 de junio de 2023); Mathieu, "Attaquer ou ne pas attaquer ?", 711 y n. 40.

[100] Spalinger, *The Books Behind the Masks*, 59; Serrano Delgado, *Textos para la historia antigua de Egipto*, 159.

supra Cap. 3, 3.5), y que la única localidad específica mencionada en el territorio de los oasis es Djesdjes (Bahariya) coincidimos aquí con la propuesta de Mathieu que lo ubica en las cercanías de éste.

c) El topónimo Kush lleva el determinativo con el que habitualmente se lo registra, N25 [LUGAR-EXTRANJERO].

d) Como señala Habachi, aquí se enfatiza que el soporte sobre el que estaba escrito el mensaje interceptado era papiro[101].

S2 § II. Línea 19 (cont.)

Transliteración: *gmj.n=j ḥr=s m-ḏd m zẖꜣ(.w) m-ꜥ ḥqꜣ*{ }[det a)] *n(.j) ḥw.t-wꜥr.t* { }[det b)]

gm.n: "hallar, descubrir", VERBO *gmj,* 3ae. *inf.* (TLA lema ID 167210), *sḏm.n=f* circunstancial.
j: "yo, mi, mío" PRONOMBRE PERSONAL, SUFIJO 1ra. Pers. Sg. Común (TLA lema ID 10030)
ḥr: "en, sobre, arriba", PREPOSICIÓN (TLA lema ID 400090)
s: "ella, de ella" PRONOMBRE SUFIJO 3ra. Pers. Fem. Sg. (TLA lema ID 10090)
m-ḏd: "de la siguiente manera (introduciendo el discurso directo)", PARTÍCULA (TLA lema ID 550005)
m: "en, de, (que consiste) en", PREPOSICIÓN (TLA lema ID 400082)
zẖꜣ(.w): "escrito, documento", SUSTANTIVO Masc. (TLA lema ID 450097)
m-ꜥ: "(pedir) de, (recibir) de, (salvar) de)", PREPOSICIÓN (TLA lema ID 550098)
ḥqꜣ{ }[det]: "gobernante", SUSTANTIVO Masc. (TLA lema ID 110360). Aquí traducimos "gobernante *[EN ABSTRACTO]*".
n(.j): "perteneciente a, de", PREPOSICIÓN (GENITIVO NISBE) (TLA lema ID 79800)

[101] HSSK, 40, n. c.

ḥw.t-wꜥr.t{ }det: "Avaris", TOPÓNIMO (TLA lema ID 99860). Aquí traducimos "Avaris *[LUGAR-EXTRANJERO]*".

Traducción: **Encontré en ella lo siguiente, escrito por la mano del gobernante *[EN ABSTRACTO]* de Avaris *[LUGAR-EXTRANJERO]*:**

Comentarios:

a) El determinativo del término *ḥqꜣ* es, en este caso, Y1 "rollo de papiro". Como ya señalamos, el escriba utilizó alternadamente para este término este determinativo y también A43 "rey con la corona blanca del Alto Egipto".

b) El topónimo *ḥw.t-wꜥr.t* "Avaris" lleva el determinativo N25 *[LUGAR-EXTRANJERO]*.

S2 § III. Línea 20

[20]

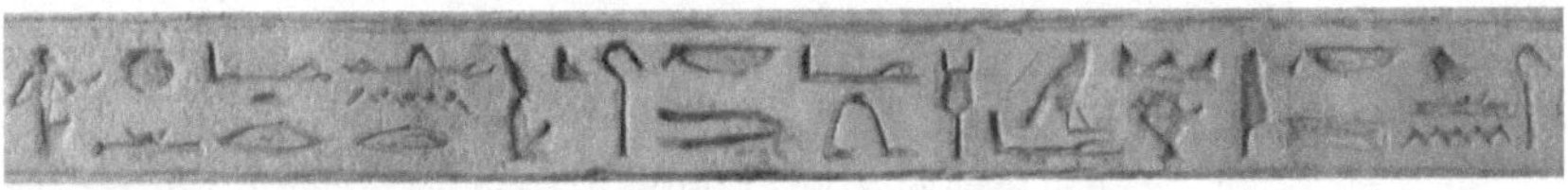

Transliteración: *ꜥꜣ-[wsr]-rꜥ*[a)] *zꜣ-rꜥ jppj* { }det [b)] *ḥr nḏ-ḫr.t n(.j).t zꜣ=j ḥqꜣ*{ }det *n(.j) kšj*{ }det [c)] *ḥr-m ꜥḥꜥ=k m ḥqꜣ*{ }det [d)] *nn rdj.t rḫ=j*[e)]

ꜥꜣ-[wsr]-rꜥ: "*Aa-user-ra* (nombre de coronación de Apepi)", SUSTANTIVO, NOMBRE DE REY (TLA lema ID 400961)
zꜣ-rꜥ: "Hijo de Ra", EPÍTETO REAL (TLA lema ID 126020)

jppj{𓀏}det: "Apepi", SUSTANTIVO, NOMBRE DE REY (TLA lema ID 400949). Aquí traducimos "Apepi *[DÉBIL-COBARDE]* [sin cartucho]".
ḥr: PREPOSICIÓN + VERBO EN INFINITIVO a continuación (TLA lema ID 107529)
nḏ: "consultar", VERBO *nḏ*, 2-lit. (TLA lema ID 90910), infinitivo.
ḫrt: "asuntos; condición; requisitos; productos", SUSTANTIVO Fem. (TLA lema ID 119650) = *nḏ-ḫrt* "saludar" (TLA lema ID 550108, lit: "consultar (por) los asuntos")
n(.j).t: "perteneciente a, de", PREPOSICIÓN (GENITIVO NISBE) (TLA lema ID 79800)
zꜣ: "hijo", SUSTANTIVO Masc. (TLA lema ID 125510)
j: "yo, mi, mío" PRONOMBRE PERSONAL, SUFIJO 1ra. Pers. Sg. Común (TLA lema ID 10030)
ḥqꜣ{𓏛}det: "gobernante", SUSTANTIVO Masc. (TLA lema ID 110360). Aquí traducimos "gobernante *[EN ABSTRACTO]*".
n(.j): "perteneciente a, de", PREPOSICIÓN (GENITIVO NISBE) (TLA lema ID 79800)
kšj{𓈉}det: "Kush", TOPÓNIMO (TLA lema ID 163680)
ḥr-m: "¿debido a qué? ¿por qué? ¿con respecto a qué?", PRONOMBRE INTERROGATIVO (TLA lema ID 107940)
ꜥḥꜥ: "levantarse, pararse, erigirse", VERBO *ꜥḥꜥ*, 3-lit. (TLA lema ID 40110), *sḏm=f* sustantiva.
k: "tú, su, tuyo, (a/de) ti", PRONOMBRE PERSONAL, SUFIJO 2da. Pers. Masc. Sg. (TLA lema ID 10110)
m: "como", "m" de PREDICACIÓN (TLA lema ID 500292)
ḥqꜣ{𓀰}det: "gobernante", SUSTANTIVO Masc. (TLA lema ID 110360). Aquí traducimos "gobernante *[DEL ALTO EGIPTO]*".
nn: PARTÍCULA DE NEGACIÓN (TLA lema ID 851961)
rdj.t: "causar, permitir", VERBO *rdj*, irr. (TLA lema ID 550028), infinitivo.
rḫ: "saber, aprender", VERBO *rḫ*, 2-lit. (TLA lema ID 95620), *sḏm=f* subjuntiva.
j: "yo, mi, mío" PRONOMBRE PERSONAL, SUFIJO 1ra. Pers. Sg. Común (TLA lema ID 10030)

Traducción: [20] "**Aa-[user]-ra, *Hijo de Ra*, Apepi *[DÉBIL-COBARDE]* [sin cartucho]: 'saludando (lit.: "consultando (por) los asuntos") a mi hijo, el gobernante *[EN ABSTRACTO]* de Kush [LUGAR-EXTRANJERO]. ¿Por qué razón te eriges como gobernante *[DEL ALTO EGIPTO]*, sin avisarme (lit.: "sin hacer que yo lo supiera"?**

Comentarios:

a) El nombre de coronación de Apepi no está acompañado por epíteto alguno, ni tampoco está dentro de un cartucho real (cf. *ut supra* Cap. 3, 3.6.).

b) El nombre de nacimiento del gobernante hicso tampoco posee cartucho y además está acompañado por el determinativo , al que le atribuimos la valencia *[DÉBIL-COBARDE]*, al igual que en la mención de la línea 4 (cf. *ut supra* Cap. 3, 3.6.).

c) Los autores han interpretado de modo diverso la construcción *zꜣ=j ḥqꜣ n kšj* en este contexto. Las opciones varían entre traducir "mi hijo, el gobernante de Kush" (como lo hicieron Wilson -aunque en nota aclaró que también podía referirse "al hijo del gobernante de Kush" al igual que Säve-Söderbergh y Hofmann, quienes ponderan ambas traducciones; Habachi; Kaplony-Heckel; Goedicke; Spalinger y Redford)[102]; o bien "al hijo del gobernante de Kush" (traducción por la que optaron Smith y Smith; Ritner; Mathieu—quien expresamente indica que sigue a Smith y Smith y a Murnane—y también Ryholt)[103]. Por su parte, Serrano Delgado tradujo "saluda a (su) hijo"[104]. Aquí optamos por traducir "saludos a mi hijo", basándonos en la argumentación planteada por James P. Allen, quien señaló que

> ... la ortografía jeroglífica contiene tanto un trazo como el hombre sentado después del pájaro-*zꜣ* y, por lo tanto, es más probable que represente *zꜣ.j* "mi hijo". La palabra *zꜣ* "hijo", está escrita con el pájaro y el trazo en la línea 34 de la estela, y nuevamente con el pájaro y el hombre sentado en la línea 13 de la Tablilla de Carnarvon, que es una copia fiel de la Primera Estela de Kamose"[105].

[102] Wilson, "War against the Hyksos", 555 y n. 14; HSSK, 39; Säve-Söderbergh, "Nubian Kingdom of the Second Intermediate Period", 56 y n. 10; Hofmann, *Die Königsnovelle*, 118; Kaplony-Heckel, "Ägyptische historische Texte", 532; Goedicke, *Studies about Kamose and Ahmose*, 79 y 81–82; Redford, "Textual Sources for the Hyksos Period", 14; Spalinger, *The Books Behind the Masks*, 59.

[103] Smith y Smith, "Reconsideration of the Kamose Texts", 61, 68; Ritner en Simpson, *Literature of Ancient Egypt*, 349; Mathieu, "Attaquer ou ne pas attaquer ?", 711 y n. 42; Murnane, "Reviewed Work(s): The Second Stela of Kamose and His Struggle against the Hyksos Ruler and His Capital by Labib Habachi", 278; Ryholt, *Political Situation in Egypt*, 326–27.

[104] Serrano Delgado, *Textos para la historia antigua de Egipto*, 159.

[105] James P. Allen en Daphna Ben-Tor, Susan J. Allen, y James P. Allen, "Review Article: Seals and Kings", *BASOR* 315 (1999): 68 y n. 16.

d) Nótese el determinativo de *ḥqꜣ*, en esta ocasión A43 "rey con la corona del Alto Egipto".

e) La construcción *ḥr-m ꜥḥꜥ=k m ḥqꜣ*{ }[det] *nn rdj.t rḫ=j* ("¿Debido a qué/en base a qué te eriges como gobernante *[DEL ALTO EGIPTO]*, sin permitir que yo lo sepa?") constituye una incorporación de lenguaje coloquial dentro de la estructura del texto, "evocando una *performance* más "espontánea" de la gramática, o estilo 'oral'"[106]. Nótese también el énfasis en el reclamo que Apepi le hace al gobernante de Kush, quien suponemos se atribuyó un título que Apepi consideraba como propio, *ḥqꜣ*{ }[det].

S2 § IV. Línea 20 (cont.) y 21

[21]

Transliteración: *jn jw gmḥ=k* [21] *jrj.t.n km.t*{⊗}[det] *r=j*[a)] *ḥqꜣ*{ }[det] [b)] *n.ty m-ẖnw=s*[c)] *kꜣ-msw-nḫt*[ ] *dj ꜥnḫ*[d)]

jn: PARTÍCULA INTERROGATIVA (TLA lema ID 26680)
jw: PARTÍCULA, para marcar oraciones y formas verbales complejas (TLA lema ID 851515)
gmḥ: "avistar, mirar", VERBO *gmḥ*, 3-lit. (TLA lema ID 167270), *sḏm=f* aoristo.

106 Stauder, *Linguistic Dating of Middle Egyptian Literary Texts*, 45.

k: "tú, su, tuyo, (a/de) ti", PRONOMBRE PERSONAL, SUFIJO 2da. Pers. Masc. Sg. (TLA lema ID 10110)
jrj.t.n: "hacer, crear, actuar como", VERBO *jrj*, 3ae. *inf.* (TLA lema ID 28550), *sḏm(.w).n=f*, forma relativa perfectiva (fem.).
km.t{𓊖}^{det}: "la tierra negra (Egipto)", TOPÓNIMO (TLA lema ID 164430)
r: "contra (alguien), (guardar) contra (algo), (lejos) de", PREPOSICIÓN (TLA lema ID 91902)
j: "yo, mi, mío" PRONOMBRE PERSONAL, SUFIJO 1ra. Pers. Sg. Común (TLA lema ID 10030)
ḥqꜣ{𓀮}^{det}: "gobernante", SUSTANTIVO Masc. (TLA lema ID 110360). Aquí traducimos "gobernante *[DEL ALTO EGIPTO]*".
n.ty: "quien, el que", PRONOMBRE RELATIVO (TLA lema ID 89850)
m-ḫnw: "en el interior de, adentro de", PREPOSICIÓN (TLA lema ID 65370)
s: "ella, de ella" PRONOMBRE SUFIJO 3ra. Pers. Fem. Sg. (TLA lema ID 10090)
kꜣ-msw-nḫt[𓍷]: "Kamose el fuerte/valiente", NOMBRE DE REY (TLA lema ID 400963)
dj: "dar, poner, colocar", VERBO *rdj*, irr. (TLA lema ID 96700), participio perfectivo pasivo.
ꜥnḫ: "vida", SUSTANTIVO Masc. (TLA lema ID 38540)

Traducción: **¿Ves [21] lo que Egipto [LUGAR-EGIPCIO] ha hecho contra mí? El gobernante *[DEL ALTO EGIPTO]*, quien está en su interior, Kamose-el-fuerte/valiente[CARTUCHO], dotado de vida**

Comentarios:

a) Al igual que en la construcción mencionada anteriormente (S2 § III, e), se evidencia lenguaje coloquial.

b) Nótese que en esta construcción el término *ḥqꜣ* en referencia a Kamose, aparece con el determinativo A43 𓀮, al que aquí le hemos dado el valor explícito de *[DEL ALTO EGIPTO]*.

c) El sufijo femenino singular refiere al antecedente *km.t*. Nótese que aquí no aparece *tꜣ km.t* sino solamente *km.t*, en referencia a, probablemente, la totalidad de Egipto y no el área tebana.

d) Expresión *dj ʿnḫ*[107].

S2 § V. Línea 21 (cont.) y 22

[22]

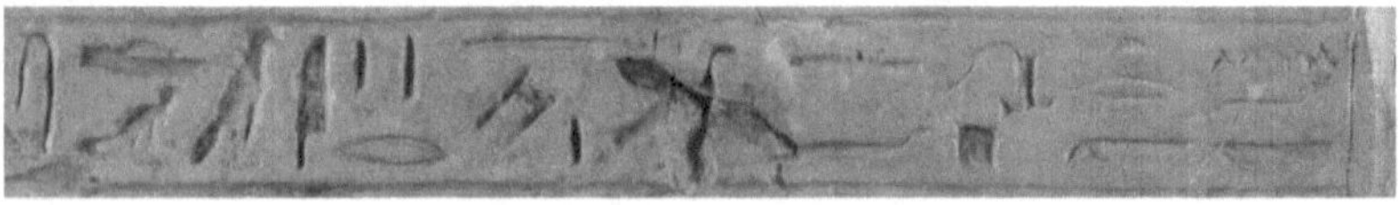

Transliteración: *ḥr thm (w)j ḥr jṯn(.w)=j n pḥ=j sw mj qj n(.j) jrj.t* [22]*.n=f nb.t r=k stp* [a)] *=f pꜣ tꜣ 2 r jꜣd*{}[det] *st pꜣy=j tꜣ ḥnʿ pꜣy=k ḫb(ꜣ).n=f st*

ḥr: PREPOSICIÓN + VERBO EN INFINITIVO a continuación (TLA lema ID 107529)
thm: “perforar (med.), penetrar, conducir (ganado)”, VERBO *thm*, 3-lit. (TLA lema ID 172980), infinitivo.
(w)j: “yo, mi, mío” PRONOMBRE PERSONAL, SUFIJO 1ra. Pers. Sg. Común (TLA lema ID 10030)
ḥr: “en, sobre, arriba”, PREPOSICIÓN (TLA lema ID 400090)
jṯn(.w): “terrestre, tierra, polvo”, SUSTANTIVO Masc. Pl. (TLA lema ID 33120)

---

[107] Cf. AMEg, 23.15.

j: "yo, mi, mío" PRONOMBRE PERSONAL, SUFIJO 1ra. Pers. Sg. Común (TLA lema ID 10030)
n: PARTÍCULA DE NEGACIÓN (TLA lema ID 78890)
pḥ: "alcanzar, atacar", VERBO *pḥ*, 2-lit. (TLA lema ID 61370), *sḏm=f* indicativo.
j: "yo, mi, mío" PRONOMBRE PERSONAL, SUFIJO 1ra. Pers. Sg. Común (TLA lema ID 10030)
sw: "él, a él, eso", PRONOMBRE PERSONAL, DEPENDIENTE 3ra. Pers. Sg. Masc. (TLA lema ID 129490)
mj: "como, según como", PREPOSICIÓN (TLA lema ID 67820)
qj: "forma, modo, naturaleza", SUSTANTIVO Masc. (TLA lema ID 159670)
n(.j): "perteneciente a, de", PREPOSICIÓN (GENITIVO NISBE) (TLA lema ID 79800)
jrj.t.n: "hacer, crear, actuar como", VERBO *jrj*, 3ae. *inf.* (TLA lema ID 28550), *sḏm.(w).n=f*, forma relativa perfectiva (fem.)
f: "él, a él, suyo", PRONOMBRE PERSONAL, SUFIJO 3ra. Pers. Masc. Sg. (TLA lema ID 10050)
nb.t: "cada, todo", ADJETIVO (TLA lema ID 81660)
r: "contra (alguien), (guardar) contra (algo), (lejos) de", PREPOSICIÓN (TLA lema ID 91902)
k: "tú, su, tuyo, (a/de) ti", PRONOMBRE PERSONAL, SUFIJO 2da. Pers. Masc. Sg. (TLA lema ID 10110)
stp: "trozar, elegir, seleccionar", VERBO *stp*, 3-lit. (TLA lema ID 854554), *sḏm=f* subjuntiva, prospectiva.
f: "él, a él, suyo", PRONOMBRE PERSONAL, SUFIJO 3ra. Pers. Masc. Sg. (TLA lema ID 10050)
pꜣ: "el", PRONOMBRE DEMOSTRATIVO, ARTÍCULO DEFINIDO, Masc. Sg. (TLA lema ID 58770)
tꜣ: "tierra (con referencia geopolítica), Egipto", SUSTANTIVO Masc. (TLA lema ID 400096)
2: "dos", NÚMERO CARDINAL (TLA lema ID 850814)
r: "con el fin de", PREPOSICIÓN (TLA lema ID 91909)
jꜣd{}^{det}: "sufrir, hacer sufrir", VERBO *jꜣd*, 3-lit. (TLA lema ID 21140), infinitivo.
st: "ellos, a ellos", PRONOMBRE PERSONAL, COMPUESTO 3ra. Pers. Pl. (TLA lema ID 400960)
pꜣy: ADJETIVO POSESIVO Masc. Sg. (TLA lema ID 550021)
j: "yo, mi, mío" PRONOMBRE PERSONAL, SUFIJO 1ra. Pers. Sg. Común (TLA lema ID 10030)

tꜣ: "tierra (con referencia geopolítica), Egipto", SUSTANTIVO Masc. (TLA lema ID 400096)
ḥnꜥ: "y (coordinación de sustantivo/-formas), así como (conjunción), más lejos, y (coordinación de verbos)", PREPOSICIÓN (TLA lema ID 550300)
pꜣy: ADJETIVO POSESIVO Masc. Sg. (TLA lema ID 550021)
k: "tú, su, tuyo, (a/de) ti", PRONOMBRE PERSONAL, SUFIJO 2da. Pers. Masc. Sg. (TLA lema ID 10110)
ḫb(ꜣ).n: "destruir, disminuir", VERBO *ḫbꜣ*, 3-lit. (TLA lema ID 115490), *sḏm.n=f* circunstancial.
f: "él, a él, suyo", PRONOMBRE PERSONAL, SUFIJO 3ra. Pers. Masc. Sg. (TLA lema ID 10050)
st: "ellos, a ellos", PRONOMBRE PERSONAL, COMPUESTO 3ra. Pers. Pl. (TLA lema ID 400960)

Traducción: **me ha invadido en mis territorios; yo no lo ataqué a él del mismo modo que [22] todo lo que él ha hecho contra ti. Él ha elegido estas dos tierras para hacerlas sufrir, mi tierra y la tuya, él las destruyó.**

Comentarios:

a) Nuestra traducción para el verbo *stp* como "elegir" en lugar de "cortar, desmembrar"—como propone Brose—sigue no solo a la mayoría de las traducciones, que optan por este significado para el verbo, sino que tomamos en cuenta el determinativo Y1 que lo acompaña[108].

S2 § VI. Líneas 22 (cont.) y 23

[108] HSSK, 39; Smith y Smith, "Reconsideration of the Kamose Texts", 61; Brose, https://thesaurus-linguae-aegyptiae.de/sentence/IBUBd8EmuYVZoEJ6gMOCyYbyBqI, en: TLA (Consultado: 15 de junio de 2023); Goedicke, *Studies about Kamose and Ahmose*, 82 y n. 370; Kaplony-Heckel, "Ägyptische historische Texte", 532; Hofmann, *Die Königsnovelle*, 119; Mathieu, "Attaquer ou ne pas attaquer ?", 711; Serrano Delgado, *Textos para la historia antigua de Egipto*, 160.

[23]

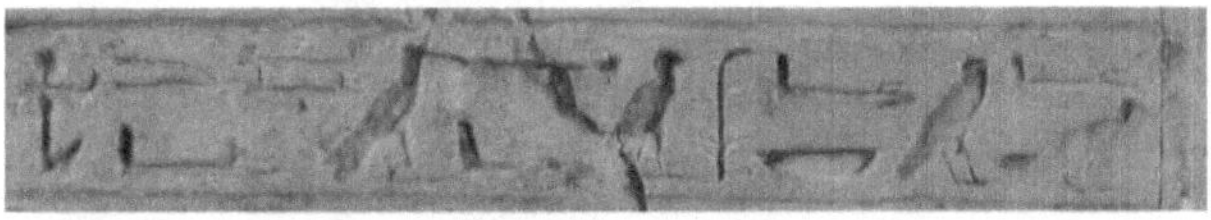

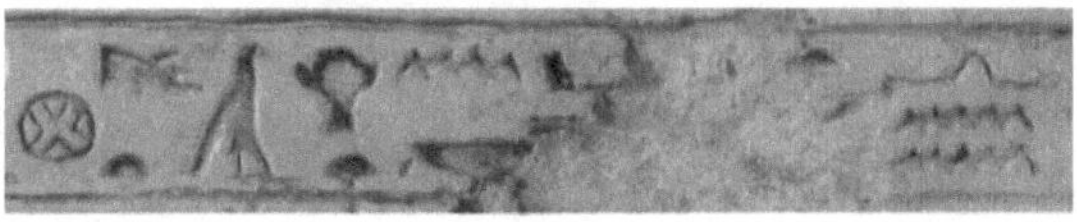

Transliteración: *mj ḫdj m* [23] *ꜣꜥ*{𓅿}^{det} *mk sw ꜥꜣ m-ꜥ=j nn n*[*.tj ꜥḥ*]*ꜥ*(*.w*) *n=k ḥr tꜣ km.t*{⊗}^{det}

mj: "¡ven!", VERBO *mj* (TLA lema ID 67770), imperativo (FCD, 104).
ḫdj: "viajar río abajo (viajar al norte)", VERBO *ḫdj*, 3ae. *inf.* (TLA lema ID 122000), imperativo.
m: "no (imperativo del verbo negativo *jmj*)", VERBO (TLA lema ID 64410), vetitivo.
ꜣꜥ{𓅿}^{det}: "¿tener miedo?", VERBO *ꜣꜥ* (TLA lema ID 400964), Hápax. Imperativo.
mk: "¡mira!", PARTICULA NO ENCLÍTICA (TLA lema ID 64440)
sw: "él, a él, eso", PRONOMBRE PERSONAL, DEPENDIENTE 3ra. Pers. Sg. Masc. (TLA lema ID 129490)
ꜥꜣ: "aquí, allá", ADVERBIO (TLA lema ID 34790)
m-ꜥ: "en la mano de, en posesión de, junto con", PREPOSICIÓN (TLA lema ID 64550)
j: "yo, mi, mío" PRONOMBRE PERSONAL, SUFIJO 1ra. Pers. Sg. Común (TLA lema ID 10030)
nn: "palabra negativa, sistemáticamente distinguida de *n*", PARTÍCULA (TLA lema ID 84550)
n[*.tj*]: "quien, el que, el cual", ADJETIVO RELATIVO Masc. Sg. (TLA lema ID 400647)
[*ꜥḥ*]*ꜥ*(*.w*): "levantarse, pararse, erigirse", VERBO *ꜥḥꜥ*, 3-lit. (TLA lema ID 40110), pseudoparticipio.
n: "a, para, en [dativo]", PREPOSICIÓN (TLA lema ID 400055)

k: "tú, su, tuyo, (a/de) ti", PRONOMBRE PERSONAL, SUFIJO 2da. Pers. Masc. Sg. (TLA lema ID 10110)
ḥr: "en, sobre, arriba", PREPOSICIÓN (TLA lema ID 400090)
tꜣ: "esta", PRONOMBRE DEMOSTRATIVO Fem. Sg. (TLA lema ID 168840)
km.t {⊗}^{det}: "la tierra negra (Egipto)", TOPÓNIMO (TLA lema ID 164430)

Traducción: **¡Ven! ¡Viaja río abajo! ¡No tengas miedo! [23] ¡Mira! Aquí, él (está) en mi mano. No hay quien se haya levantado contra ti en esta parte de Egipto [LUGAR-EGIPCIO].**

Comentarios:

Las traducciones, con pequeñas variantes, concuerdan en el sentido general del texto y con la reconstrucción de los signos faltantes. Apepi, en lenguaje coloquial, le pide al gobernante de Kush que viaje al norte ya que él es capaz de mantener controlado a Kamose en "esta parte de Egipto", con lo cual el nubio debería ir confiado, dado que no encontraría resistencia. Como veremos, la sección siguiente refuerza esta idea.

S2 § VII. Líneas 23 (cont.) y 24

[24]

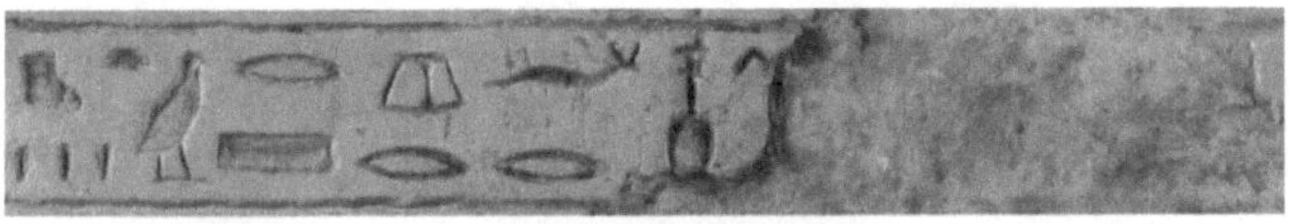

Transliteración: *mk nn dj=j n=f w3.t r spr.t=k k3 psš* [24]=*n n3-n dmj.w*{𓈇}[det] [a)] *n(.jw) t3 km.t*{⊗}[det] [*wn*]*n* [*ḫn.t*]-[*ḥn*]-*nfr*[b)] *ẖr ršw.t*

mk: "¡mira!", PARTICULA NO ENCLÍTICA (TLA lema ID 64440)
nn: PARTÍCULA DE NEGACIÓN (TLA lema ID 851961)
dj: "dar, poner, colocar", VERBO *rdj*, irr. (TLA lema ID 96700), *sḏm=f* subjuntiva, prospectiva
j: "yo, mi, mío" PRONOMBRE PERSONAL, SUFIJO 1ra. Pers. Sg. Común (TLA lema ID 10030)
n: "a, para, en [dativo]", PREPOSICIÓN (TLA lema ID 400055)
f: "él, a él, suyo", PRONOMBRE PERSONAL, SUFIJO 3ra. Pers. Masc. Sg. (TLA lema ID 10050)
w3.t: "camino", SUSTANTIVO Fem. (TLA lema ID 42490)
r: "para que, hasta", PREPOSICIÓN (TLA lema ID 91910)
spr.t: "arribar a, alcanzar", VERBO *spr*, 3-lit. (TLA lema ID 132830), infinitivo.
k: "tú, su, tuyo, (a/de) ti", PRONOMBRE PERSONAL, SUFIJO 2da. Pers. Masc. Sg. (TLA lema ID 10110)
k3: "así que, después", PARTÍCULA (TLA lema ID 162840)
psš: "dividir, compartir", VERBO *psš*, 3-lit. (TLA lema ID 62280), *sḏm=f* subjuntiva, prospectiva
n: "nosotros", PRONOMBRE PERSONAL, SUFIJO, 1ra. Pers. Pl. común (TLA 10070)
n3-n: "estos/as, aquellos/as", PRONOMBRE DEMOSTRATIVO Pl. (TLA lema ID 852470)
dmj.w{𓈇}[det]: "poblado; barrio; muelle", SUSTANTIVO Masc. Pl. (TLA lema ID 179330)
n(.jw): "perteneciente a, de", PREPOSICIÓN (GENITIVO NISBE) (TLA lema ID 79800)
t3: "esta", PRONOMBRE DEMOSTRATIVO Fem. Sg. (TLA lema ID 168840)
km.t{⊗}[det]: "la tierra negra (Egipto)", TOPÓNIMO (TLA lema ID 164430)

[*wn*]*n*: "existir, convertirse", VERBO *wnn,* 2ae. gem. (TLA lema ID 46050), *sḏm=f* subjuntiva, prospectiva.
[*ḫnt-ḥn*]-*nfr*: "¿Khenet-hen-nefer (localidad en Nubia)?", TOPÓNIMO (TLA lema ID 118940)
ẖr: "bajo (ser algo), (llevar algo), (tener algo)", PREPOSICIÓN (TLA lema ID 851508)
ršw.t: "alegría, felicidad", SUSTANTIVO Fem. (TLA lema ID 96220)

Traducción: **¡Mira! No lo dejaré pasar (lit.: "no pondré a él camino") para que tú llegues; así después (nos) dividiremos [24] estos poblados de esta parte de Egipto [LUGAR-EGIPCIO] y [*ḫnt-ḥn*]-nfr (?) estará feliz".**

Comentarios:

a) Nótese que Apepi hace referencia al territorio con el mismo término que aparece en la línea 1, donde Kamose informa que llega "un informe miserable" desde el *dmj* "poblado" de Apepi.

b) La mayor parte de las traducciones revelan consenso al momento de reconstruir los signos faltantes leyéndolos como [*wnn*] [*ḫnt-ḥn*] aunque las variaciones se dan en la interpretación. Previamente a la reconstrucción de los signos realizada por Habachi, Säve-Söderbergh propuso leer *wnn* [*t3wy*] *n nfr ẖr ršwt* "nuestras [dos tierras] prosperarán en alegría"; mientras que Wilson tradujo "entonces nos dividiremos las ciudades de este Egipto, y nuestras [dos tierras] estarán felices en alegría". Sin embargo, Habachi propuso una reconstrucción diferente, indicando que en la estela se puede visualizar que antes del signo para *nfr* y debajo de la *n* "... hay una parte de un signo alto y no simplemente una raya. Esto sugiere la siguiente restauración: *wn* (*Ḫnt-ḥn-*)*nfr ẖr ršwt,* "entonces la tierra de Khenthennofer será feliz". Smith y Smith siguieron la propuesta de Habachi con algunos reparos, aunque la sostuvieron únicamente porque Habachi pudo observar la piedra directamente. Kaplony-Heckel, al igual que más recientemente Brose, siguen esta propuesta de Habachi, como Redford, Hofmann, Goedicke, Mathieu y Serrano Delgado quienes lo identifican con "Kush" o "la Baja Nubia"[109]. Spalinger también opta por la

[109] Säve-Söderbergh, "Nubian Kingdom of the Second Intermediate Period", 55, 58 y n. 17; Wilson, "War against the Hyksos", 555; HSSK, 40 y n. o; Smith y Smith, "Reconsideration of the Kamose Texts", 61, 65 y n. y; Kaplony-Heckel, "Ägyptische historische Texte", 532;

misma traducción, aunque rescata las observaciones de Ritner en cuanto a que la referencia puede estar dada a ambas tierras, la de Apepi y la de los nubios[110]. Aquí mantendremos la lectura *ḫnt-ḥn-nfr* sin que conlleve descartar otras posibles interpretaciones, como las mencionadas más arriba.

S2 § VIII. Líneas 24 (cont.) y 25

[25]

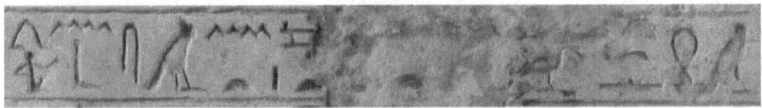

Transliteración: *w3ḏ-ḫpr-rˁ-nḫt*[⊂⊃] *dj ˁnḫ d3jr zp.w*[a)] [25] *dj.n=j ḫ3s.wt* [*t3.wy*][b)] (?) *ẖr=j j*{*r*}<*t*>*r.w m-mj.t*(*j*)*t* [*n*] [*gm*][*.n*][*=tw*] [*w3*]*.t n*(*.j*)*t msnb=j*[c)]

Redford, "Textual Sources for the Hyksos Period", 15, 30 y n. 152; Hofmann, *Die Königsnovelle*, 119; Goedicke, *Studies about Kamose and Ahmose*, 80; Mathieu, "Attaquer ou ne pas attaquer ?", 711, n. 45; Serrano Delgado, *Textos para la historia antigua de Egipto*, 160; Brose, https://thesaurus-linguae-aegyptiae.de/sentence/IBUBd7aeNDaAu0tWmcKFBhonWKI, en: TLA (Consultado: 15 de junio de 2023).

[110] Spalinger, *The Books Behind the Masks*, 61 y n. 109.

w3ḏ-ḫpr-rꜥ-nḫt[⊂⊃]: "*Wadj-kheper-ra*-el-fuerte/valiente", NOMBRE DE CORONACIÓN DE KAMOSE (TLA lema ID 400966)
dj: "dar, poner, colocar", VERBO *rdj*, irr. (TLA lema ID 96700), participio perfectivo pasivo.
ꜥnḫ: "vida", SUSTANTIVO Masc. (TLA lema ID 38540)
d3jr: "controlar, suprimir", variante del VERBO *d3r*, 3-lit. (TLA lema ID 177740; *Wb*. 5: 417; FCD, 309), participio imperfectivo activo.
zp.w: "asunto, evento, conducta", SUSTANTIVO Masc. Pl. (TLA lema ID 132300)
dj.n: "dar, poner, colocar", VERBO *rdj*, irr. (TLA lema ID 96700), *sḏm.n=f* con sujeto en anticipación.
j: "yo, mi, mío" PRONOMBRE PERSONAL, SUFIJO 1ra. Pers. Sg. Común (TLA lema ID 10030)
ḫ3s.wt: "país montañoso, tierra extranjera, desierto", SUSTANTIVO Fem. Pl. (TLA lema ID 114300)
[*t3.wy*]: "las Dos Tierras" (?), SUSTANTIVO Dual, TOPÓNIMO (TLA lema ID 168970)
ẖr: "bajo (ser algo) (llevar algo), (tener algo)", PREPOSICIÓN (TLA lema ID 851508)
j: "yo, mi, mío" PRONOMBRE PERSONAL, SUFIJO 1ra. Pers. Sg. Común (TLA lema ID 10030)
j{r}<t>r.w: "río", SUSTANTIVO Masc. Pl. (TLA lema ID 33370)
m-mjtt: "además, también, igualmente", ADVERBIO (TLA lema ID 64830)
[*n*]: PARTÍCULA DE NEGACIÓN (TLA lema ID 78890)
[*gm*][*.n*]: "hallar, descubrir", VERBO *gmj*, 3ae. *inf.* (TLA lema ID 167210), *sḏm.n=f* circunstancial.
[*tw*]: "uno", PRONOMBRE IMPERSONAL, SUJETO (TLA lema ID 170100)
[*w3*]*t*: "camino", SUSTANTIVO Fem. (TLA lema ID 42490)
n(.j).t: "perteneciente a, de", PREPOSICIÓN (GENITIVO NISBE) (TLA lema ID 79800)
msnb: hápax. Véase nota [c)] en los comentarios a esta sección específica.
j: "yo, mi, mío" PRONOMBRE PERSONAL, SUFIJO 1ra. Pers. Sg. Común (TLA lema ID 10030)

Traducción: ***Wadj-kheper-ra*-el-fuerte/valiente[CARTUCHO], dotado de vida, quien controla los eventos-castiga las fechorías-castiga a los enemigos-vence las faltas [25] (dice): "yo tomé posesión de los desiertos, las Dos Tierras (?) (y) los ríos; además, uno no ha encontrado el modo de derribarme (?) (lit.: "uno no ha encontrado el camino de mi caída" (?).**

Comentarios:

a) La construcción *d3jr zp.w* es un epíteto con carácter polivalente, y es el traductor quien suele optar por alguno de los significados que se le atribuyen de acuerdo con su propia interpretación. Así, Wilson tradujo "el que controla situaciones"; Habachi optó por traducir "el que controla los eventos"—aunque se refirió a su polivalencia y a su elección, debido al contexto, por la opción señalada—y esta traducción fue elegida por Ritner y más recientemente por Spalinger y Serrano Delgado también[111]. Smith y Smith, por su parte, no se detuvieron en este punto y optaron por la misma traducción que Habachi, mientras que Kaplony-Heckel tradujo "(el) que conquista todas las oportunidades (enemigas)"[112]. Redford no tradujo el epíteto *dj ˁnḫ* y optó por "Wadjkheper-ra-el-poderoso-Castigador-de-Fechorías"[113]. Hofmann lo tradujo como "vencedor de los acontecimientos"; Goedicke como "(el que) domina los asuntos"; Mathieu "quien reprimió las fechorías"[114]. Nosotros optamos por brindar todas las traducciones posibles para el epíteto, dado que consideramos que los diversos significados no son opuestos entre sí sino complementarios—con lo cual no habría razones para optar por uno u otro—y además porque apuntan a reforzar la idea, que se trasluce en todo el texto, del gobernante tebano como un garante del orden. Nótese que aquí se lo refiere con su nombre de coronación y no con su nombre de nacimiento.

b) En este sector la piedra está dañada y es dificultoso reconstruir los signos. Wilson leyó *t3.wy* "las Dos Tierras"; mientras que Habachi optó por "el comienzo de la tierra" leyendo, en lugar de *t3.wy*, los signos para *ḥ3.t t3*, un león y debajo el jeroglífico para tierra[115]. Esta propuesta fue seguida por Kaplony-Heckel, Ritner, Spalinger y Serrano Delgado[116]. Smith y Smith aquí nuevamente dejaron abierta

[111] Wilson, "War against the Hyksos", 555; HSSK, 41 y n. a; Ritner en Simpson, *Literature of Ancient Egypt*, 349; Spalinger, *The Books Behind the Masks*, 61; Serrano Delgado, *Textos para la historia antigua de Egipto*, 160.
[112] Smith y Smith, "Reconsideration of the Kamose Texts", 61; Kaplony-Heckel, "Ägyptische historische Texte", 532; Hofmann, *Die Königsnovelle*, 119, n. 255; Goedicke, *Studies about Kamose and Ahmose*, 85.
[113] Redford, "Textual Sources for the Hyksos Period", 15.
[114] Mathieu, "Attaquer ou ne pas attaquer ?", 711.
[115] Wilson, "War against the Hyksos", 555; HSSK, 41 y n. b.
[116] Kaplony-Heckel, "Ägyptische historische Texte", 532; Ritner en Simpson, *Literature of Ancient Egypt*, 349; Spalinger, *The Books Behind the Masks*, 62; Serrano Delgado, *Textos para la historia antigua de Egipto*, 160.

la posibilidad de ambas reconstrucciones—hecho que Hofmann toma en cuenta al momento de hacer su traducción—mientras que Goedicke leyó *ḥ3t-t3* como complemento de *ḫ3s.wt* "Después que puse las colinas de la zona de frontera bajo mi control..."[117]. Mathieu tradujo "he puesto las regiones que están delante del país" aclarando que se refiere a los límites del desierto de Bahariya, mientras que Redford tradujo directamente "la tierra del sur"[118]. Aquí mantendremos la lectura de Wilson luego de observar la estela *in situ*, aunque reconocemos la imposibilidad de afirmarla taxativamente.

c) La reconstrucción de los signos propuesta no varía significativamente entre las traducciones consideradas, pero al ser el sustantivo *msnb* un hápax, el significado sí lo hace. Habachi remarcó tal característica del término, y lo consideró como un sustantivo formado con el formativo *m* y el verbo *sbn* "caer", pero Smith y Smith revieron esta conclusión y sostuvieron, apropiadamente, que se trata del formativo *m* seguido por el verbo *snb* "traspasar, sobrepasar" [119]. Otros autores propusieron variantes, así Kaplony-Heckel tradujo "tropezar" al igual que Hofmann; mientras que Goedicke propuso "asaltar(me)" al igual que Serrano Delgado[120]. Redford optó por no dar traducción alguna; Ritner optó por "derrocar(me)"; Mathieu por "echar, sacar" y Spalinger por "oponerse a mí"[121]. Brose optó por traducirlo tentativamente como el reflexivo "derribarme" y es la opción que aquí seguimos[122].

S2 § IX. Líneas 25 (cont.) y 26

[117] Smith y Smith, "Reconsideration of the Kamose Texts", 65, n. z.
[118] Mathieu, "Attaquer ou ne pas attaquer ?", 711 y n. 46; Redford, "Textual Sources for the Hyksos Period", 15.
[119] HSSK, 41 y n. c; Smith y Smith, "Reconsideration of the Kamose Texts", 65 n. aa.
[120] Kaplony-Heckel, "Ägyptische historische Texte", 532; Hofmann, *Die Königsnovelle*, 119; Goedicke, *Studies about Kamose and Ahmose*, 62; Serrano Delgado, *Textos para la historia antigua de Egipto*, 160.
[121] Redford, "Textual Sources for the Hyksos Period", 15; Ritner en Simpson, *Literature of Ancient Egypt*, 711; Mathieu, "Attaquer ou ne pas attaquer ?", 711.
[122] Brose, https://thesaurus-linguae-aegyptiae.de/sentence/ IBUBd5D08GU3fUpeu8H 4iXQQPr8, en: TLA (Consultado: 15 de junio de 2023)

[26]

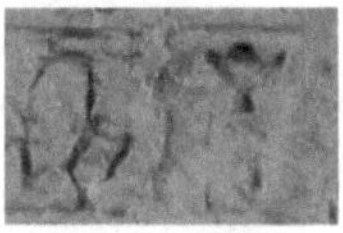

Transliteración: *n bꜣgj.n=j ḥr mšꜥ=j n jṯj* [26] *ḥr mḥ.<t>(?)(j)*[a)]

n: PARTÍCULA DE NEGACIÓN (TLA lema ID 78890)
bꜣgj.n: "estar cansado/a, agotado/a", VERBO *bꜣgj*, 4ae. *inf.* (TLA lema ID 53990), *sḏm.n=f* circunstancial.
j: "yo, mi, mío" PRONOMBRE PERSONAL, SUFIJO 1ra. Pers. Sg. Común (TLA lema ID 10030)
ḥr: "a causa de, relativo a", PREPOSICIÓN (TLA lema ID 400092)
mšꜥ: "expedición", SUSTANTIVO (TLA lema ID 76320; *Wb.* 2: 156)
j: "yo, mi, mío" PRONOMBRE PERSONAL, SUFIJO 1ra. Pers. Sg. Común (TLA lema ID 10030)
n: PARTÍCULA DE NEGACIÓN (TLA lema ID 78890)
jṯj ḥr: "apartar el rostro", VERBO *jṯj*, 3ae. *inf.* + *ḥr*: "rostro, vista", SUSTANTIVO Masc. (TLA lema ID 107510)*; jṯ ḥr* (cf. FCD, 34), *sḏm=f* sustantiva.
mḥ<t>(?)(j): "norteño" (?), SUSTANTIVO Masc. *mḥtjw* (TLA lema ID 73580)

Traducción: **No quedé agotado a causa de mi expedición, no aparté [26] el rostro del norteño (?).**

Comentarios:

a) Esta sección de la piedra está dañada, y la reconstrucción de los signos no es sencilla. Debajo del signo para *ḥr*, D2 se visualiza un trazo vertical; a su derecha los especialistas reconstruyeron la cuerda V28 y luego se pueden visualizar los trazos del signo V22 (*mḥ*) y debajo del mismo los signos N23 y A1, lo que permitiría reconstruir la siguiente secuencia: . Hay quienes optaron por traducir "norteño" (*mḥtj*, un sustantivo *nisbe*) o bien "al norte" y quienes optaron por "éxito", "atención". De este modo, Wilson tradujo "el rostro del norteño no fue evitado (?)" preguntándose en nota a pie si "Apepi no podía mantener a Kamose fuera de vista", mientras que Habachi optó por traducir "el rostro del egipcio del Bajo (Egipto) no fue apartado de mí", sosteniendo que la palabra *mḥ* "debe ser modificada a *mḥt* "norte" o, *mḥti*, "el norteño". En el primer caso el significado sería "aquello en mi norte (o en mi cara norte) no fue tomado"; mientras que en el último significaría "el rostro del egipcio del Bajo (Egipto) no fue apartado de mí". Habachi se inclinó por esta última opción debido a que da un antecedente para el pronombre de la construcción siguiente, *snḏ.n=f*[123]. Smith y Smith tradujeron, por su parte, "el que está al norte (de mí)", optando por considerar a  como sufijo y no como determinativo, subrayando la necesidad de un antecedente para la construcción siguiente, al igual que Habachi había ya mencionado. Pero a diferencia de este último, optaron por leer *ḥr(y)-mḥ(t)* o *ḥr(y)-mḥ(t).j* "el que está al norte" o "el que está a mi norte" (es decir, Apepi) y descartaron la traducción de Habachi por considerar que no se ajustaba al contexto[124]. Goedicke tradujo sin hacer comentarios al texto "la atención del norteño no podría tener éxito"; mientras que Kaplony-Heckel optó por traducir "no (26) tiene éxito (?) en atraparme" y Hofmann, en una línea semejante, tradujo tentativamente "no puedes (26) atraparme (?)"[125]. Redford, por su parte, tradujo "el hombre interesado no ha desviado la atención", aunque en nota brinda otra posible traducción: "Yo no desvié mi atención (del) norteño"; mientras que Ritner brindó "el que está al norte de mí no se ha apoderado (de mí)..." y Mathieu "hasta que me haya apoderado del nórdico"[126]. Finalmente, Spalinger optó por "el rostro del norteño no fue rechazado/evitado", Serrano Delgado brindó "el que está en el norte nada (ha podido) arrebatar (?)" y Brose "El rostro del norte (habitante) no se ha deformado/se ha apartado (?)"[127]. Aquí tradujimos tentativamente "no aparté el rostro del norteño (?)"—tomando a *mḥ.tj* como un *nisbe* ("el del norte, el norteño")—en tanto Kamose afirma previamente que no fue indolente hacia

---

[123] Wilson, "War against the Hyksos", 555 y n. 15; HSSK, 41, 42 y n. d.

[124] Smith y Smith, "Reconsideration of the Kamose Texts", 61, 65 y n. bb.

[125] Goedicke, *Studies about Kamose and Ahmose*, 83; Kaplony-Heckel and Kausen, "Ägyptische historische Texte", 532; Hofmann, *Die Königsnovelle*, 119.

[126] Redford, "Textual Sources for the Hyksos Period", 15, 30 y n. 153; Ritner en Simpson, *Literature of Ancient Egypt*, 349; Mathieu, "Attaquer ou ne pas attaquer ?", 711.

[127] Spalinger, *The Books Behind the Masks*, 62; Serrano Delgado, *Textos para la historia antigua de Egipto*, 160; Brose, https://thesaurus-linguae-aegyptiae.de/sentence/IBUBd3-eyVmfk4U3prAy7rRvIHMQ, en: TLA (Consultado: 15 de junio de 2023).

su ejército, ya que no le sacó la vista de encima a su enemigo, Apepi. Además, es un antecedente para la construcción que sigue a continuación (ver S2 § X). Aquí seguimos la propuesta de Habachi, entendiendo, tentativamente, que se buscó enfatizar que la expedición no había agotado a Kamose y que no había perdido de vista a su enemigo, Apepi.

S2 § X. Línea 26 (cont.) y 27

[27]

Transliteración: *snḏ.n=f n=j jw=j m ẖdj n ꜥḥꜣ.{ṯ}<t>=n n spr.t=j*[a)] *r=f mꜣ.n=f hh=j h(ꜣ)b.n=f*[b)] *šꜣꜥ-r kšj*{ }[det] [27] *r wẖꜣ nẖ=f*[c)]

snḏ.n: "temer, estar temeroso", VERBO *snḏ*, 3-lit. (TLA lema ID 138730), *sḏm.n=f* circunstancial.
f: "él, a él, suyo", PRONOMBRE PERSONAL, SUFIJO 3ra. Pers. Masc. Sg. (TLA lema ID 10050)
n: "a causa de" PREPOSICIÓN (TLA lema ID 78874)

j: “yo, mi, mío” PRONOMBRE PERSONAL, SUFIJO 1ra. Pers. Sg. Común (TLA lema ID 10030)
jw: auxiliar de enunciación, PARTÍCULA (TLA lema ID 851513)
j: “yo, mi, mío” PRONOMBRE PERSONAL, SUFIJO 1ra. Pers. Sg. Común (TLA lema ID 10030)
m: “en (con infinitivo)”, PREPOSICIÓN, (TLA lema ID 64369)
ḫdj: “viajar río abajo (viajar al norte)”, VERBO *ḫdj*, 3ae. *inf.* (TLA lema ID 122000), infinitivo.
n: PARTÍCULA DE NEGACIÓN (TLA lema ID 78890),
ꜥḥꜣ.{ṯ}<t>: “luchar”, VERBO *ꜥḥꜣ*, 3-lit. (TLA lema ID 39920), *n* + *sḏmt=f*
n: “nosotros, nuestro”, PRONOMBRE PERSONAL, SUFIJO 1ra. Pers. Pl. común (TLA lema ID 10070)
n: PARTÍCULA DE NEGACIÓN (TLA lema ID 78890)
spr.t: “arribar a, alcanzar”, VERBO *spr*, 3-lit. (TLA lema ID 132830), *n* + *sḏmt=f*.
j: “yo, mi, mío” PRONOMBRE PERSONAL, SUFIJO 1ra. Pers. Sg. Común (TLA lema ID 10030)
r: “a, hacia”, PREPOSICIÓN (TLA lema ID 91901)
f: “él, a él, suyo”, PRONOMBRE PERSONAL, SUFIJO 3ra. Pers. Masc. Sg. (TLA lema ID 10050)
mꜣ.n: “ver, mirar”, VERBO *mꜣꜣ*, 2ae. gem. (TLA lema ID 66270), *sḏm.n=f* circunstancial.
f: “él, a él, suyo”, PRONOMBRE PERSONAL, SUFIJO 3ra. Pers. Masc. Sg. (TLA lema ID 10050)
hh: “explosión, calor (de fuego)”, SUSTANTIVO Masc. (TLA lema ID 99260)
j: “yo, mi, mío” PRONOMBRE PERSONAL, SUFIJO 1ra. Pers. Sg. Común (TLA lema ID 10030)
h(ꜣ)b.n: “enviar”, VERBO *hꜣb*, 3-lit. (TLA lema ID 97580), “escribir (desde una carta)” (*Wb.* 2: 479), *sḏm.n=f* circunstancial.
f: “él, a él, suyo”, PRONOMBRE PERSONAL, SUFIJO 3ra. Pers. Masc. Sg. (TLA lema ID 10050)
šꜣꜥ-r: “de... a/hasta; hasta después de”, PREPOSICIÓN (TLA lema ID 151540)
kšj{𓈉}^{det}: “Kush”, TOPÓNIMO (TLA lema ID 163680)
r: “con el fin de, para”, PREPOSICIÓN + VERBO EN INFINITIVO a continuación (TLA lema ID 91909)
wḫꜣ: “buscar; tomar; desear”, VERBO *wḫꜣ*, 3-lit. (TLA lema ID 49120), infinitivo.
nḫ: “protección”, SUSTANTIVO Masc. (TLA lema ID 400968)
f: “él, a él, suyo”, PRONOMBRE PERSONAL, SUFIJO 3ra. Pers. Masc. Sg. (TLA lema ID 10050)

Traducción: **Él (ya) estaba temeroso de mí (cuando) yo (todavía) estaba navegando río abajo (hacia el norte), antes que nosotros lucháramos y antes que yo lo alcanzara. Él vio mi (aliento de) fuego y envió una carta hasta Kush [LUGAR-EXTRANJERO] [27] para buscar su protección.**

Comentarios:

a) *n ꜥḥꜣ.{ṯ}<t>=n n spr.t=j* construcciones *n* + *sḏmt.f* con el sentido de "antes que..."[128].

b) Kush recibe el habitual determinativo N25 ⌴⌴⌴, mientras que *h(ꜣ)b* puede recibir el significado de "enviar" y también "escribir (desde una carta)" (*Wb.* 2: 479).

c) Las traducciones coinciden en el sentido general del pasaje.

S2 § XI. Línea 27 (cont.) y 28

[28]

[128] AMEg, 309–10, 22.13.

Transliteración: *kfꜥ.n=j sj*[a)] *ḥr wꜣ.t n(n) dj=j spr=s ꜥḥꜥ.n dj=j jṯj.tw=s n=f ꜥnn.tj wꜣḥ sj ḥr jꜣb.t{j}t*{}[det b)] [28] *r tp-jh.w*{⊗}[det]

kfꜥ.n: "capturar", VERBO *kfꜥ*, 3-lit. (TLA lema ID 164220), *sḏm.n=f* circunstancial.
j: "yo, mi, mío" PRONOMBRE PERSONAL, SUFIJO 1ra. Pers. Sg. Común (TLA lema ID 10030)
sj: "ella; de/a ella; esa", PRONOMBRE PERSONAL, DEPENDIENTE, 3ra. Pers. Sg. Fem. (TLA lema ID 127770)
ḥr: "en, sobre, arriba", PREPOSICIÓN (TLA lema ID 400090)
wꜣ.t: "camino", SUSTANTIVO Fem. (TLA lema ID 42490)
n(n): PARTÍCULA DE NEGACIÓN (TLA lema ID 84550)
dj: "causar, permitir", VERBO *rdj,* irr. (TLA lema ID 550028), *sḏm=f* subjuntiva, prospectiva (negado)
j: "yo, mi, mío" PRONOMBRE PERSONAL, SUFIJO 1ra. Pers. Sg. Común (TLA lema ID 10030)
spr: "arribar a, alcanzar", VERBO *spr*, 3-lit. (TLA lema ID 132830), *sḏm=f* subjuntiva, prospectiva.
s: "ella, de ella" PRONOMBRE SUFIJO 3ra. Pers. Fem. Sg. (TLA lema ID 10090)
ꜥḥꜥ.n: AUXILIAR (TLA lema ID 40111), expresa secuencialidad en la narrativa[129].
dj: "causar, permitir", VERBO *rdj*, irr. (TLA lema ID 550028), *sḏm=f* subjuntiva, prospectiva.
j: "yo, mi, mío" PRONOMBRE PERSONAL, SUFIJO 1ra. Pers. Sg. Común (TLA lema ID 10030)
jṯj.tw: "tomar, conquistar, confiscar", VERBO *jṯj*, 3ae. *inf.* (TLA lema ID 33560), voz pasiva, equivalente del aoristo en activa[130].
s: "ella, de ella" PRONOMBRE SUFIJO 3ra. Pers. Fem. Sg. (TLA lema ID 10090)
n: "a, para, en [dativo]", PREPOSICIÓN (TLA lema ID 400055)
f: "él, a él, suyo", PRONOMBRE PERSONAL, SUFIJO 3ra. Pers. Masc. Sg. (TLA lema ID 10050)
ꜥnn.tj: "regresar, dar la vuelta", VERBO *ꜥnn*, 2ae. gem. (TLA lema ID 38040), pseudoparticipio.

[129] Winand, "Late Egyptian", en Wendrich, *UCLA Encyclopedia of Egyptology*, 14.
[130] Carlos Gracia Zamacona, *Manual de Egipcio Medio*, 2da. ed. (Oxford: Archaeopress, 2017), 64.

wꜣḥ: “poner; durar; sacrificar; dejar; dejar algo atrás; dejar regresar”, VERBO *wꜣḥ*, 3-lit. (TLA lema ID 43010), infinitivo.
sj: “ella; de/a ella; esa”, PRONOMBRE PERSONAL, DEPENDIENTE, 3ra. Pers. Sg. Fem. (TLA lema ID 127770)
ḥr: “en, sobre, arriba”, PREPOSICIÓN (TLA lema ID 400090)
jꜣb.t{j}t{𓈉}^{det}: “este (punto cardinal)”, SUSTANTIVO Fem. (TLA lema ID 20590)
r: “a, hacia”, PREPOSICIÓN (TLA lema ID 91901)
tp-jh.w{𓊖}^{det}: “Afroditópolis (Atfih)”, TOPÓNIMO (TLA lema ID 171000)

Traducción: **Yo la capturé en el camino y no permití que pudiera llegar, entonces hice que le fuera confiscada (y luego) devuelta; dejándola (en las tierras) al este [28] de Afroditópolis (Atfih) [LUGAR-EGIPCIO].**

Comentarios:

a) *kfꜥ.n=j sj* retoma la formulación de las líneas 18–19 (S2 §I) reemplazando al sustantivo femenino *wp(w).t* por el pronombre dependiente fem. sg. *sj*.

b) Si bien las traducciones comparten el sentido general del pasaje, hay ciertas variaciones con respecto a la traducción de *ḥr jꜣb.t{j}t*{𓈉}^{det} *r tp-jh.w*{𓊖}^{det} en este contexto: *jꜣb.tjt*{𓈉}^{det} con N25 𓈉 como determinativo se “refiere espacialmente a las tierras al este de Egipto, también en el sentido cósmico como la tierra del amanecer”[131]; *ḥr jꜣb.tjt*{𓈉}^{det} se traduce “las tierras al este de...” (*Wb.* 1: 31.8) y así lo tradujimos aquí[132]. Otros optaron por considerar que se trataba del desierto oriental[133]. *tp-jh.w*{𓊖}^{det} refiere al nomo XXII del Alto Egipto (Afroditópolis, Atfih), el más septentrional, ubicado a unos 90 kilómetros al sur de El Cairo.

[131] Cooper, *Toponymy on the Periphery*, 113.
[132] Así lo tradujeron, entre otros, Kaplony-Heckel, “Ägyptische historische Texte”, 532; Hofmann, *Die Königsnovelle*, 119; Serrano Delgado, *Textos para la historia antigua de Egipto*, 160.
[133] Ritner en Simpson, *Literature of Ancient Egypt*, 350; Spalinger, *The Books Behind the Masks*, 62.

S2 § XII. Líneas 28 (cont.) y 29

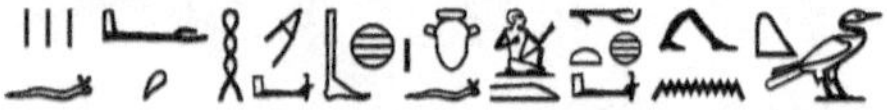

[29]

Transliteración: *ꜥq nḫt=j m jb=f ḫb(ꜣ) ḥꜥ.w=f sḏd n=f wp(w).t(j)=f nꜣ jrj.t.n=j r pꜣ w n(.j) jnp.wt{t}* {⊗}[det a)] *wn(.w) m* [29] *(j)ḫ.wt=f*[b)]

ꜥq: "entrar; tener entrada; hacer entrar a (alguien); poner (el sol)", VERBO *ꜥq*, 2-lit. (TLA lema ID 41180), *sḏm=f* indicativo.
nḫt: "fuerza, victoria", SUSTANTIVO Masc. (TLA lema ID 87620)

j: “yo, mi, mío” PRONOMBRE PERSONAL, SUFIJO 1ra. Pers. Sg. Común (TLA lema ID 10030)
m: “en, a, en, de (espacial)”, PREPOSICIÓN, (TLA lema ID 400007)
jb: “corazón, mente, deseo, carácter”, SUSTANTIVO Masc. (TLA lema ID 23290)
f: “él, a él, suyo”, PRONOMBRE PERSONAL, SUFIJO 3ra. Pers. Masc. Sg. (TLA lema ID 10050)
ḫb(ꜣ)(.w): “destruir, disminuir”, VERBO *ḫbꜣ*, 3-lit. (TLA lema ID 115490), participio perfecto pasivo.
ḥꜥw: “carne, extremidades, cuerpo”, SUSTANTIVO Masc. (TLA lema ID 101950)
f: “él, a él, suyo”, PRONOMBRE PERSONAL, SUFIJO 3ra. Pers. Masc. Sg. (TLA lema ID 10050)
sḏd: “contar, hablar”, VERBO *sḏd*, causativo 2-lit. (TLA lema ID 150940), indicativo.
n: “a, para, en [dativo]”, PREPOSICIÓN (TLA lema ID 400055)
f: “él, a él, suyo”, PRONOMBRE PERSONAL, SUFIJO 3ra. Pers. Masc. Sg. (TLA lema ID 10050)
wp(w).t(j): “mensajero”, SUSTANTIVO Masc. (TLA lema ID 45760)
f: “él, a él, suyo”, PRONOMBRE PERSONAL, SUFIJO 3ra. Pers. Masc. Sg. (TLA lema ID 10050)
nꜣ: “esto/esta-estos/estas”, PRONOMBRE DEMOSTRATIVO NEUTRO, “los, las”, ARTÍCULO DEFINIDO Pl. (TLA lema ID 79540)
jrj.t.n: “hacer, crear, actuar como”, VERBO *jrj*, 3ae. *inf.* (TLA lema ID 28550), forma relativa perfectiva
j: “yo, mi, mío” PRONOMBRE PERSONAL, SUFIJO 1ra. Pers. Sg. Común (TLA lema ID 10030)
r: “contra (alguien), (guardar) contra (algo), (lejos) de”, PREPOSICIÓN (TLA lema ID 91902)
pꜣ: “el”, PRONOMBRE DEMOSTRATIVO, ARTÍCULO DEFINIDO, Masc. Sg. (TLA lema ID 58770)
w: “distrito, región”, SUSTANTIVO Masc. (TLA lema ID 42350)
n(j): “perteneciente a, de”, PREPOSICIÓN (GENITIVO NISBE) (TLA lema ID 79800)
jnp.wt{t}{⊗}^{det}: “La-Ciudad-de-Anubis (Cinópolis, nomo XVII del Alto Egipto)”, TOPÓNIMO (TLA lema ID 400974)
wn(.w): “existir, convertirse”, VERBO *wnn*, 2ae. gem. (TLA lema ID 46050), participio perfectivo activo.
m: “en, a, en, de (espacial)”, PREPOSICIÓN, (TLA lema ID 400007)
(j)ḫ.wt: “cosas, bienes, ofrendas”, SUSTANTIVO Fem. Pl. (TLA lema ID 30750)

f: "él, a él, suyo", PRONOMBRE PERSONAL, SUFIJO 3ra. Pers. Masc. Sg. (TLA lema ID 10050)

Traducción: **Mi fuerza penetró en su corazón, y su cuerpo fue destruido (cuando) su mensajero le contó esto; lo que yo hice contra el nomo de Cinópolis (lit. "La-Ciudad-de-Anubis") [LUGAR-EGIPCIO] que (él) había convertido [29] en un bien suyo (lit.: "en sus pertenencias").**

Comentarios:

a) Mathieu prefiere la traducción *jnp.wt{t}*{⊗}^{det} como "La-Ciudad-de-Anubis" por sobre "el nomo cinopolitano", ya que si bien tal referencia geográfica se encontraba en el nomo XVII del Alto Egipto (Cinópolis), la nomenclatura responde a una época muy posterior a la de los acontecimientos[134]. Como ya señalamos, el principal núcleo urbano era Saka, y el nomo se ubicaba a unos 180 kilómetros al sur de la actual El Cairo. Aquí mantendremos, por cuestiones de coherencia interna de la traducción, "nomo de Cinópolis" brindando la traducción más literal entre paréntesis.

b) Como señala Spalinger, es remarcable que la dominación política sea de índole personal[135].

S2 § XIII. Línea 29 (cont.) y 30

[134] Mathieu, "Attaquer ou ne pas attaquer ?", 712.

[135] Spalinger, *The Books Behind the Masks*, 63 y n. 113; cf. también Flammini, "Building the Hyksos' Vassals: Some Thoughts on the Definition of the Hyksos Subordination Practices", 241.

[30]

Transliteración: *zb.n=j pḏ.t=j nḫt(.t)*[a] *n.t(j.t) ḥrtj<.tj> r ḫb(ꜣ) ḏsḏs*{⊔⊔}[det b)] *jw=j m sꜣkꜣ*{⊗}[det c)] *r tm rdj wn(.w) rq.w*[d] [30] *ḥꜣ=j*

zb.n: "ir, conducir, enviar, alcanzar", VERBO *zbj*, 3ae. *inf.* (TLA lema ID 131460), *sḏm.n=f* circunstancial.
j: "yo, mi, mío" PRONOMBRE PERSONAL, SUFIJO 1ra. Pers. Sg. Común (TLA lema ID 10030)
pḏ.t: "tropa (de soldados, arqueros)", SUSTANTIVO Fem. (TLA lema ID 63290)
j: "yo, mi, mío" PRONOMBRE PERSONAL, SUFIJO 1ra. Pers. Sg. Común (TLA lema ID 10030)
nḫt(.t): "fuerte, victorioso", ADJETIVO (TLA lema ID 400031)
n.t(j.t): "quien, el que", PRONOMBRE RELATIVO (TLA lema ID 89850)
ḥrtj.<tj>: "viajar por tierra", VERBO *ḥrtj*, 4ae. *inf.* (TLA lema ID 107720), pseudoparticipio.
r: "con el fin de", PREPOSICIÓN + infinitivo (TLA lema ID 91909)
ḫb(ꜣ): "destruir, disminuir", VERBO *ḫbꜣ*, 3-lit. (TLA lema ID 115490), infinitivo.
ḏsḏs{⊔⊔}[det]: "Bahariya", véase nota b) en este apartado.
jw: PARTÍCULA, convertidor circunstancial (TLA lema ID 851512)
j: "yo, mi, mío" PRONOMBRE PERSONAL, SUFIJO 1ra. Pers. Sg. Común (TLA lema ID 10030)
m: "en, a, en, de (espacial)", PREPOSICIÓN (TLA lema ID 400007)
sꜣkꜣ{⊗}[det]: "Saka", véase nota c) en este apartado (TLA lema ID 400970).

r: "con el fin de", PREPOSICIÓN + infinitivo (negado) (TLA lema ID 91909)
tm: "no ser (auxiliar)", VERBO DE NEGACIÓN tm (TLA lema ID 171990)
rdj: "causar, permitir", VERBO *rdj*, irr. (TLA lema ID 550028), infinitivo.
wn(.w): "existir, convertirse", VERBO *wnn*, 2ae. gem. (TLA lema ID 46050), participio perfectivo pasivo.
rq.w: "oponente, adversario", SUSTANTIVO Masc. (TLA lema ID 96330)
ḥꜣ: "detrás, alrededor", PREPOSICIÓN (TLA lema ID 100130)
j: "yo, mi, mío" PRONOMBRE PERSONAL, SUFIJO 1ra. Pers. Sg. Común (TLA lema ID 10030)

Traducción: **Envié mi victoriosa tropa de arqueros que ya estaba marchando (en el camino) con el fin de destruir (el oasis de) Bahariya [LUGAR-DESIERTO], (mientras) yo estaba en Saka [LUGAR-EGIPCIO] para prevenir (hostilidades del) adversario por [30] mi retaguardia.**

Comentarios:

a) La misma expresión se encuentra en TIC, 12[136].

b) El oasis de Bahariya, probablemente aún en la esfera de dominación de los hicsos. Aquí al determinativo N25 𓈉 le hemos otorgado el valor [LUGAR-DESIERTO], cf. Cap. 3, 3.5.

c) Saka, (El-Qes).

d) *rq.w* ("oponente; adversario", TLA lema ID 96330) refiere a un "enemigo político" y no a una amenaza externa, como señala Goedicke[137]. En este sentido, podría tratarse de jefes locales cooptados por Apepi que podrían atacar a Kamose por la retaguardia, en la recuperada localidad de Saka y alrededores. Además, al poseer el determinativo D54 𓂻, se da una clara indicación de que ese enemigo está en movimiento.

4.2.3. Tercera Sección

Entre las líneas 30 y 35 se narra el regreso triunfal de Kamose a Tebas, la alegría de sus habitantes al recibirlo, las ofrendas realizadas en el templo

---

136 HSSK, 42, n. k.
137 Goedicke, *Studies about Kamose and Ahmose*, 91.

de Amón y el reconocimiento que el dios le hace al gobernante victorioso. A ello siguen las directivas dadas al funcionario a cargo de la confección y erección de la estela en el templo de Karnak y la respuesta de este último al deseo del rey.

S3 § I. Línea 30 (cont.)

Transliteración: *ḫntj.n=j m wsr-jb jb 3w(.w) s{ʿḥʿ}k*[a)]*=j rq.w nb n.ty ḥr t3 w3.t*

ḫntj.n: "navegar río arriba (al sur)", VERBO *ḫntj*, 4ae. *inf.* (TLA lema ID 119140), *sḏm.n=f* circunstancial.
j: "yo, mi, mío" PRONOMBRE PERSONAL, SUFIJO 1ra. Pers. Sg. Común (TLA lema ID 10030)
m: "en (estado), como (camino); [modal]", PREPOSICIÓN + infinitivo (TLA lema ID 64362)
wsr-jb: "ser valiente", VERBO *wsr(-jb)* (TLA lema ID 49720), infinitivo.
jb: "corazón, mente, deseo, carácter", SUSTANTIVO Masc. (TLA lema ID 23290)
3w(.w): "estar ancho, estar alto, extender") con *jb*: "deleitar, ser feliz",VERBO *3wj*, 3ae. *inf.* (TLA lema ID 53), pseudoparticipio.
s{ʿḥʿ}k: "borrar, eliminar", VERBO *sk*, 2-lit. (TLA lema ID 146400), *sḏm=f* circunstancial.
j: "yo, mi, mío" PRONOMBRE PERSONAL, SUFIJO 1ra. Pers. Sg. Común (TLA lema ID 10030)
rq.w: "oponente, adversario", SUSTANTIVO Masc. (TLA lema ID 96330)

nb: "cada, todo", ADJETIVO (TLA lema ID 81660)
n.ty: "quien, el que", PRONOMBRE RELATIVO (TLA lema ID 89850)
ḥr: "en, sobre, arriba", PREPOSICIÓN (TLA lema ID 400090)
tꜣ: "la", PRONOMBRE DEMOSTRATIVO, ARTÍCULO DEFINIDO Fem. Sg. (TLA lema ID 168850)
wꜣ.t: "camino", SUSTANTIVO Fem. (TLA lema ID 42490)

Traducción: **Navegué río arriba confiado y con el corazón feliz, (puesto que) destruí a todo oponente que se encontraba en el camino.**

Comentarios:

a) Habachi señaló que el signo P6 es un error del escriba por V29 [138]. Las traducciones coinciden en la lectura de este pasaje.

S3 § II. Líneas 30 (cont.) y 31

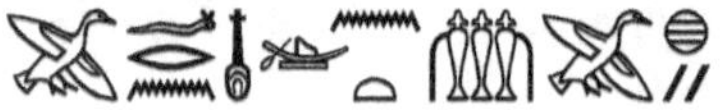

[31]

Transliteración: *ḫy pꜣ ḫntj nfr* [a)] *n pꜣ* [31] *ḥqꜣ*{} [det b)] *ꜥ.w.s. ḫr mšꜥ=f r-ḥꜣ.t=f*

ḫy: "¡Oh!", INTERJECCIÓN, (TLA lema ID 114510)

---

138 HSSK, 42, n. o.

pꜣ: "el", PRONOMBRE DEMOSTRATIVO, ARTÍCULO DEFINIDO, Masc. Sg. (TLA lema ID 58770)
ḫntj: "navegar río arriba (al sur)", VERBO *ḫntj*, 4ae. *inf.* (TLA lema ID 119140), infinitivo (sustantivo).
nfr: "ser bello, ser bueno, ser perfecto", VERBO-ADJETIVO (TLA lema ID 83470)
n: "a, para, en [dativo]", PREPOSICIÓN (TLA lema ID 400055)
pꜣ: "el", PRONOMBRE DEMOSTRATIVO, ARTÍCULO DEFINIDO, Masc. Sg. (TLA lema ID 58770)
ḥqꜣ{}^{det}: "gobernante", SUSTANTIVO Masc. (TLA lema ID 110360). Aquí traducimos "gobernante *[DEL ALTO EGIPTO]*".
ʿ.w.s.: "vivir; ser próspero y sano", abreviatura de *ʿnḫ, wḏꜣ, snb*, VERBO (TLA lema ID 550118)
ẖr: "bajo (ser algo) (llevar algo); (tener algo)", PREPOSICIÓN (TLA lema ID 851508)
mšʿ: "ejército, fuerza de trabajo", SUSTANTIVO Masc. (TLA lema ID 76300)
f: "él, a él, suyo", PRONOMBRE PERSONAL, SUFIJO 3ra. Pers. Masc. Sg. (TLA lema ID 10050)
r-ḥꜣ.t: "antes de (espacial, temporal); debido a", PREPOSICIÓN (TLA lema ID 500053)
f: "él, a él, suyo", PRONOMBRE PERSONAL, SUFIJO 3ra. Pers. Masc. Sg. (TLA lema ID 10050)

Traducción: **¡Qué hermoso (es) el navegar río arriba para el [31] gobernante *[DEL ALTO EGIPTO]* v.p.s. con su ejército a la vanguardia!**

Comentarios:

a) La idea de "navegar río arriba" como algo "hermoso" tiene que ver con "el regreso a casa", a Tebas.

b) Nótese que en referencia a Kamose, la palabra *ḥqꜣ* lleva como determinativo el signo A43 . El artículo definido también refuerza a idea de que es Kamose el legítimo *ḥqꜣ*. Las traducciones de los diferentes autores coinciden en este pasaje.

S3 § III. Líneas 31 (cont.) y 32

[32]

Transliteración: *nn nh.w*{ }^{det} *=sn n šnj z jr.j=f n rmj jb=sn*[a)] [*mnmn*]*=j r z3t.w njw.t trj* [32] <*n*(*.j*)> *3ẖ.t*

nn: "palabra negativa, sistemáticamente distinguida de *n*", PARTÍCULA (TLA lema ID 84550)
nh.w{ }^{det}: "pérdida, falta", SUSTANTIVO Masc. (TLA lema ID 85420)
sn: "ellos/as, a ellos/as, suyos/as", PRONOMBRE PERSONAL, SUFIJO 3ra. Pers. Pl. Común (TLA lema ID 10100)
n: PARTÍCULA DE NEGACIÓN (TLA lema ID 78890)
šnj: "pedir, investigar, mirar a través de, controlar, recitar, conversar, convocar", VERBO *šnj*, 3ae. *inf.* (TLA lema ID 854559), *sḏm=f* indicativa.
z: "hombre", SUSTANTIVO Masc. (TLA lema ID 125010)
jr.j: "compañero", SUSTANTIVO Masc. (TLA lema ID 28510)
f: "él, a él, suyo", PRONOMBRE PERSONAL, SUFIJO 3ra. Pers. Masc. Sg. (TLA lema ID 10050)
n: PARTÍCULA DE NEGACIÓN (TLA lema ID 78890)
rmj: "llorar", VERBO *rmj*, 3ae. *inf.* (TLA lema ID 94180), *sḏm=f* indicativa.
jb: "corazón, mente, deseo, carácter", SUSTANTIVO Masc. (TLA lema ID 23290)
sn: "ellos/as, a ellos/as, suyos/as", PRONOMBRE PERSONAL, SUFIJO 3ra. Pers. Pl. Común (TLA lema ID 10100)

[*mnmn*]: "moverse, cambiar", VERBO *mnmn*, 4-lit. (TLA lema ID 70710), *sḏm=f* indicativa.
j: "yo, mi, mío" PRONOMBRE PERSONAL, SUFIJO 1ra. Pers. Sg. Común (TLA lema ID 10030)
r: "a, hacia", PREPOSICIÓN (TLA lema ID 91901)
zꜣt.w: "suelo, piso, tierra", SUSTANTIVO Masc. (TLA lema ID 127650)
njw.t: "ciudad (=Tebas)", TOPÓNIMO *nꜥt* (TLA lema ID 80900)
trj: "tiempo, estación", SUSTANTIVO Masc. (TLA lema ID 172700)
ꜣḫ.t: "inundación", SUSTANTIVO Fem. (TLA lema ID 216)

Traducción: **No hubo pérdidas entre ellos, ningún hombre preguntó por su compañero y sus corazones no lloraron. Me dirigí hacia la tierra de la ciudad (Tebas) en la estación [32] de la inundación.**

Comentarios:

a) se suceden tres construcciones negadas, una primera construcción adverbial *nn nh.w=sn*; y a continuación dos construcciones adverbiales con predicado verbal *n šnj z jr.j=f; n rmj jb=sn*.

S3 § IV. Líneas 32 (cont.)

Transliteración: *jw ḥr nb ḥḏ tꜣ m rzfy mr.yt ꜥbꜥb.tj wꜣs.t*{}^{det} *m ḥ(ꜣ)b*

jw: PARTÍCULA, para marcar oraciones y formas verbales complejas (TLA lema ID 851515)
ḥr: "rostro, vista", SUSTANTIVO Masc. (TLA lema ID 107510)
nb: "cada, todo", ADJETIVO (TLA lema ID 81660)
ḥḏ: "ser blanco, ser brillante", VERBO-ADJETIVO *ḥḏ*, 2-lit. (TLA lema ID 112301).
tꜣ: "tierra (con referencia geopolítica), Egipto", SUSTANTIVO Masc. (TLA lema ID 400096)
m: "en (estado), como (camino); [modal]", PREPOSICIÓN (TLA lema ID 64362)
rzfy: "captura (de peces y aves), desorden", SUSTANTIVO Masc. *rzf* (TLA lema ID 96160), "afluencia" (FCD, 153), "abundancia"[139].
mr.yt: "orilla, muelle", SUSTANTIVO Fem. (TLA lema ID 72540)
ꜥbꜥb.tj: "aparecer, brillar", VERBO *ꜥbꜥb*, 4-lit. (TLA lema ID 36670), pseudoparticipio.
wꜣs.t{ }det: "distrito tebano (Waset, "La-Ciudad-del-Cetro", nomo IV del Alto Egipto)", TOPÓNIMO (TLA lema ID 400732)
m: "en (estado), como (camino); [modal]", PREPOSICIÓN (TLA lema ID 64362)
ḥ(ꜣ)b: "fiesta", SUSTANTIVO Masc. (TLA lema ID 103300)

Traducción: **Cada rostro estaba resplandeciente, la tierra en abundancia, la ribera radiante, el distrito tebano (eg. Waset) de fiesta.**

Comentarios:

Las diferencias en este párrafo devienen de traducir como "el distrito tebano" en referencia al nomo IV del Alto Egipto (traducción con la que coincidimos)[140] o directamente "Tebas". Sin embargo, como en K2 "Tebas" está referida como (K2, 31) "la ciudad", aquí preferimos traducir como "distrito tebano" para mantener la diferenciación existente en el texto.

S3 § V. Líneas 32 (cont.) y 33

[139] HSSK, 43, n. f.
[140] Cf. *Wb.* 1: 259.

[33]

Transliteración: *ḥm.wt ṯꜣ.ww jw.w(j) r mꜣ* [33] *n=j z.t nb.t ḥpt(.tj) sn.nw=s nn ḥr ẖr rm.yt* [a)]

ḥm.wt: "mujer, esposa", SUSTANTIVO Fem. Pl. (TLA lema ID 104730)
ṯꜣ.ww: "hombre, masculino", SUSTANTIVO Masc. Pl. (TLA lema ID 174240)
jw.w(j): "venir, regresar", VERBO *jwj*, irr. (TLA lema ID 21930), pseudoparticipio.
r: "con el fin de", PREPOSICIÓN + INFINITIVO (TLA lema ID 91909)
mꜣ: "ver, mirar", VERBO *mꜣꜣ*, 2ae. gem. (TLA lema ID 66270), infinitivo.
n: "a, para, en [dativo]", PREPOSICIÓN (TLA lema ID 400055)
j: "yo, mi, mío" PRONOMBRE PERSONAL, SUFIJO 1ra. Pers. Sg. Común (TLA lema ID 10030)
z.t: "mujer", SUSTANTIVO Fem. (TLA lema ID 125040)
nb.t: "cada, todo", ADJETIVO (TLA lema ID 81660)
ḥpt(.tj): "abrazar, incluir", VERBO *ḥpt*, 3-lit. (TLA lema ID 104230), pseudoparticipio.
sn.nw: "compañero", SUSTANTIVO Masc. (TLA lema ID 550359)
s: "ella, de ella" PRONOMBRE SUFIJO 3ra. Pers. Fem. Sg. (TLA lema ID 10090)
nn: "palabra negativa, sistemáticamente distinguida de *n*", PARTÍCULA (TLA lema ID 84550)
ḥr: "rostro, vista", SUSTANTIVO Masc. (TLA lema ID 107510)

ẖr: "bajo (ser algo) (llevar algo); (tener algo)", PREPOSICIÓN (TLA lema ID 851508)
rm.yt: "lágrimas", SUSTANTIVO Fem. (TLA lema ID 94200)

Traducción: **Mujeres y hombres vinieron a verme, [33] cada mujer abrazando a su compañero, ningún rostro en lágrimas.**

Comentarios:

a) *nn ḥr ẖr rm.yt,* construcción adverbial negada.

Las traducciones coinciden en este pasaje, con sutiles diferencias expresadas por sinónimos.

S3 § VI. Líneas 33 (cont.) y 34

[34]

Transliteración: *snṯr n [jmn]*[a] *r ẖnw-pr zp 2*[b] *r bw ḏd*[34]*.w jm šzp bw-nfr mj ḏ{ꜥ}<d>=f*[c] *p3 ḫpš*[d] *n z3 jmn ꜥ.w.s. nswt{ }*[det] *w3ḥ(.w) w3ḏ-ḫpr-rꜥ*[⊂⊃] *z3-rꜥ k3-ms-nḫt*[⊂⊃] *dj ꜥnḫ*

snṯr: "incensar, quemar incienso, purificar", VERBO causativo, 3-lit. (TLA lema ID 138650), infinitivo.
n: "a, para, en [dativo]", PREPOSICIÓN (TLA lema ID 400055)
[*jmn*]: "Amón", NOMBRE DE DEIDAD (TLA lema ID 26060)
r: "a, hacia", PREPOSICIÓN (TLA lema ID 91901)
ẖnw-pr: "interior del templo", SUSTANTIVO (TLA lema ID 123370)
zp: "vez, ocasión", SUSTANTIVO Masc. (TLA lema ID 132310)
2: "dos", NÚMERO CARDINAL, (TLA lema ID 850814)
r: "a, hacia", PREPOSICIÓN (TLA lema ID 91901)
bw: "lugar", SUSTANTIVO Masc. (TLA lema ID 55110)
ḏd.w: "comunicar, decir", VERBO *ḏd*, 2-lit. (TLA lema ID 185810), participio perfectivo activo.
jm: "allí", ADVERBIO (TLA lema ID 24640)
šzp: "recibir, tomar posesión", VERBO *šzp*, 3-lit. (TLA lema ID 157160), imperativo.
bw-nfr: "bueno/a; buenos/as", SUSTANTIVO (TLA lema ID 55220)
mj: "como si, si", PREPOSICIÓN (TLA lema ID 67830)
ḏ{ꜥ}<d>: "dar, poner, colocar", VERBO *rdj* (TLA lema ID 96700), *sḏm=f* circunstancial.
f: "él, a él, suyo", PRONOMBRE PERSONAL, SUFIJO 3ra. Pers. Masc. Sg. (TLA lema ID 10050)
p3: "el", PRONOMBRE DEMOSTRATIVO, ARTÍCULO DEFINIDO, Masc. Sg. (TLA lema ID 58770)
ḫpš: "arma en forma de hoz", SUSTANTIVO Masc. (TLA lema ID 116460)
n: "a, para, en [dativo]", PREPOSICIÓN (TLA lema ID 400055)
z3: "hijo", SUSTANTIVO Masc. (TLA lema ID 125510)
jmn: "Amón", NOMBRE DE DEIDAD (TLA lema ID 26060)

ʿ.w.s.: "(que él) viva, esté próspero y sano", abreviatura de *ʿnḫ, wḏꜣ, snb*, VERBO (TLA lema ID 550118)
nswt{ }^{det}: "rey, rey del Alto Egipto", SUSTANTIVO (TLA lema ID 88040)
wꜣḥ(.w): "poner, durar, sacrificar, dejar, dejar algo atrás, dejar regresar", VERBO *wꜣḥ*, 3-lit. (TLA lema ID 43010), participio perfectivo activo
wꜣḏ-ḫpr-rʿ[ ]: "*Wadj-kheper-ra*", NOMBRE DE REY (TLA lema ID 400727)
zꜣ-rʿ: "Hijo de Ra", EPÍTETO REAL, (TLA lema ID 126020)
kꜣ-ms-nḫt [ ]: "Kamose-el-fuerte/valiente", NOMBRE DE REY (TLA lema ID 400963)
dj: "dar, poner, colocar", VERBO *rdj*, irr. (TLA lema ID 96700), participio perfectivo pasivo.
ʿnḫ: "vida", SUSTANTIVO Masc. (TLA lema ID 38540)

Traducción: **"Purificación para [Amón] en el interior del templo"—dos veces—allí en el lugar donde es [34] dicho: "¡recibe cosas buenas!" (las ofrendas), como que él (el dios Amón) le entregó la espada curva al hijo de Amón (v.p.s.), el rey imperecedero *Wadj-kheper-ra*[CARTUCHO], el *Hijo de Ra*, Kamose-el-fuerte/valiente[CARTUCHO] dotado de vida,**

Comentarios:

a) El nombre del dios Amón fue primero eliminado—probablemente durante el interregno amarniano—y luego restaurado en tiempos posteriores, ello demuestra el largo lapso en que la estela estuvo exhibida en su lugar original dentro del templo. El determinativo A1 que aparece rudimentariamente grabado probablemente no se encontraba originalmente, e incluso se ha sugerido que podría haber sido el de dios (A40) o bien el término *nḫt* representado por el signo A24 en referencia a Amón, como se puede ver en la línea 10[141].

b) Se advierten variaciones en la traducción de la construcción *ẖnw-pr zp 2* por parte de los diferentes autores. Así, leemos el "santuario interno" (Wilson); el "lugar más sagrado" (Habachi, Kaplony-Heckel; Hofmann; Mathieu); o directamente "santuario" (Smith y Smith; Redford; Brose). En otras lecturas se especifica la repetición de la frase: "incienso para Amón en el santuario, incienso para Amón en el santuario" (Ritner, Spalinger); mientras que Serrano Delgado propuso tentativamente "en el interior del templo (?)". Goedicke, por

141 HSSK, 42, n. h; Smith y Smith, "Reconsideration of the Kamose Texts", 61, 65 y n. ee.

su parte, brindó una traducción disímil del resto: “quemaré intensivamente incienso para Amón quien es alabado en el centro mismo de su residencia”[142]. Aquí lo tradujimos como “en el interior del templo”.

c) O también, si se tiene en cuenta la distinción entre D37 𓂞 y D36 𓂝 que hizo el escriba, podría leerse *mj dj ꜥ=f* “como su brazo (el del dios) da”, lectura que sostuvo Goedicke[143]. Smith y Smith, siguiendo a Habachi, coincidieron en que la forma geminada *ḏd=f* en una oración regida por una preposición sería la lectura correcta, y es la que mantenemos aquí[144].

d) Se trata de la primera referencia registrada de este tipo de arma (espada curva, *khepesh)* como insignia regia (véase Cap. 3, n. 58). El dios se la había entregado a Kamose antes del inicio de las acciones, y a su regreso, Kamose se dirige al templo a realizar las ofrendas al dios en agradecimiento y veneración[145].

S3 § VII. Línea 35

[35]

[142] Wilson, “War against the Hyksos”, 555; HSSK, 42, 43 y nn. h, i; Kaplony-Heckel, “Ägyptische historische Texte”, 533; Hofmann, *Die Königsnovelle*, 120; Mathieu, “Attaquer ou ne pas attaquer ?”, 512, n. 55; Smith y Smith, “Reconsideration of the Kamose Texts”, 61; Redford, “Textual Sources for the Hyksos Period”, 15; Brose, https://thesaurus-linguae-aegyptiae.de/sentence/IBUBd24n2Z5He0LzvAZzSJiHbXY, en: TLA (Consultado: 15 de junio de 2023); Ritner en Simpson, *Literature of Ancient Egypt*, 350; Spalinger, *The Books Behind the Masks*, 65; Serrano Delgado, *Textos para la historia antigua de Egipto*, 160; Goedicke, *Studies about Kamose and Ahmose*, 93.

[143] Goedicke, *Studies about Kamose and Ahmose*, 96.

[144] Smith y Smith, “Reconsideration of the Kamose Texts”, 65, n. ff.

[145] HSSK, 43, n. j. Al respecto, Spalinger (*The Books Behind the Masks*, 66) señala que “el pasaje refleja indirectamente el ritual común asociado a la partida del rey, independientemente de su llegada de vuelta al templo de Amón. La incensación tuvo lugar mucho después de que Amón hubiera concedido, a través de un oráculo, la victoria a su hijo Kamose, entregándole así en un momento anterior el arma simbólica clave de la guerra”.

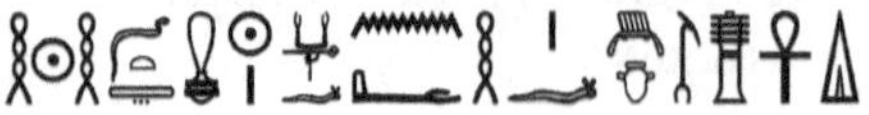

Transliteración: [35] *dꜣjr rsw sꜣsꜣ mḥ.tj jṯj pꜣ tꜣ m nḫt dj ꜥnḫ ḏd wꜣs ꜣw jb=f ḥnꜥ kꜣ=f mj rꜥ ḏ.t nḥḥ*

dꜣjr: "controlar, suprimir", VERBO *dꜣr*, 3-lit. (TLA lema ID 177740), participio imperfectivo activo.
rsw: "sur", SUSTANTIVO Masc. (TLA lema ID 96011)
sꜣsꜣ: "conducir de regreso; repeler", VERBO *sꜣsꜣ*, 4-lit. (TLA lema ID 127250), participio imperfectivo activo.
mḥ.tj: "norte", SUSTANTIVO Masc. (TLA lema ID 73561)
jṯj: "tomar, conquistar, confiscar", VERBO *jṯj*, 3ae. *inf.* (TLA lema ID 33560), participio imperfectivo activo.
pꜣ: "el", PRONOMBRE DEMOSTRATIVO, ARTÍCULO DEFINIDO, Masc. Sg. (TLA lema ID 58770)
tꜣ: "tierra (con referencia geopolítica), Egipto", SUSTANTIVO Masc. (TLA lema ID 400096)
m: "por medio de; a través de (instrumental)", PREPOSICIÓN (TLA lema ID 64364)
nḫt: "fuerza, victoria", SUSTANTIVO Masc. (TLA lema ID 87620)
dj: "dar, poner, colocar", VERBO *rdj*, irr. (TLA lema ID 96700), participio perfectivo pasivo.
ꜥnḫ: "vida", SUSTANTIVO Masc. (TLA lema ID 38540)
ḏd: "estabilidad, duración", SUSTANTIVO Masc. (TLA lema ID 400140)
wꜣs: "dominio, poder", SUSTANTIVO Masc. (TLA lema ID 43300)
ꜣw: "largo/a", ADJETIVO (TLA lema ID 400588)
jb: "corazón, mente, deseo, carácter", SUSTANTIVO Masc. (TLA lema ID 23290)
f: "él, a él, suyo", PRONOMBRE PERSONAL, SUFIJO 3ra. Pers. Masc. Sg. (TLA lema ID 10050)
ḥnꜥ: "junto con", PREPOSICIÓN (TLA lema ID 106200)

kꜣ: "ka, espíritu, esencia", SUSTANTIVO Masc. (TLA lema ID 162870)
f: "él, a él, suyo", PRONOMBRE PERSONAL, SUFIJO 3ra. Pers. Masc. Sg. (TLA lema ID 10050)
mj: "como, según como", PREPOSICIÓN (TLA lema ID 67820)
rꜥ: "Ra", NOMBRE DE DEIDAD (TLA lema ID 400015)
ḏ.t: "eternamente, como eternidad inmutable", ADVERBIO (TLA lema ID 181401)
nḥḥ: "eternamente, como eternidad cíclica", ADVERBIO (TLA lema ID 86580)

Traducción: **[35] el que controla el sur y derroca el norte, el que conquista esta tierra en victoria, a quien la vida, estabilidad y poder le han sido dados: su corazón (está) feliz junto con su *ka*, como Ra eternamente[146].**

Comentarios:

Las traducciones coinciden en este pasaje. Aquí finaliza el texto referido a las hazañas de Kamose. A continuación, se describe el encargo de la estela al *supervisor de las cosas selladas* User-Neshemet (Neshi).

4.2.4. Cuarta Sección

S4 § I. Líneas 36 y 37

[36]

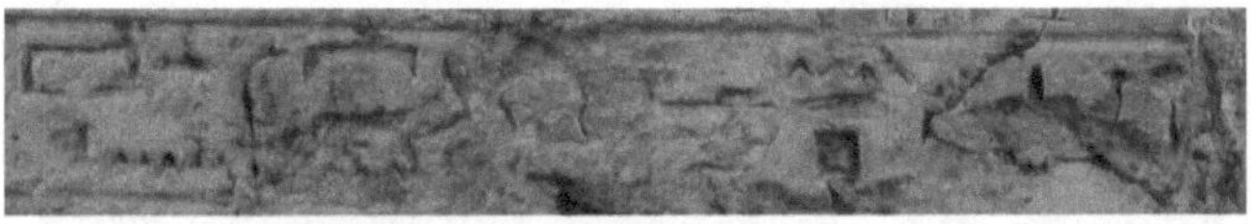

[146] El significado de *ḏt nḥḥ* podría comprenderse como "la eternidad absoluta". Sobre los conceptos *ḏt* y *nḥḥ* (la eternidad inmutable y la eternidad cíclica), véase AMEg 104, Essay 9.

[37]

Transliteración: [36] *w{ꜣ}ḏ* [*ḥm*]=*f n* (*j*)*r*(.*j*)-*pꜥ.t* [*ḥꜣ.tj-ꜥ*] *ḥr.j*-[*sštꜣ*]-*n-pr-nswt ḥr.j-tp-n-tꜣ-r-ḏr*=*f ḫtm.tj-bj.tj* [a)] *sbꜣ-tꜣ.wy-ḥꜣ*(*w*).*tj* [b)] (*j*)*m*(.*j*)-*r smr.w* [37] [*jm.j-r*] *ḫtm.t*(*j*) [c)] *wsr-nš*[*m.t?*][d)]

w{*ꜣ*}*ḏ*: "decreto", SUSTANTIVO Masc. (TLA lema ID 51980)
[*ḥm*]: "majestad (de un rey o dios)", SUSTANTIVO Masc. (TLA lema ID 104690)
f: "él, a él, suyo", PRONOMBRE PERSONAL, SUFIJO 3ra. Pers. Masc. Sg. (TLA lema ID 10050)
n: "a, para, en [dativo]", PREPOSICIÓN (TLA lema ID 400055)
(*j*)*r*(.*j*)-*pꜥ.t*: "miembro de la élite, príncipe heredero, hombre de la nobleza", TÍTULO (TLA lema ID 94060)
[*ḥꜣ.tj-ꜥ*]: "líder de acción", TÍTULO (TLA lema ID 100520)
ḥr.j-[*sštꜣ*]-*n-pr-nswt*: "guardián de los asuntos privados del palacio", TÍTULO (TLA lema ID 400971)
ḥr.j-tp-n-tꜣ-r-ḏr=*f*: "jefe de la tierra entera", TÍTULO (TLA lema ID 851279)
ḫtm.tj-bj.tj: "portador del sello del rey (gobernante)", TÍTULO (TLA lema ID 400193)
sbꜣ-tꜣ.wy-ḥꜣ(*w*).*tj*: "primer conductor/líder (?) de las Dos Tierras", TÍTULO (TLA lema ID 400972)
(*j*)*m*(.*j*)-*r smr.w*: "supervisor de los amigos [del rey]", TÍTULO (TLA lema ID 400973)

[jm.j-r] ḫtm.t(j): "supervisor de las cosas selladas", TÍTULO (TLA lema ID 400044)
wsr-nš[m.t?]: "User-Neshemet" (?), NOMBRE DE PERSONA (TLA lema ID 711748)

Traducción: **[36] [Decreto de su Majestad] para el miembro de la élite, líder de acción, guardián [de los asuntos privados] del palacio; jefe de la tierra entera; portador del sello del rey (gobernante); primer conductor/líder (?) de las Dos Tierras; supervisor de los amigos [del rey], [37] el supervisor de las cosas selladas User-Neshemet (?):**

Comentarios:

a) En esta sección el texto brinda los títulos del funcionario: *(j)r(.j)-pꜥ.t*, "miembro de la élite" (TLA lema ID 94060)[147]; *ḥꜣtj-ꜥ*, "líder de acción" (TLA lema ID 100520)[148]. Aquí seguimos, para este último título, la propuesta de Grajetzki al traducirlo como "líder de acción" ("foremost of action"), ya que es un título de rango; si lo fuera de función, aparecería antepuesto al nombre de la persona, y en ese caso convendría traducirlo como "administrador local"[149]. El título de *ḥr.j-sštꜣ-n-pr-nswt*, "guardián de los secretos del palacio" o "aquel que posee autoridad sobre los secretos del palacio" (TLA lema ID 400971)[150] está documentado desde la dinastía III. El término *sštꜣ* se vincula con un conocimiento iniciático protegido que es común a las esferas religiosa y profesional, como señala Loprieno[151]. Aquí, el término está escrito con el signo E15 —el perro (o chacal) recostado—que remite a una escritura críptica del mismo. Suele estar acompañado de un genitivo descriptivo, como en este caso, y se traduce como "secreto"[152]. El término *ḥr.j*[153], posee el significado de "quien está por sobre", "el que tiene autoridad sobre", que puede ser asimilado a "guardián". Así, *ḥr.j-sštꜣ* podría ser traducido como "guardián de los secretos" o "aquel que tiene autoridad sobre los secretos", en este caso "del palacio", con lo cual, posiblemente, remita a un vínculo estrecho entre el rey y este funcionario de alto rango. El

[147] *Wb.* 2: 415.15—416.6; IAET n° 1157.
[148] *Wb.* 3: 25.7—26.2; IAET n° 1858.
[149] Wolfram Grajetzki, *Court Officials of the Egyptian Middle Kingdom* (London: Duckworth, 2009), 5.
[150] IEAT n° 2274.
[151] Antonio Loprieno, *La pensée et l'écriture* (Paris: Cybele, 2001), 16.
[152] *Wb.* 4: 298—299; FCD, 248.
[153] *Wb.* 3: 193; FCD, 174.

título *ḥr.j-tp-n-tꜣ-r-ḏr=f*, "jefe de la tierra entera", podría expresar alguna forma de autoridad territorial de un funcionario muy cercano al rey (TLA lema ID 851279)[154]. A continuación, aparece *ḫtm.tj-bj.tj*, "portador del sello del rey (gobernante)". Para Stephen Quirke el título no tiene carácter de rango sino de función, al menos durante el Reino Medio (TLA lema ID 400193)[155]. La escritura con el signo S3 𓋔 es útil para su datación en el Segundo Periodo Intermedio como señala Grajetzki[156], cuando este título también comienza a ser adoptado por una mayor cantidad de individuos, lo cual es indicativo de los cambios que se observan en la administración en todos sus niveles[157].

b) *sbꜣ-tꜣ.wy-ḥꜣ(w).tj*, "primer conductor/líder [?] de las Dos Tierras" (TLA lema ID 400972). Éste es el título que más dificultades presenta, tanto por la falta de otras evidencias como por la amplia variedad de significados que posee el signo N14 ★ que puede leerse como *dwꜣ*[158], pero también como *sbꜣ*[159]. Estos problemas obviamente se visualizan en las diferentes traducciones. Así, Habachi leyó *sbꜣ tꜣwy ḥꜣwty* y optó por traducir "el conductor de las Dos Tierras y el líder"; Smith y Smith lo tradujeron como "el alumno de las Dos Tierras", considerando *sbꜣ* como "alumno"[160], posiblemente en referencia a los títulos datados en el Reino Medio con este significado, como *sbꜣ(w) ḥr nb ꜥḥ*, "alumno de Horus, señor del palacio", o bien *sbꜣ(w) ḥr ḫnty pt,* var. *sbꜣw ḥr m ḫnty pt,* "alumno de Horus que preside el cielo"[161]; Kaplony-Heckel tradujo "el primer conductor/timonel de los Dos Países", y Hofmann "el jefe de los Dos Países"[162]. Por su parte, Redford lo tradujo tomando en cuenta el título precedente *ḫtmt(j)-bjtj*, y los ligó de la siguiente manera: "el portador del sello del rey del Bajo Egipto de [?] 'Estrella-de-las-Dos-Tierras'", basándose en que el título de "portador del sello" estaba

---

154 Moreno García, "The Territorial Administration of the Kingdom in the Third Millennium BC", en Moreno García, *Ancient Egyptian Administration*, 144, n. 203. Cf. IETMK n° 1084.

155 Stephen Quirke, "The Regular Titles of the Late Middle Kingdom", *RdE* 37 (1986): 123. Cf. *Wb.* 5: 638.12–14; *Varia Nova*, 50; IAET n° 2275.

156 Grajetzki, *Court Officials of the Egyptian Middle Kingdom*, 12.

157 Grajetzki, "Notes on Administration in the Second Intermediate Period", en Marée, *Second Intermediate Period*, 309.

158 *Wb.* 5: 426.

159 *Wb.* 4: 82–83.

160 FCD 219.

161 *Varia Nova*, 32–33, n° 1283a y 1283b; también puede ser traducido como "instructor", como en *sbꜣ n pr-ꜥnḫ*, "instructor de la Casa de Vida"; cf. IETMK n° 1282.

162 HSSK, 44, n. b; Smith y Smith, "Reconsideration of the Kamose Texts", 62; Kaplony-Heckel, "Ägyptische historische Texte", 533; Hofmann, *Die Königsnovelle*, 120.

atestiguado para funcionarios vinculados con barcos y expediciones, e interpretando 'Estrella-de-las-Dos-Tierras' como el nombre de una barca[163]. Sin embargo, esta propuesta no suele ser la adoptada por la mayor parte de quienes también tradujeron el texto. Consideramos relevante destacar que la expresión se encuentra inscrita en una estatua dedicada a Seth, el señor de Avaris, por el gobernante Nehesy (dinastía XIV) y que luego fuera usurpada por Merenptah[164]. En la parte delantera, del lado izquierdo, puede leerse: *nṯr nfr sbꜣ tꜣwy [zꜣ?] rꜥ*, "el buen dios, ¿conductor? ¿líder? de las Dos Tierras, ¿hijo de? Ra"[165]. El problema aquí para datar esta inscripción subyace en la superposición de escrituras más antiguas con otras más recientes. Aquí pareciera constituir un epíteto. En cuanto al término *ḥꜣ(w).tj*[166], puede traducirse como "primero" o "el primer..." en tanto adjetivo *nisbe*. Habachi lo considera "un epíteto descriptivo de hombres vinculados al ejército" y califica a User-Neshemet (Neshi) como un posible "funcionario de enlace" ("office de liaison")[167]. También se traduce el título completo como "líder maestro de las Dos Tierras"[168].

c) *(j)m(.j)-r smrw*, "supervisor de los amigos [del rey]" (TLA lema ID 400973)[169] e *jm.j-r ḫtm.tj*, "supervisor de las cosas selladas" (TLA lema ID 400044)[170]. Éste último es el título de función del funcionario. Como ya se señaló, con éste también se le identifica en la inscripción ubicada del lado derecho de la imagen tallada en la estela. Prefiero seguir las razones planteadas por Grajetzki para optar por la traducción "supervisor de las cosas selladas" sobre la habitual de "tesorero jefe", con el fin de evitar posibles confusiones con la palabra "tesoro" (*pr ḥḏ*)[171]. Sobre el título, Vernus señaló su operatividad en diferentes niveles de la administración—a nivel tanto local, como regional y central—con

---

163 Redford, "Textual Sources for the Hyksos Period", 15 y 30–31, n. 159.

164 Ludwig Borchardt, *Statuen und Statuetten von Königen und Privatleuten im Museum von Kairo, Nr. 1–1294.* (Berlin: Reichsdruckerei, 1925), Teil 2, 88, n° 538; Helck, *Historisch-Biographische Texte der 2. Zwischenzeit und Neue Texte der 18. Dynastie*, 48, n° 66.

165 Borchardt, *Statuen und Statuetten von Königen und Privatleuten im Museum von Kairo, Nr. 1–1294.*, 88, n° 538.

166 *Wb.* 3: 28.

167 HSSK, 44, n. b.

168 *Persons and Names of the Middle Kingdom* Database (https://pnm.uni-mainz.de/title/1024. Consultado: 6 de enero de 2023).

169 IEART n° 848.

170 *Wb.* 5: 639.2; IETMK n° 367.

171 Grajetzki, "Setting a State anew", en Moreno García, *Ancient Egyptian Administration*, 238, n. 132. Cf. también Quirke, *Titles and Bureaux of Egypt, 1850–1700 BC*, Egyptology 1 (London: Golden House Publications, 2004), 48–49.

lo cual, para determinar la posición del sujeto dentro de la estructura administrativa, se vuelve pertinente ponderar los demás títulos que posee. En nuestro caso, es indudable que este individuo ejerció una de las más altas posiciones en la administración de Tebas y su área de influencia durante el reinado de Kamose[172], prueba de lo cual es que este último le haya confiado la realización de la estela, y que fuera autorizado a tallar en ella su propia imagen. De este modo, aparece escrito en la línea 37; mientras que, en la columna junto al nombre, aparece en la variante .

d) La reconstrucción del nombre del funcionario también ha sido (y continúa siendo) motivo de discrepancia. Helck propuso leer *nš3* en el texto, y en la columna *nšj*[173]. Habachi consideró que el término *wsr* ("fuerte")[174] vinculaba al funcionario con actividades militares[175]. Sin embargo, Fischer, basándose en evidencias contenidas en documentos de la dinastía XIII, propuso leer *wsr-nšm(t)*, considerando el término *wsr* como parte del nombre y sosteniendo que la forma *nšj* (Neshi) que aparece en la columna—y no atestiguada en otros documentos—sería un diminutivo[176]. Aquí adoptamos este punto de vista, también considerado por Redford y Spalinger[177].

S4 § II. Línea 37 (cont.) y 38

[172] Pascal Vernus, "Observations sur le titre *Imy-r3 ḫtmt* 'Directeur Du Trésor'", en *Grund und Boden in Altägypten: (Rechtliche und Sozio-Ökonomische Verhältnisse), Akten des Internationalen Symposions, Tübingen 18.-20. Juni 1990*, ed. Schafik Allam, *URAAe* 2 (Tübingen: Selbstverlag des Herausgebers, 1994), 259; Grajetzki, *Court Officials of the Egyptian Middle Kingdom*, 46; Shirley, "Crisis and Restructuring of the State", en Moreno García, *Ancient Egyptian Administration*, 552.
[173] Helck, *Historisch-Biographische Texte der 2. Zwischenzeit und neue Texte der 18. Dynastie*, 97.
[174] *Wb.* 1: 360.
[175] HSSK, 44, n. e.
[176] Henry G. Fischer, "Marginalia", *GM* 122 (1991): 29.
[177] Redford, "Textual Sources for the Hyksos Period", 15, 31, n. 160; Spalinger, *The Books Behind the Masks*, 39, n. 38.

[38]

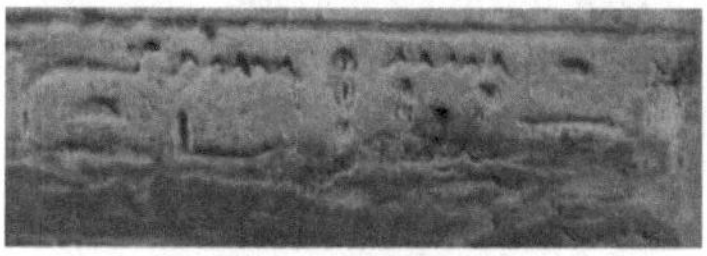

Transliteración: *jmj jr=tw jrj.t.n nb.t ḥm=j m nḫt ḥr wḏ ḥtp s.t=f m jp.t-s.(w)t{* *}*^{det} *m* [38] [*w3s.t{* *}*^{det}] *n* [*nḥḥ*] *ḥnꜥ ḏ.t*

jmj: "causar, permitir", VERBO *rdj*, irr. (TLA lema ID 851706), imperativo.
jrj=tw: "hacer, crear, actuar como", VERBO *jrj,* 3ae. *inf.* (TLA lema ID 28550), *sḏm=f* subjuntiva, prospectiva.
jrj.t.n: "hacer, crear, actuar como", VERBO *jrj,* 3ae. *inf.* (TLA lema ID 28550), forma relativa perfectiva.
nbt: "cada, todo", ADJETIVO (TLA lema ID 81660)
ḥm: "majestad (de un rey o dios)", SUSTANTIVO Masc. (TLA lema ID 104690)
j: "yo, mi, mío" PRONOMBRE PERSONAL, SUFIJO 1ra. Pers. Sg. Común (TLA lema ID 10030)
m: "en (estado), como (camino); [modal]", PREPOSICIÓN (TLA lema ID 64362)
nḫt: "fuerza, victoria", SUSTANTIVO Masc. (TLA lema ID 87620)
ḥr: "en, sobre, arriba", PREPOSICIÓN (TLA lema ID 400090)
wḏ: "estela", SUSTANTIVO Masc. (TLA lema ID 51990)
ḥtp: "estar feliz, estar contento, descansar, estar satisfecho", VERBO *ḥtp*, 3-lit. (TLA lema ID 111230), forma relativa perfectiva.

st: "lugar, posición (rango)", SUSTANTIVO Fem. (TLA lema ID 125100)
f: "él, a él, suyo", PRONOMBRE PERSONAL, SUFIJO 3ra. Pers. Masc. Sg. (TLA lema ID 10050)
m: "en; a; en; de (espacial)", PREPOSICIÓN (TLA lema ID 400007)
jp.t-s.(w)t{⊏⊐}^{det}: "el más sagrado de los lugares (el templo de Karnak)", TOPÓNIMO (TLA lema ID 24240)
m: "en, a, en, de (espacial)", PREPOSICIÓN (TLA lema ID 400007)
[*w3s.t*{▦}^{det}]: "distrito tebano" (Waset,"La-Ciudad-del-Cetro", nomo IV del Alto Egipto)", TOPÓNIMO (TLA lema ID 400732)
n: "a, para, en [dativo]", PREPOSICIÓN (TLA lema ID 400055)
[*nḥḥ*]: "eternidad, eternidad cíclica", SUSTANTIVO Masc. (TLA lema ID 86570)
ḥnꜥ: "y (coordinación de sustantivo/-formas), así como (conjunción), más lejos, y (coordinación de verbos)", PREPOSICIÓN (TLA lema ID 550300)
ḏ.t: "eternidad, eternidad inmutable", SUSTANTIVO Fem. (TLA lema ID 181400)

Traducción: **"Haz que todo lo que mi majestad ha hecho en victoria sea colocado en una estela, que descansará en el templo de Karnak (lit.: "el más sagrado de los lugares"), en [38] el distrito tebano, por toda la eternidad".**

Comentarios:

Este párrafo no presenta mayores dificultades para su traducción, y los autores coinciden en el sentido general que posee.

S4 § III. Línea 38 (cont.)

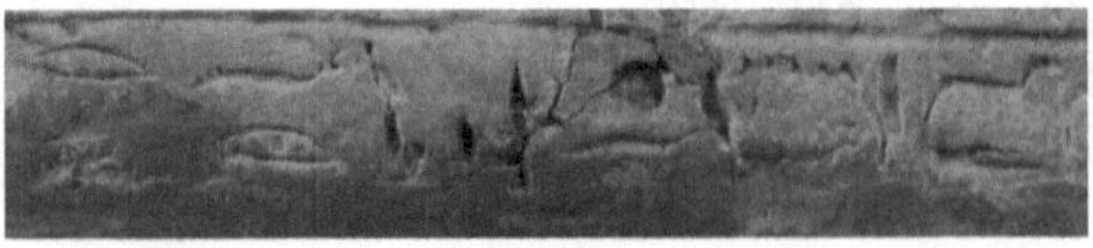

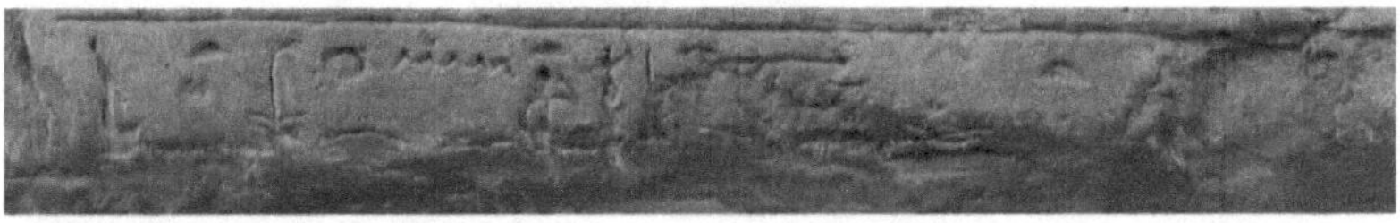

[Fin del texto]

Transliteración: *ḏd.jn=f ḫft ḥm=f jrr=*[*j*] [*ḫft*] [*wḏ*].*t*[*w*] [*n?*][*=j?*] *nb.t* [*r*] [*ḥz*].*t n*(.*j*)[.*t*] *ḫr nswt*

ḏd.jn: "comunicar, decir", VERBO *ḏd*, 2-lit. (TLA lema ID 185810), *sḏm.jn=f*
f: "él, a él, suyo", PRONOMBRE PERSONAL, SUFIJO 3ra. Pers. Masc. Sg. (TLA lema ID 10050)
ḫft: "enfrente de (alguien)", PREPOSICIÓN (TLA lema ID 116760)
ḥm: "majestad (de un rey o dios)", SUSTANTIVO Masc. (TLA lema ID 104690)
f: "él, a él, suyo", PRONOMBRE PERSONAL, SUFIJO 3ra. Pers. Masc. Sg. (TLA lema ID 10050)
jrr: "hacer, crear, actuar como", VERBO *jrj*, 3ae. *inf.* (TLA lema ID 28550), forma relativa imperfectiva.
[*j*]: "yo, mi, mío" PRONOMBRE PERSONAL, SUFIJO 1ra. Pers. Sg. Común (TLA lema ID 10030)
[*ḫft*]: "de acuerdo con (una orden)", PREPOSICIÓN (TLA lema ID 400127)
[*wḏ*].*t*[*w*]: "mandar, comprometerse", VERBO *wḏ*, 2-lit. (TLA lema ID 51970), *sḏm.tw=f*.
[*n?*]: "a, para, en [dativo]", PREPOSICIÓN (TLA lema ID 400055)
[*j?*]: "yo, mi, mío" PRONOMBRE PERSONAL, SUFIJO 1ra. Pers. Sg. Común (TLA lema ID 10030)
nbt: "cada, todo", ADJETIVO (TLA lema ID 81660)
[*r*]: "con el fin de", PREPOSICIÓN (TLA lema ID 91909)
[*ḥz*].*t*: "favor, elogio", SUSTANTIVO Fem. (TLA lema ID 109800)
n(.*j*)[.*t*]: "perteneciente a, de", PREPOSICIÓN (GENITIVO NISBE) (TLA lema ID 79800)
ḫr-nswt: "otorgado por el rey (favores, regalos)", SUSTANTIVO (TLA lema ID 850945)

Traducción: **(Entonces) él dijo, delante de su majestad: "[yo] actuaré [de acuerdo con] todo [lo que me fuera ordenado] [con el fin de ¿obtener?] [el favor] del rey".**

Comentarios:

La última línea está severamente dañada y no ha sido sencillo reconstruir este pasaje. Sin embargo, se efectuaron diversas propuestas a lo largo del tiempo. Así, Wilson propuso "Actuaré [de acuerdo con] aquello que [mi] señor [me ha ordenado]. Favores de la presencia del rey [fueron decretados]", sugiriendo, siguiendo lo propuesto por Posener, que el grabado de la figura del funcionario tendría que ver con el favor al que refiere el texto[178]. Por su parte, Habachi reconstruyó, en una línea semejante: *ỉrr.(ỉ ḫtf) w(ḏ) tw.n.(n.ỉ) nb(t) wḏ ḥst nt ẖr nswt*, "Actuaré de acuerdo con todo lo que es ordenado, y favores del rey serán otorgados" mientras que Smith y Smith, propusieron: *ỉrr.ỉ ḫft wḏ ỉt.ỉ nb.ỉ wꜣḥ ḥst(ỉ) nt ḫr-nsw*, "Es de acuerdo con la orden de mi padre, mi señor, que yo actúo, para que mi favor pueda florecer delante del rey"[179]. Por su parte, Helck reconstruyó: *jrr=j [wp] wt nb[.t] ḥs.t=j nt ḫr-nswt*, "Haré ejecutar cada trabajo para satisfacción del rey"[180]; Goedicke "¡Yo llevaré a cabo cada tarea de acuerdo con la alabanza de uno-con-el-Rey!", y Redford "Llevaré a cabo todo el encargo para satisfacción del rey"[181]. Kaplony-Heckel propuso una traducción parecida: "Haré cada tarea para que me alaben ante el rey" y Hofmann: "Actuaré de acuerdo con todo lo que se me ha ordenado para ser alabado ante el rey"[182]. Por su parte, Vernus propuso, de modo muy cauteloso, restituir *jr…t…nb…* como *ỉr R[ꜥ wḏ]t[.k] nb[t]*, "¡Que Ra haga todo lo que tú pidas!", pero reconociendo que no le satisfacía el modo de vincular esta restitución con la construcción siguiente: *ḥst nt ḫr nsw*[183]. M. Brose propuso leer: *jrr = [j] [ḫft] [wḏ].t [n?] = [j?] nb[.t] [r] [ḥsw,t] n(,j).t ḫr-nswt*, "Actuaré de acuerdo con todo

[178] Wilson, "War against the Hyksos", 555, n. 22.

[179] HSSK, 44, n. e; Smith y Smith, "Reconsideration of the Kamose Texts", 66, n. gg.

[180] Helck, *Historisch-Biographische Texte der 2. Zwischenzeit und neue Texte der 18. Dynastie*, 97.

[181] Goedicke, *Studies about Kamose and Ahmose*, 98; Redford, "Textual Sources for the Hyksos Period", 15.

[182] Kaplony-Heckel, "Ägyptische historische Texte", 534; Hofmann, *Die Königsnovelle*, 120.

[183] Pascal Vernus, "La stèle du pharaon *Mntw-ḥtpi* à Karnak: un nouveau témoignage sur la situation politique et militaire au début de la D.P.I. (Planches 6–7)", *RdE* 40 (1989): 154.

lo que me habían ordenado, a favor del rey"[184]. Recientemente, Mathieu presentó la siguiente reconstrucción: *jr = j [ḫft wḏ]w.t [~n n = j] nb[= j w3ḥ] ḥs(w).t(= j) ḫr n(y).t-sw.t,* "Voy a actuar [de acuerdo con lo que me ha orden]ado [mi] señor, para que perdure mi favor junto al rey"[185] mientras que Spalinger y Serrano Delgado no incluyeron el epílogo en sus traducciones[186].

4.2.5. Figura y texto en columna

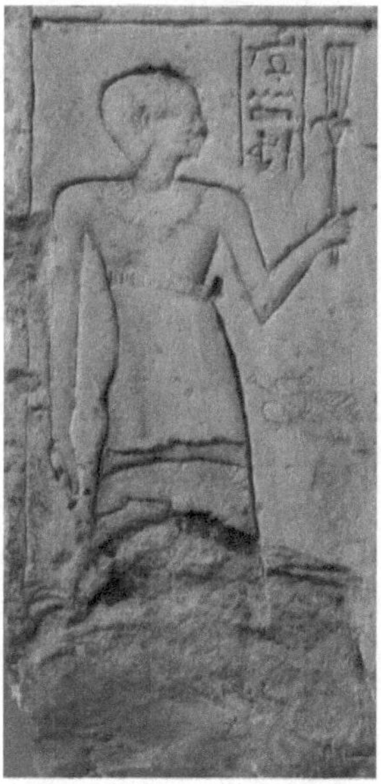

Texto:

Transliteración: *jm.j-r ḫtm.t(j) nšj*

[184] https://thesaurus-linguae- aegyptiae.de/sentence/ IBUBdweGN8TNx09yi06PJNbUNpg, en: TLA (Consultado: 15 de julio de 2023).
[185] Mathieu, "Attaquer ou ne pas attaquer ?", 713, n. 59.
[186] Serrano Delgado, *Textos para la historia antigua de Egipto*, 161; Spalinger, *The Books Behind the Masks*, 66, n. 122.

jm.j-r ḫtmt(j): "supervisor de las cosas selladas", TÍTULO (TLA lema ID 400044)
nšj: "Neshi", NOMBRE DE PERSONA (TLA lema ID 703946), ¿diminutivo de User-Neshemet?

Traducción: **El *supervisor de las cosas selladas*, Neshi.**

Comentarios:

El funcionario aparece en la imagen de pie, orientado en dirección al texto, sosteniendo un abanico ceremonial en la mano izquierda que queda ubicado entre la columna donde figuran su título y su nombre, y las líneas de texto. Posee una peluca, un gran collar sobre el pecho y una falda que, partiendo desde algo arriba de la cintura, alcanza las pantorrillas, probablemente asegurada con un cinto *sash*. El vientre prominente también es un rasgo que muestra su alto posicionamiento jerárquico. La figura sigue las líneas rígidas habituales evidenciadas en las representaciones del Reino Medio y el Segundo Periodo Intermedio, y que tendieron a hacerse más curvas y amplias durante el Reino Nuevo. Ahora bien, aunque escasa, cierta evidencia muestra que los gobernantes de la Tebas del Segundo Periodo Intermedio, predecesores de Kamose, no eran ajenos a la práctica de encargarle a un funcionario de alto rango estelas conmemorativas destinadas al templo de Karnak, como lo señaló Pascal Vernus basándose en el estudio de los fragmentos de dos estelas halladas en dicho templo, que además de contener el nombre del funcionario poseían fórmulas semejantes a las que se aprecian en K2[187]. En cuanto a la inclusión de la figura del funcionario en la estela, hemos propuesto que remite a un evento en el cual el funcionario y el rey (aquí representado de forma nominativa) están involucrados, y es el texto en sí el que proporciona las claves para entenderlo (Fig. 5). En el texto se narra el momento en que el rey emite la orden de crear la estela que se levantará en Karnak, orden que el funcionario acepta. La imagen del funcionario que porta en su mano un abanico ceremonial en dirección al protocolo real podría, hipotéticamente, representar ese momento. A pesar de no poseer evidencias contemporáneas para esta escena—aunque sí posteriores—es probable que haya una interacción directa entre la representación del funcionario y la narrativa[188].

---

[187] Vernus, "La stèle du pharaon *Mntw-ḥtpi* à Karnak", 152–53.
[188] Sobre este tema *in extenso*, cf. Roxana Flammini, "La representación del "supervisor de las cosas selladas" Neshi en la Segunda Estela de Kamose (K2)", *EAA* 57.1 (2022): 125–50.

Fig. 5: Imagen de User-Neshemet (Neshi) frente al protocolo real de Kamose, cara frontal de K2.

5.
Evidencia de prácticas sociales en K2: *Damnatio memoriae* y grafitis

Durante el prolongado lapso en que el monumento estuvo expuesto en el templo de Amón, recibió la impronta de diversas prácticas sociales, entendidas éstas como acciones individuales o conjuntas que refieren a un determinado contexto sociohistórico[1]. En particular, la estela presenta el registro de dos tipos de prácticas, ambas intervinientes de la superficie y en directa conexión con lo que representaba el monumento o su contenido.

En primer lugar, nos referiremos a una forma de *vilificación* conocida como *damnatio memoriae* ("condena de la memoria"). Se trata de una práctica extendida en el tiempo y el espacio, donde a través del borrado del nombre o de la representación del sujeto se lograba de modo efectivo su eliminación. En el caso particular del antiguo Egipto, tal práctica implicaba que quien fuera objeto de ella no pudiera gozar de la vida en el más allá, con lo cual se produciría una "segunda muerte" esta vez definitiva y entendida como castigo, tal como explica Patricia Bochi[2]. Precisamente, el hecho de que se instaurara tal práctica muestra la relevancia que nombre e imagen tenían en el antiguo Egipto. Por cierto, las evidencias muestran que no sólo las personas eran

[1] "Práctica social" es un concepto que recibió diversas definiciones, cf. Andreas Reckwitz, "Toward a Theory of Social Practices: A Development in Culturalist Theorizing", *EJST* 5.2 (2002): 243–63. Aquí seguimos a S. Haslanger (Sally Haslanger, "What Is a Social Practice?", *RIPS* 82 (2018): 245) quien la define como "patrones de comportamiento aprendidos que nos permiten (en las instancias primarias) coordinarnos como miembros de un grupo en la creación, distribución, gestión, mantenimiento y eliminación de un recurso (o de múltiples recursos), debido a la respuesta mutua al comportamiento de cada uno y al recurso(s) en cuestión, tal como se interpreta a través de significados compartidos/esquemas culturales".

[2] Patricia Bochi, "Death by Drama: The Ritual of Damnatio Memoriae in Ancient Egypt", *GM* 171 (1999): 76.

pasibles de ser sometidas a tal práctica: los dioses también, como lo muestra claramente la situación durante El Amarna.

Precisamente, K2 presenta la práctica, indudablemente, sobre el nombre de Amón, mencionado tres veces en el texto. El nombre de coronación del gobernante hicso, *Aa-user-ra* (línea 20), también está en parte dañado, pero este caso no es tan simple de atribuir a un acto de *vilificación*. Además de estas dos situaciones, en la línea 31 la palabra *mnmn* también fue restaurada sobre un borrado.

El nombre de Amón aparece en las líneas 10, 33, y 34. En todas las ocasiones, el nombre fue vandalizado, práctica que tuvo lugar, como ya señalamos, seguramente en el interregno de El Amarna. Habachi propuso que la restauración del nombre—generalmente realizada utilizando yeso—fue llevada a cabo, con probabilidad, durante el reinado de Seti I y notó que, en la línea 10, comprendió el nombre del dios y el signo Y1 precedente, leyendo el juramento *w3ḥ jmn qn nn w3ḥ=j tw, (como) el poderoso/fuerte Amón perdura/pervive, yo no te dejaré (solo)*, pero señaló que debajo de estos signos se visualizaban trazos de otros diferentes, que podrían leerse como el juramento *w3ḥ=j ꜥnḫ jmn qn*, "como yo perduro y el poderoso Amón vive"[3]. La restauración del nombre del dios en la línea 33 es particular. Smith y Smith señalan respecto de esta restauración que no queda claro el objetivo de quien llevó a cabo la tarea, y proponen que quizás procuró colocar un verbo antes de *r ẖnw*, pensando que el original se leería *mnmn.j* como en la línea 31[4]. También es factible que el yeso con el que se realizó el trabajo se haya desprendido en parte, quedando los trazos de un signo que pareciera ser A1, aunque quizás se intentó restaurar el determinativo A40 "dios" para el nombre de Amón, aunque en el resto del texto no aparece con determinativo alguno. Mejor conservado se ve el nombre de Amón en la línea 34 (Fig. 6).

a. b. c.

Fig. 6. *Damnatio memoriae* sobre el nombre de Amón y reconstrucción. a. K2, 10; b. K2, 33; c. K2, 34.

---

[3] HSSK, 36, n. b.

[4] Smith y Smith, "Reconsideration of the Kamose Texts", 65, n. ee.

Ahora bien, la situación del daño al nombre de coronación del gobernante hicso, *Aa-user-ra* (K2, 20) no es tan clara (Fig. 7). Sin descartar completamente que se trate de un daño intencional, llama la atención que el borrado no haya sido realizado con un elemento punzante, como un cincel, y que tampoco abarque todos los signos del nombre más allá del comúnmente conservado *rˁ* ☉. De hecho, pueden aún observarse parte de los signos 𓌳 y 𓄊 que componen el nombre. Por cierto, discernir claramente si se trata de una vandalización o de un deterioro producto del roce con algún otro objeto—como se puede constatar en otras partes del monumento—no es tarea sencilla. Con lo cual, esta situación quedaría en el plano hipotético. Un daño intencional tiene menos posibilidades de ser considerado, salvo por el hecho de que el borrado aparece realizado entre líneas, de modo perpendicular a ellas y no de modo transversal, abarcando a varias de ellas[5]. De ser así, quien perpetró el daño lo hizo de un modo muy descuidado, quizás en un apuro. Sin embargo, no podemos dar una respuesta concluyente al respecto.

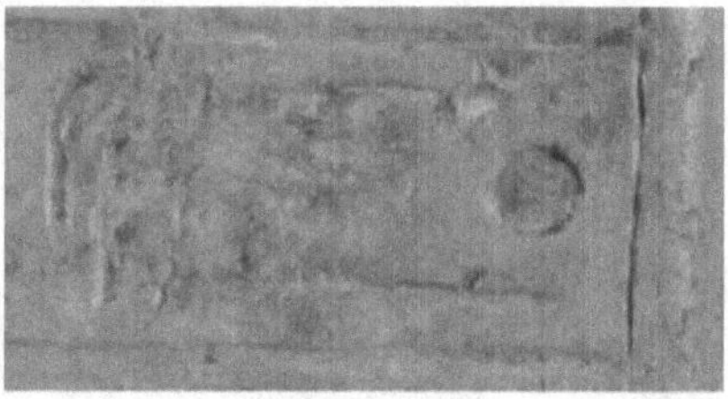

Fig. 7: Posible *damnatio memoriae* sobre el nombre Aa-user-ra, K2, 20.

Otra evidencia de daño intencional puede verse en la línea 31, donde se reconstruyó la palabra *mnmn* 𓏠𓈖𓏠𓈖, usualmente determinada por el signo D54 𓂻—que aquí no se registra—"moverse"[6], "moverse rápidamente" (TLA lema ID 70710)[7] (Fig. 8). Como sugirieron en su momento Smith y Smith, quizás durante el periodo amarniano el original fue borrado al ser confundido con el nombre de Amón 𓇋𓏠𓈖, si es así, es posible que el texto original haya sido alterado a través del signo 𓈖, cuyos dos registros parecen haber estado siempre presentes[8].

[5] Agradezco a Peter Brand el brindarme su opinión sobre este tema en particular. Comunicación personal, 12 de diciembre de 2022.

[6] *Wb.* 2: 81.2.

[7] FCD 109.

[8] Smith y Smith, "Reconsideration of the Kamose Texts", 65, n. dd.

Fig. 8: *Damnatio memoriae* y reconstrucción del término *mnmn,* K2, 31.

El monumento además presenta el grabado de dos grafitis figurativos, con dos temas claramente disímiles[9]. Uno de ellos se encuentra en la parte superior del lateral izquierdo de la piedra, dentro del cartucho real que aún se puede visualizar, perteneciente al rey Senusret I. Se trata de la representación de un hombre parado en actitud de adoración, oculto desde una perspectiva frontal (Fig. 9).

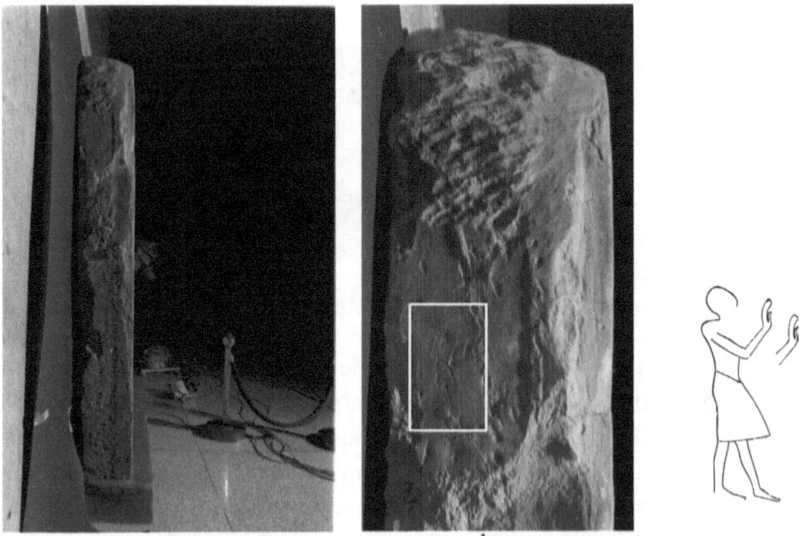

a. b. c.

Fig. 9: a. grafiti "*hombre en adoración*", lateral izquierdo, sección superior de K2; b. detalle. Recorte realizado por la autora. © CNRS-CFEETK n° 53139, A. Chéné. c. dibujo lineal, basado en Habachi 1972, 29, Fig. 16.

[9] *In extenso*, Roxana Flammini, "Incised for Eternity: The Graffiti of the Second Stela of Kamose Reconsidered", *ANES* 58 (2021): 89–110.

El otro, representa el conocido motivo del *pez tilapia (nilótica) con capullos de loto en la boca* (Fig. 10). A diferencia del *hombre en adoración*, este grafiti se encuentra en la cara frontal del monumento, en dirección a la figura del *supervisor de las cosas selladas* User-Neshemet (Neshi).

En este punto es relevante volver a mencionar que tanto el coloso de Ramsés II donde se halló K2 como el que se encuentra frente a él, sufrieron cambios en su emplazamiento a lo largo del tiempo, probablemente durante los reinados de Seti II, Pinedjem, con los bubastitas y quizás posteriormente[10]. Esta circunstancia es relevante para sugerir hipótesis sobre cuándo pudo haberse realizado el grafiti *pez tilapia con capullos de loto en la boca* y quién pudo haber sido su autor.

La mayor parte de los grafitis preservados en el templo de Karnak provienen del Reino Nuevo tardío en adelante, coincidentemente con la datación de los edificios que se preservan en el complejo. Estos grafitis fueron relevados y compilados por Claude Treunecker, quien realizó una breve publicación preliminar de sus hallazgos en 1979[11]. Esta compilación constituye un corpus inédito que ha sido conferido a la Universidad de Oxford y encomendado actualmente a Elizabeth Frood. Por cierto, como luego veremos, este material es relevante a los efectos de comparar los grafitis conservados en la estela con otros preservados en el templo.

a. b.

Fig. 10: a. grafiti "pez tilapia con capullos de loto en la boca" y representación del *supervisor de las cosas selladas*, User-Neshemet (Neshi), cara frontal de K2; b. detalle.

[10] Cf. Cap. 1, 1.2 y n. 26.

[11] Claude Traunecker, "Manifestations de piété personelle à Karnak", *BSFE* 85 (1979): 22–31.

En cuanto al *hombre en adoración* (10,5 cm de altura por 4 cm de ancho aproximadamente), es factible que se haya realizado mientras la estela se hallaba ubicada en el templo, ya que está grabado a la inversa de la disposición de los signos remanentes de la inscripción del bloque datada en el Reino Medio. Ello permitiría proponer un posible *terminus ante quem* para su realización en las etapas finales del reinado de Ramsés II o algo después, antes que la estela fuera convertida en un bloque de fundación en la base del coloso donde fue hallada.

En su publicación sobre la estela, Habachi sugirió que este grafiti estaba dedicado a Kamose, y que el que lo realizó era "uno de los admiradores de los grandes logros del soberano", sin hacer otros comentarios sobre la cuestión[12]. La imagen se asemeja al signo A30  "hombre con los brazos extendidos", que usualmente aparece como determinativo para los términos *jꜣ.w* "adoración, plegaria" (TLA lema ID 20360) y *dwꜣ* "adorar, rezar" (TLA lema ID 177930). La figura no posee ningún elemento que pueda ayudar a identificar al individuo representado o a quién está dirigida su acción. Está vestido con la falda habitual—que llega a sus rodillas—y no hay trazos de cabello o tocado alguno. Pareciera estar descalzo, con los dos brazos alzados en actitud, precisamente, de plegaria o adoración. La figura se orienta hacia la cara principal del monumento, y fue realizada con probabilidad por una mano entrenada, dada la adecuada representación del individuo.

En el artículo mencionado previamente, Traunecker introdujo varias afirmaciones que nos son útiles para poder brindar una hipótesis acerca del posible autor y sus motivaciones. En primer lugar, señaló que los grafiteros formaban parte del personal del templo; en segundo lugar, que los lugares principales donde aparecen los grafitis eran las paredes exteriores del templo de Ptah y el ala sur del templo; en tercer lugar, que aparecían en ciertos lugares específicos en el complejo y, finalmente, que los superiores jerárquicos de los grafiteros o una deidad actuaban como mediadores entre ellos y el dios principal. Asimismo, Traunecker analiza dos grafitis de individuos pertenecientes a los escalafones más bajos del personal del templo—un sacerdote-*wab* o artesano en un caso, y un jefe de pasteleros en el otro—ambos en actitud de adoración[13]. En concordancia con estas afirmaciones, Frood ha sugerido que los grafitis hallados en las estructuras del templo fueron realizados por el

[12] HSSK, 29.
[13] Traunecker, "Manifestations de piété personelle à Karnak", 22–28.

personal que trabajaba allí[14]. Con lo cual, es factible que el grafiti del *hombre en adoración* también haya sido realizado por algún individuo perteneciente al personal destinado al templo.

Por cierto, en la pared este del patio del séptimo pílono y pared norte de la parte superior de la escalera del octavo, se hallaron grafitis similares. Uno representa probablemente un sacerdote o escriba con los brazos alzados, que puede ser datado, con probabilidad, en el periodo ramésida o en el Tercer Periodo Intermedio[15].

El otro representa a Amenemope, quien fue parte del personal del *gran sacerdote de Amón* Roma (tardía dinastía XIX). Este alto funcionario también es conocido por una estela conservada en Leiden, donde está representado como intermediario entre los dioses y los funcionarios de menor rango y su esposa[16].

El acto de adoración representado puede ser considerado, tal como propusieron Willem van Pelt y Nico Staring, como "plegarias emitidas de modo pictórico"[17]. Como tantos otros grafitis del templo, el grafiti de K2 está oculto desde una vista frontal[18], pero su ubicación permite realizar una hipótesis adicional, ya que se encuentra dentro de un cartucho preexistente, y que en cierto modo enmarca a la figura[19]. Pareciera como que el autor decidió realizarlo específicamente en ese lugar, considerando que había espacio suficiente en ese lateral para realizar el grafiti. De hecho, no hay evidencia que permita suponer que el grafitero preparó la superficie para realizar el grabado—el

---

[14] Elizabeth Frood, "Egyptian Temple Graffiti and the Gods: Appropriation and Ritualization in Karnak and Luxor", en *Heaven on Earth: Temples, Ritual and Cosmic Symbolism in the Ancient World*, ed. Deena Ravagan, OIS 9 (Chicago: Oriental Institute of the University of Chicago, 2013), 285.

[15] Está representado en dirección, probablemente, a una crioesfinge datada en el reinado de Merenptah o en el de Ramsés II. E. Frood y C. Salvador, comunicación personal, 3 de agosto de 2020; cf. también PM II, 131 (482) donde está incorrectamente descripta como "esfinge protegiendo a Ramsés IX" (C. Salvador, comunicación personal, 28 de septiembre de 2020). Para un análisis detallado de estos grafitis, cf. Chiara Salvador, "Repopulating the Court of the Seventh Pylon at Karnak: A Study of Graffiti in Context" (Tesis doctoral, University of Oxford, 2019).

[16] Traunecker, "Manifestations de piété personelle à Karnak", 29; Pieter A. A. Boeser, *Beschreibung der Aegyptischen Sammlung des Niederländischen Reichsmuseums der Altertümer in Leiden* (Dordrecht: Springer Netherlands, 1915), lám. XXIII, n° 43.

[17] Willem P. van Pelt y Nico Staring, "Interpreting Graffiti in the Saqqara New Kingdom Necropolis as Expressions of Popular Customs and Beliefs", *RiME* 3 (2019): 8.

[18] Traunecker, "Manifestations de piété personelle à Karnak", 26–27.

[19] Cruz-Uribe, "Graffiti (Figural)", en Wendrich, *UCLA Encyclopedia of Egyptology*, 1–2.

nombre del rey ya estaba borrado[20]—con lo cual pudo haber tomado ventaja de los vestigios de inscripciones preexistentes para recrear una estela votiva. Esta integración entre grafitis y su soporte material también se evidencia en otros ejemplos, como el grafiti del sacerdote Amennakht hijo de Ipuy, hallado en Tebas occidental, que lo representa en postura de adoración hacia una grieta en la roca, la que probablemente pueda ser interpretada como el umbral entre esta vida y el más allá[21].

En cuanto a quién o quiénes podrían ser los destinatarios del acto de adoración, es un asunto que también queda en el terreno de las hipótesis. Si se tiene en cuenta la observación de Traunecker con respecto a la posibilidad de que otros dioses o figuras de alto rango pudieran actuar como intermediarios, y que el grafiti mira hacia la derecha donde se ubica la narrativa, se pueden establecer vínculos entre ambas particularidades. Ya señalamos que Habachi consideró que el destinatario era Kamose debido a sus logros contra los hicsos. Sin embargo, la narrativa enfatiza que era Amón el dios venerado por Kamose. Si a ello sumamos que el autor era un individuo que pertenecía al personal del templo, se podría plantear que Kamose podría haber actuado como el intermediario entre el individuo y el destinatario final de la plegaria, el dios Amón[22].

El otro grafiti de K2 representa el conocido tema del *pez tilapia (nilótica) con capullos de loto en la boca* (aproximadamente 2.5 cm de alto por 6.5 cm de ancho), y a diferencia del *hombre en adoración*, está grabado sobre la cara frontal del monumento, a la derecha de la representación del *supervisor de las cosas selladas* User-Neshemet (Neshi), a quien el rey encargó la realización de la estela.

Este tema aparece tanto pintado como grabado en contextos diversos como paredes de tumbas; rocas a lo largo de las rutas al desierto; objetos diversos y en los denominados *cuencos de fayenza azul con temas de estanque (blue faience marsh-bowls)* que se encontraron incluso en el Levante y Chipre a partir del Reino Nuevo[23].

El vínculo entre el pez *tilapia* y la flor de loto posee diversos niveles de significado y varios componentes. Este pez posee un comportamiento

---

[20] Biston-Moulin, "De Sésostris Ier à Kamosis. Note sur un remploi de Karnak", 81.

[21] Andreas Dorn, "Von Graffiti und Königsgräbern des Neuen Reiches", en *The Workman's Progress. Studies in the Village of Deir El Medina and other Documents from Western Thebes in Honour of Rob Demarée*, ed. Ben Haring, Olaf Kaper y René van Walsem, *EgUit* 28 (Leiden - Leuven: Netherlands Institute for the Near East - Peeters, 2014), 66.

[22] Flammini, "Incised for Eternity", 100.

[23] Edgar Peltenburg, "Hathor, Faience and Copper on Late Bronze Age Cyprus", *CCEC* 37 (2007): 378–81.

reproductivo especial, ya que guarda los huevos fertilizados en su boca incubándolos hasta que nacen. Sin embargo, también los mantiene dentro de su boca en caso de que haya algún riesgo para su supervivencia. Habita en estanques donde suelen crecer lotos, alimentándose de microorganismos que se adhieren a las plantas. Así, cuando se alimentan, pareciera que los tallos de los lotos salieran de la boca del pez. A su vez, la flor del loto abre por las mañanas y se cierra por las noches, y estaba asociada con el renacimiento del dios Ra cada mañana. Este escenario natural fue concebido como una metáfora representativa de conceptos como fertilidad, nacimiento, renacimiento y regeneración comúnmente ligados a los difuntos, con el significado de *mꜣꜥ-ḫrw* "verdadero de voz"[24].

Este grafiti es único en su tipo entre aquellos relevados en el templo de Karnak[25]. Ingrid Wallert, en una de las pocas recepciones académicas que recibió este grafiti, propuso que estaba relacionado directamente con el funcionario representado en la estela, como un símbolo de vida renovada y renacimiento "para el difunto"[26]. Sin embargo, como Habachi correctamente señaló, la estela no era un monumento funerario, e incluso al momento en que fue erigida en el templo, User-Neshemet (Neshi) estaba con vida; con lo cual dio otra explicación para este grafiti, manteniendo el vínculo entre el motivo y la figura del funcionario[27]. En ella, sostuvo una comparación con una composición existente en la tumba de Kheruef (TT 192)[28] donde peces tilapia y capullos de loto aparecen en una escena donde el difunto recibe un pectoral de oro de parte del rey, sugiriendo que el grafiti de K2 podría representar los privilegios que se le dieron a User-Neshemet[29]. Sin embargo, la escena registrada en la tumba de Kheruef y el grafiti de K2 son muy diferentes. A una descripción textual de Ahmed Fakhry de la tumba de Kheruef publicada en 1943, se le sumó una fotografía y un dibujo de la escena en cuestión, publicada

---

24 Catharine H. Roehrig, Renée Dreyfus, y Cathleen Keller, *Hatshepsut: From Queen to Pharaoh* (New York: Metropolitan Museum of Art, 2005), 155; Christiane Zivie-Coche, "Hatmehyt, le Tilapia, le lotus et le ba de Mendès", en *Elkab and Beyond: Studies in Honor of Luc Limme*, ed. Wouter Claes, Herman de Meulenere y Stan Hendricx, OLA 191 (Leuven, Paris, Walpole (MA): Peeters, 2009), 548; John C. Darnell, *Theban Desert Road Survey II*, YEP 1 (New Haven: Yale Egyptological Institute, 2013), 46, n. 322.

25 E. Frood y C. Salvador, comunicación personal, 3 de agosto de 2020.

26 Ingrid Wallert, "Das Tilapia-Motiv in der altägyptischen Kunst", *CdE* 41.82 (1966): 293–94.

27 HSSK, 30.

28 PM I, 298–300.

29 HSSK, 30.

por el Instituto Oriental de la Universidad de Chicago en 1980[30]. Allí se puede apreciar el detalle de la escena: el contexto, como ya Fakhry había mencionado, es la celebración del festival Sed del rey. Sobre una de las dos mesas de ofrendas mencionadas descansan peces Tilapia, flores y capullos de loto, pero también pájaros y ciertamente el contexto es completamente distinto al de nuestro grafiti. La estela no es un monumento funerario, sino conmemorativo y votivo, y estaba erigida en un templo y no en una tumba. Sin embargo, la pregunta que surge es ¿cuál sería la razón para grabar un grafiti cuya característica central está relacionada con el universo funerario y no con las acciones habitualmente llevadas a cabo en un templo?

Como en el caso del grafiti del *hombre en adoración*, solo podemos presentar hipótesis basadas en la consideración del tipo de objeto que su soporte era originalmente (una estela conmemorativa y votiva); la localización física de la estela—un espacio sagrado, un templo; la narrativa y los personajes mencionados y/o representados en ella; su exhibición y luego su transformación en un bloque de fundación de un coloso; los movimientos espaciales a los que el coloso en cuya base descansaba fue sometido y, finalmente, las características propias del grafiti en cuestión (tipo, ubicación, orientación espacial, tema, elaboración).

Que el grafitero lo haya realizado en la cara principal de la estela revela que no buscó ocultarlo. Además, está hecho de un modo bastante rudimentario, como si el autor estuviera apurado. La orientación hacia la figura del funcionario puede dar pistas sobre la motivación personal que tuvo al momento de grabarlo en ese lugar específico, considerando que no es la única sección de la estela donde hay suficiente espacio donde grabar un grafiti sin intervenir el original. Así, este direccionamiento sugiere que el grafitero procuró brindarle una protección extra, asegurándole la vida eterna, como ya Wallert había propuesto tiempo atrás. Pero ¿cuándo y por qué estaría alguien interesado en estas cuestiones? Como ya señalamos, User-Neshemet (Neshi) estaba vivo al momento de erigir la estela, hecho que se refuerza a través de la última línea de la estela, que posee una afirmación en tiempo futuro: "[yo] actuaré [de acuerdo con] todo [lo que me fuera ordenado] [con el fin de ¿obtener?] [el favor] del rey".

Como ya hemos visto, el único título que se registra al lado de la representación del funcionario es  *jm.j-r ḫtm.tj* "supervisor de las cosas selladas", su título de función y consideramos que este individuo ocupaba una de las

[30] Ahmed Fahkry, "A Note on the Tomb of Kheruef at Thebes", *ASAE* 42 (1943): 491; OIP, láms. 29 y 30.

posiciones más altas de la administración en el reinado de Kamose. Precisamente, el hecho de que el rey le hubiera ordenado hacer el monumento y le haya permitido grabar su representación en él es una muestra de tal posición privilegiada.

Se barajaron diversas hipótesis al tratar de identificarlo. Sehata Allam identificó al Neshi mencionado en la Inscripción de Mes[31] con el Neshi mencionado en K2[32].

Sin embargo, la Inscripción de Mes no preserva otro título más que el de *supervisor de los barcos*, con lo cual, si se considera la alta posición que tenía el funcionario que hizo la estela, es difícil considerar que se trate del mismo individuo mencionado en la Inscripción de Mes. De todos modos, es probable que haya sido un funcionario reconocido por sus contemporáneos y cuya memoria perduró durante generaciones.

Recordemos que la estela fue seleccionada como bloque de fundación para un coloso de Ramsés II y, como ya hemos comentado, el coloso fue movido probablemente más de una vez de una posición perpendicular a una paralela al portal del segundo pílono. Con lo cual, como ya señaláramos, es muy factible que toda la base se haya removido y los bloques extraídos y vueltos a colocar una vez establecida la nueva posición. Si se considera que el grafiti fue hecho de modo muy simple sobre la cara frontal de una estela monumental, y que su significado no estaba dirigido a un intermediario o a la deidad principal sino que pareciera garantizar la cualidad de "verdadero de voz" a User-Neshemet, proponemos que—sin descartar de plano la posibilidad de que haya sido grabado mientras la estela se mantenía en su posición original dentro del templo—que este grafiti podría haber sido grabado durante los trabajos en la base del coloso, cuando K2 se transformó en un bloque de fundación, o bien durante los movimientos subsiguientes. ¿Quién pudo haber sido su autor? Probablemente un individuo que servía en el templo, que deseó por algún motivo que se nos escapa—¿quizás el hecho de que User-Neshemet sirvió lealmente a los gobernantes tebanos en tiempos de dificultad?—asegurarle una próspera existencia en el más allá, a pesar del prolongado lapso entre su muerte y la realización del grafiti.

[31] El documento hace referencia a un juicio por unas tierras y menciona a un antecesor de los litigantes, un , *supervisor de los barcos*, llamado Neshi quien fuera premiado por el rey Ahmose con tierras por sus acciones contra los hicsos.

[32] Sehata Allam, "Some Remarks on the Trial of Mose", *JEA* 75 (1989): 104, n. 7.

6.
Palabras de cierre

Los estudios sobre K2 se iniciaron apenas fuera descubierta en 1954. Tales abordajes, previos a la *editio princeps* publicada por Labib Habachi en 1972, se centraron en el texto escrito basándose en fotografías del monumento. El trabajo de Habachi sumó una traducción con la transliteración de algunos pasajes, a la que adicionó las vicisitudes del hallazgo, las particularidades del soporte, y una presentación de la *damnatio memoriae* y los grafitis que se evidencian sobre el monumento. A partir de entonces, se sucedieron numerosos estudios que abordaron estas particularidades, aunque el estudio del texto cobró una relevancia significativa por sobre el resto.

K2 se distingue entre las estelas atribuidas a Kamose halladas en Karnak por su estado de preservación, que hace que se haya podido reconstruir la narrativa que contiene, a diferencia de K1—conservada, como hemos visto, por una copia parcial en hierático (TIC)—y K3, cuyo estado de conservación es sumamente precario.

En este recorrido nos propusimos revisar el monumento desde una perspectiva integral y contextualizada, ya que contamos con dos variables de suma relevancia: el conocimiento del destino de la estela (el templo de Amón en Karnak) y el momento histórico en que fue realizada (fines del Segundo Periodo Intermedio). A ello adicionamos el hecho de que estuvo expuesta en algún sitio del templo hasta luego del interregno amarniano—como lo demuestra la *damnatio memoriae* sobre el nombre de Amón y su posterior restauración—para ser depositada como bloque de fundación de uno de los dos colosos que hasta el día de hoy se erigen frente al portal del segundo pílono del templo, con probabilidad a fines del reinado de Ramsés II. Es factible que, a lo largo del tiempo, las diversas modificaciones introducidas en el templo por los reyes sucesores hayan necesitado de cambios en la posición de los colosos, con la consecuente reorientación de la base sobre las que se sustentaban. De ser así, durante estos movimientos, tanto la estela como el resto de los bloques de fundación pudieron haber sido extraídos y vueltos a colocar en la base del coloso.

El texto, que refiere a las contiendas entre los tebanos, los nubios y la dinastía de los hicsos, posee un fuerte sesgo centrado en la perspectiva tebana del conflicto. Los personajes centrales son Kamose y Apepi, mientras que del gobernante nubio no se brinda nombre alguno, y su rol en el relato es secundario en relación con el énfasis puesto sobre el gobernante hicso. Otro personaje de relevancia es el dios Amón.

Desde el punto de vista lingüístico, el texto posee innovaciones y al mismo tiempo mantiene un alto nivel del egipcio medio; los verbos en su gran mayoría pueden interpretarse como referentes de acciones prospectivas.

Dicho esto, la posibilidad que brinda la *figuratividad* de los signos jeroglíficos fue ampliamente aprovechada por el escriba, utilizando ciertos signos para reforzar nociones expresadas también lingüísticamente: de este modo, utilizó el signo A19 para el término *wr*, "jefe", buscando acentuar, a nuestro criterio, la debilidad y cualidad inferior de quien lo portaba, en este caso, Apepi. Además, hizo un uso particular de los determinativos para la palabra *ḥqꜣ*, utilizando A43 "rey con la corona del Alto Egipto" como el título en disputa entre Kamose y Apepi (y del cual el legítimo portador es el primero) y Y1 "rollo de papiro", cuando refiere a los gobernantes de Avaris y Kush. Asimismo, se pudo observar un uso específico de los determinativos territoriales, en especial, N25 y O49, a la vez que una comparación entre la escritura de los nombres de los dos personajes principales, Kamose y Apepi, permitió distinguir un determinativo aplicado a este último ( ) en juego paralelo con el signo A24 (*nḫt*) que acompaña al primero. Tal comparación permitió inferir que es factible que el uso del signo que acompaña al nombre de Apepi muestre la intención de subrayar cualidades de este personaje en el plano figurativo—que también son expresadas lingüísticamente—por oposición a Kamose. A todo ello se puede adicionar la abundancia de palabras que poseen el determinativo G37 "gorrión" asociado a cualidades negativas en la primera parte del texto. Es factible entonces que el escriba haya buscado reforzar visualmente las cualidades negativas al referir los intentos de Apepi de subordinar y vencer a Kamose.

En cuanto a las prácticas sociales cuyas improntas se evidencian en la superficie de la estela, ya hemos mencionado la *damnatio memoriae* ejercida sobre el nombre de Amón y la posterior restauración. Además, la estela presenta el grabado de dos grafitis figurativos, muy diferentes entre sí. Por un lado, sobre el lateral izquierdo del monumento, se halla la representación de un *hombre en adoración*, posiblemente un sacerdote del templo que, a nuestro criterio, dirige sus plegarias al dios Amón a través de un intermediario, Kamose. Por el otro, sobre la cara frontal de la estela, se visualiza una representación del tema del *pez tilapia con capullos de loto en la boca*, que refiere habitualmente a temas ligados con el ámbito de las creencias funerarias. El grafiti está orientado hacia la figura del funcionario User-Neshemet, con lo cual sostenemos la existencia de un vínculo entre ambas representaciones, y que posiblemente este grafiti sido hecho en algún momento a partir que la estela fuera reubicada como bloque de fundación en la base del coloso de Ramsés II.

7.
Traducción completa de K2

[1] --"... un informe miserable (llega) desde el interior de tu poblado [TIERRA-IRRIGADA]. Tú serás expulsado por la fuerza junto a tu ejército (ya que) dices cosas sin sentido (lit.: "tu boca se empequeñece", "es estrecha") cuando me haces un jefe <inferior> (mientras) tú te consideras el gobernante *[DEL ALTO EGIPTO]* con el fin de reclamar [2] para ti lo robado (lit.: "el robo para ti"). ¡Tu caída (sucederá) a causa de ello! Tu retaguardia (lit.: espalda) verá el mal (cuando) mi ejército (esté) detrás de ti; las mujeres de Avaris *[LUGAR-EXTRANJERO]* no concebirán; su deseo no se abrirá (lit.: "sus corazones no se abrirán") [3] dentro de sus vientres cuando el grito de guerra de mi ejército sea escuchado".

Yo me dirigí hacia Per-djed-qen ("la-casa-del-engreído") (con) mi corazón expandido (en alegría) (porque) hice que [4] Apepi *[DÉBIL-COBARDE]* [sin cartucho] vea un momento miserable, el jefe <inferior> del Retjenu [LUGAR-EXTRANJERO] (de) débiles brazos, el que planea muchas (hazañas) en su corazón que nunca le ocurrirán. Habiendo llegado a Inyt-[5]-net-khenet ("¿Desembarco-del-Sur?"); yo crucé (por agua) con el fin de dirigirme a ellos (?). Yo hice (que) la flota (estuviera) ordenada, un (barco) detrás del otro poniéndome a la vanguardia (de la flota) en el remo de dirección, con mi [6] cuerpo de élite volando sobre el río como si fuera un halcón. Mi barco de oro iba delante (a la vanguardia), [yo como el halcón divino] delante de ellos (de la flota), [7] haciendo (que) este poderoso barco-*mek* patrullara el margen de la tierra cultivada, el resto (de los barcos) detrás de él como si fueran aves de rapiña arrancando (los cultivos) en el "territorio-*djat*" [8] (de) Avaris *[LUGAR-EXTRANJERO]*. Yo vi a sus mujeres (de Apepi) sobre su azotea (la del edificio perteneciente a Apepi) mirando desde sus ventanas hacia la costa, sus cuerpos inmóviles (lit.: sin agitar(se)) al verme (ellas) [9] (cuando ellas estaban) espiando a través de los sensores de viento (lit: narinas, fosas nasales) sobre las murallas—como crías de roedores pequeños dentro de sus madrigueras. Como (yo) he dicho: ¡él (Apepi, es) [10] un fugitivo!

¡Mira! ¡Yo he venido! Yo tendré éxito (porque) el resto (del territorio) está en mi mano, (y) mi causa es excelente. ¡(Porque) el poderoso Amón perdura, yo no te dejaré ser, (y) no permitiré que tú [11] ingreses en la tierra arable sin estar sobre ti!

Tu deseo será destruido, ¡oh, miserable asiático [EXTRANJERO] [ENEMIGO]! ¡Mira! Yo beberé el vino de tu viñedo [12] tamizado para mí (por) los asiáticos [EXTRANJERO] [ENEMIGO] que yo capturaré. Yo destruiré tu lugar de rango (¿palacio?), talaré tus árboles (después de que) yo haya llevado por la fuerza (?) a tus mujeres a las bodegas (de los barcos) [13], y me llevaré tu tropa de carros (de guerra, tirados por caballos). Yo no dejaré (en pie ni) un tablón de los cientos de barcos de cedro nuevo llenos de oro, lapislázuli, plata, turquesa, [14] innumerables hachas de guerra de bronce, junto con aceite de moringa, incienso, pedazos de grasa, miel, madera-*jtwrn*, madera costosa- *šsndm*, madera- *zpnj,* [15] toda su madera valiosa y todo noble producto del Retjenu [LUGAR-EXTRANJERO], ¡yo los habré incautado completamente! ¡No dejaré nada en Avaris *[LUGAR-EXTRANJERO]*!¡ ella estará vacía (y) el asiático [EXTRANJERO] [ENEMIGO] muerto! [16] Tu deseo será destruido, ¡oh, miserable asiático [EXTRANJERO] [ENEMIGO]!

El que dice: "yo soy un señor sin igual desde Hermópolis (el-Ashmunein) [LUGAR-EGIPCIO] hasta Gebelein (el Templo-de-Hathor), gobernando a Avaris *[LUGAR-EXTRANJERO]* [17] entre los dos ríos". Yo la dejaré vacía, sin gente allí, (después de que) yo haya destruido sus ciudades. Yo quemaré sus residencias, que serán ruinas (lit.: "serán hechas como colinas rojas") [18] para siempre, como resultado de la destrucción que ellos (los enemigos) permitieron dentro de esta parte de Egipto [LUGAR-EGIPCIO] al escuchar el llamado de los asiáticos [EXTRANJERO] [ENEMIGO], después que abandonaron a Egipto [LUGAR-EGIPCIO], su señora.

Capturé (requisé/intercepté) [19] su mensaje (de Apepi) por encima/sobre el oasis (¿al sur del oasis de Bahariya?) [LUGAR-DESIERTO] mientras viajaba río arriba a Kush [LUGAR-EXTRANJERO], en una carta (documento escrito).

Encontré en ella lo siguiente, escrito por la mano del gobernante *[EN ABSTRACTO]* de Avaris *[LUGAR-EXTRANJERO]*:

[20] "Aa-[user]-ra, *Hijo de Ra*, Apepi *[DÉBIL-COBARDE]* [sin cartucho]: saludando (lit.: "consultando (por) los asuntos") a mi hijo, el gobernante *[EN ABSTRACTO]* de Kush [LUGAR-EXTRANJERO]. ¿Por qué razón te eriges como gobernante *[DEL ALTO EGIPTO]*, sin avisarme (lit.: "sin hacer que yo lo supiera"? ¿Ves [21] lo que Egipto [LUGAR-EGIPCIO] ha hecho contra mí? El gobernante *[DEL ALTO EGIPTO]*, quien está en su interior, Kamose-el-fuerte/valiente[CARTUCHO], dotado de vida, me ha invadido en mis territorios; yo no lo ataqué a él del mismo modo que [22] todo lo que él ha hecho contra ti. Él ha elegido estas dos tierras para hacerlas sufrir, mi tierra y la tuya, él las destruyó. ¡Ven! ¡Viaja río abajo! ¡No tengas miedo! [23] ¡Mira! Aquí, él (está) en mi mano. No hay quien se haya levantado contra ti en esta parte de Egipto [LUGAR-EGIPCIO]. ¡Mira! No lo dejaré pasar (lit.: "no pondré a él camino") para que tú llegues; así después (nos) dividiremos [24] estos poblados de esta parte de Egipto [LUGAR-EGIPCIO] y [*ḫnt-ḥn*]-nfr (?) estará feliz".

Wadj-kheper-Ra-el-fuerte/valiente[CARTUCHO], dotado de vida, quien controla los eventos-castiga las fechorías-castiga a los enemigos-vence las faltas [25] (dice):

"yo tomé posesión de los desiertos, las Dos Tierras (?) (y) los ríos; además, uno no ha encontrado el modo de derribarme (?) (lit.: "uno no ha encontrado el camino de mi caída" (?). No quedé agotado a causa de mi expedición, no aparté [26] el rostro del norteño (?). Él (ya) estaba temeroso de mí (cuando) yo (todavía) estaba navegando río abajo (hacia el norte), antes que nosotros lucháramos y antes que yo lo alcanzara. Él vio mi (aliento de) fuego y envió una carta hasta Kush [LUGAR-EXTRANJERO] [27] para buscar su protección. Yo la capturé en el camino y no permití que pudiera llegar, entonces hice que le fuera confiscada (y luego) devuelta; dejándola (en las tierras) al este [28] de Afroditópolis (Atfih) [LUGAR-EGIPCIO]. Mi fuerza penetró en su corazón, y su cuerpo fue destruido (cuando) su mensajero le contó esto; lo que yo hice contra el nomo de Cinópolis (lit. "La-Ciudad-de-Anubis") [LUGAR-EGIPCIO] que (él) había convertido [29] en un bien suyo (lit.: "en sus pertenencias")".

Envié mi victoriosa tropa de arqueros que ya estaba marchando (en el camino) con el fin de destruir (el oasis de) Bahariya [LUGAR-DESIERTO], (mientras) yo estaba en Saka [LUGAR-EGIPCIO] para prevenir (hostilidades del) adversario por [30] mi retaguardia. Navegué río arriba confiado y con el corazón feliz, (puesto que) destruí a todo oponente que se encontraba en el camino. ¡Qué hermoso (es) el navegar río arriba para el [31] gobernante *[DEL ALTO EGIPTO]* v.p.s. con su ejército a la vanguardia! No hubo pérdidas entre ellos, ningún hombre preguntó por su compañero y sus corazones no lloraron. Me dirigí hacia la tierra de la ciudad (Tebas) en la estación [32] de la inundación. Cada rostro estaba resplandeciente, la tierra en abundancia, la ribera radiante, el distrito tebano (eg. Waset) de fiesta. Mujeres y hombres vinieron a verme, [33] cada mujer abrazando a su compañero, ningún rostro en lágrimas.

"Purificación para [Amón] en el interior del templo"—dos veces—allí en el lugar donde es [34] dicho: "¡recibe cosas buenas!" (las ofrendas), como que él (el dios Amón) le entregó la espada curva al hijo de Amón (v.p.s.), el rey imperecedero *Wadj-kheper-ra*[CARTUCHO], el *Hijo de Ra,* Kamose-el-fuerte/valiente[CARTUCHO] dotado de vida, [35] el que controla el sur y derroca el norte, el que conquista esta tierra en victoria, a quien la vida, estabilidad y poder le han sido dados: su corazón (está) feliz junto con su *ka*, como Ra eternamente.

[36] [Decreto de su Majestad] para el miembro de la élite, líder de acción, guardián [de los asuntos privados] del palacio; jefe de la tierra entera; portador del sello del rey (gobernante); primer conductor/líder (?) de las Dos Tierras; supervisor de los amigos [del rey], [37] el supervisor de las cosas selladas User-Neshemet (?):

"Haz que todo lo que mi majestad ha hecho en victoria sea colocado en una estela, que descansará en el templo de Karnak (lit.: "el más sagrado de los lugares"), en [38] el distrito tebano, por toda la eternidad".

(Entonces) él dijo, delante de su majestad:

"[yo] actuaré [de acuerdo con] todo [lo que me fuera ordenado] [con el fin de ¿obtener?] [el favor] del rey".

Bibliografía

Allam, Sehata. "Some Remarks on the Trial of Mose". *JEA* 75 (1989): 103–12.

Allen, James P. "The Speos Artemidos Inscription of Hatshepsut". *BES* 16 (2002): 1–17.

———. *Middle Egyptian: An Introduction to the Language and Culture of Hieroglyphs*. 5ta. ed. 2000. Repr., New York: Cambridge University Press, 2002.

Allon, Niv. "At the Outskirts of a System: Classifiers and Word Dividers in Foreign Phrases and Texts". *LingAeg* 18 (2010): 1–17.

Arnold, Dorothea. "Image and Identity: Egypt's Eastern Neighbours, East Delta People and the Hyksos". Páginas 183–221 en *The Second Intermediate Period (Thirteenth-Seventeenth Dynasties): Current Research, Future Prospects*. Editado por Marcel Marée. OLA 192. Leuven: Peeters, 2010.

Assmann, Jan. *Egipto a la luz de una teoría pluralista de la cultura*. HIPECU 5. Madrid: Akal.

Baines, John. "Restricted Knowledge, Hierarchy, and Decorum: Modern Perceptions and Ancient Institutions". *JARCE* 27 (1990): 1–23.

———. *Visual and Written Culture in Ancient Egypt*. Oxford: Oxford University Press, 2007.

Beckerath, Jürgen von. *Handbuch der ägyptischen Königsnamen*. MÄS 20. Münich: Deutscher Kunstverlag, 1984.

Ben-Tor, Daphna, Susan J. Allen, y James P. Allen. "Review Article: Seals and Kings". *BASOR* 315 (1999): 47–74.

Bietak, Manfred. "From Where Came the Hyksos and Where Did They Go?" Páginas 139–81 en *The Second Intermediate Period (Thirteenth-Seventeenth Dynasties): Current Research, Future Prospects*. Editado por Marcel Marée. OLA 192. Leuven: Peeters, 2010.

Biston-Moulin, Sébastien. "De Sésostris Ier à Kamosis. Note su un remploi de Karnak". *ENiM* 4 (2011): 81–90.

Biston-Moulin, Sébastien y Christophe Thiers. *Le Centre franco-égyptien d'étude des temples de Karnak. Livre du cinquantenaire 1967-2017*. Travaux du Centre franco-égyptien d'étude des temples de Karnak. Luxor: Cfeetk, 2017.

Bochi, Patricia. "Death by Drama: The Ritual of Damnatio Memoriae in Ancient Egypt". *GM* 171 (1999): 73–86.

Boeser, Pieter A. A. *Beschreibung der aegyptischen Sammlung des Niederländischen Reichsmuseums der Altertümer in Leiden: Die Denkmäler der Saïtischen, Griechisch-Römischen, und Koptischen Zeit*. Dordrecht: Springer Netherlands, 1915.

Borchardt, Ludwig. *Statuen Und Statuetten Von Königen Und Privatleuten Im Museum Von Kairo, Nr. 1-1294*. Teil 2. Berlin: Reichsdruckerei, 1925.

Bourriau, Janine. “Egyptian Pottery Found in Kerma Ancien, Kerma Moyen and Kerma Classique Graves at Kerma”. Páginas 3–13 en *Nubian Studies, 1998: Proceedings of the Ninth Conference of the International Society of Nubian Studies, August 21–26, 1998, Boston, Massachusetts*. Editado por Timothy Kendall. Boston: Department of African-American Studies, Northeastern University, 2004.

———. “Some Archaeological Notes on the Kamose Texts”. Páginas 43–48 en *Studies on Ancient Egypt in Honour of H.S. Smith*. Editado por Anthony Leahy y John Tait. EES OP 13. London: The Egypt Exploration Society, 1999.

———. “The Second Intermediate Period (C. 1650–1550 BC)”. Páginas 172–206 en *The Oxford History of Ancient Egypt*. Editado por Ian Shaw. 2da. ed. Repr., Oxford: Oxford University Press, 2003.

Brand, Peter. “Veils, Votives and Marginalia: The Use of the Sacred Space at Karnak and Luxor”. Páginas 51–83 en *Sacred Space and Sacred Function in Ancient Thebes*. Editado por Peter Dorman y Betsy Bryan. SAOC 61. Chicago: The Oriental Institute of the University of Chicago, 2007.

Brose, Marc. “Strukturen und Transformationen des Wortschatzes der ägyptischen Sprache: TLA, Stelen Des Kamose, Kamose-Stele II (Luxor Museum J.43)”. https://aaew.bbaw.de/tla/servlet/GetTextDetails?u=guest&f=0&l=0&db=0&tc=1608.

Candelora, Danielle. “Defining the Hyksos: A Reevaluation of the Title *ḥkꜣ ḫꜣswt* and its Implications for Hyksos Identity”. *JARCE* 53 (2017): 203–21.

———. “Redefining the Hyksos: Immigration and Identity Negotiation in the Second Intermediate Period”. Tesis doctoral (inédita), University of California (Los Angeles), 2020.

Cervelló Autuori, Josep. *Escrituras, lengua y cultura en el Antiguo Egipto*. 2da ed. El espejo y la lámpara 11. Repr., Bellaterra: Edicions UAB, 2016.

Cooper, Julien. *Toponymy on the Periphery: Placenames of the Eastern Desert, Red Sea, and South Sinai in Egyptian Documents from the Early Dynastic until the End of the New Kingdom*. PÄ 39. Boston: Brill, 2020.

———. “Foreign or Domestic? Classifiers, Placenames, and the Categorisation of Space in the Hieroglyphic System”, páginas 47–73 en *Language, Semantics and Cognition in Ancient Egypt and Beyond: Proceedings of the International Conference, Yale University, April 16–18, 2021*. Editado por Gaëlle Chantrain. YES 14. New Haven: Yale University, 2024.

———. “Kushites Expressing ‘Egyptian’ Kingship: Nubian Dynasties in Hieroglyphic Texts and a Phantom Kushite King”. *Ä&L* 28 (2018): 143–67.

Cruz-Uribe, Eugene. “Graffiti (Figural)”. en *UCLA Encyclopedia of Egyptology*. Editado por Willecke Wendrich, 2010.

Daressy, Georges. “Notes et remarques”. *RT* 14 (1893): 20–38.

———. “Un poignard du temps des rois pasteurs”. ASAE 7 (1906): 115–20.

Darnell, John C. *Theban Desert Road Survey II: The Rock Shrine of Pah. U, Gebel Akhenaton, and Other Rock Inscriptions from the Western Hinterland of Qamûla*. YEP 1. New Haven: Yale Egyptological Institute, 2013.

Darnell, John C., y Deborah Darnell. “The Girga Road: Abu Ziyâr, Tundaba, and the Integration of the Southern Oases into the Pharaonic State”. Páginas 221–63 en

Desert Road Archaeology in Ancient Egypt and Beyond. Editado por Frank Förster y Heiko Riemer. *Africa Praehistorica* 27. Köln: Inst, 2014.

David, Arlette. *De l'infériorité à la perturbation: l'oiseau du "mal" et la catégorisation en Egypte ancienne*. GOF 4, Ägypten 38.1. Wiesbaden: Harrassowitz Verlag, 2000.

Dembitz, Gabriella. "Une scène d'offrande de Maât au nom de Pinedjem Ier sur la statue colossale dite de Ramsès II à Karnak. Karnak Varia (§ 3)". *Cahiers de Karnak* 15 (2015): 173–80.

Di Biase-Dyson, Camilla. "Narratives by Ancient Egyptians and of Ancient Egypt: A State of the Art". Páginas 39–63 en *Narrative Geschichte - Mythos - Repräsentation: Beiträge des Achten Berliner Arbeitskreises Junge aegyptologie (*BAJA 8*), 1.12.–3.12.2017*. Editado por Dina Serova *et al.* GOF 4, Ägypten 65. Wiesbaden: Harrassowitz Verlag, 2019.

Dorn, Andreas. "Von Graffiti und Königsgräbern des Neuen Reiches". Páginas 57–71 en *The Workman's Progress. Studies in the Village of Deir El Medina and other Documents from Western Thebes in Honour of Rob Demarée*. Editado por Ben Haring, Olaf Kaper y René van Walsem. Egyptologische Uitgaven 28. Leiden: Netherlands Institute for the Near East - Peeters, 2014.

Enmarch, Roland. "Some Literary Aspects of the Kamose Inscriptions". *JEA* 99 (2013): 253–63.

Fahkry, Ahmed. "A Note on the Tomb of Kheruef at Thebes". *ASAE* 42 (1943): 449–508.

Fischer, Henry G. "Marginalia". *GM* 122 (1991): 21–30.

Flammini, Roxana. "Building the Hyksos' Vassals: Some Thoughts on the Definition of the Hyksos Subordination Practices". *Ä&L* 25 (2015): 233–46.

———. "Disputed Rulership in Upper Egypt: Reconsidering the Second Stela of Kamose (K2)". *JSSEA* 38 (2011–2012): 55–75.

———. "Economics, Political Practices and Identities on the Nile. Convergence and Conflicts ca. 1800–1530 BC" *e-Topoi Special Volume* 7 (2020): 116–54.

———. "Incised for Eternity: The Graffiti of the Second Stela of Kamose Reconsidered". *ANES* 58 (2021): 89–110.

———. "La representación del 'supervisor de las cosas selladas' Neshi en la Segunda Estela de Kamose (K2)". *EAA* 57.1 (2022): 125–50.

Franke, Detlef. "Zur Chronologie des Mittleren Reiches Teil II: Die Sogenannte 'Zweite Zwischenzeit' Altägyptens". *Orientalia* 57.3 (1988): 245–74.

Frood, Elizabeth. "Egyptian Temple Graffiti and the Gods: Appropriation and Ritualization in Karnak and Luxor". Páginas 285–317 en *Heaven on Earth: Temples, Ritual and Cosmic Symbolism in the Ancient World*. Editado por Deena Ravagan. OIS 9. Chicago: Oriental Institute of the University of Chicago, 2013.

Gabolde, Luc, Jean-François Carlorn, y Ernst Czerny. "Aux origines de Karnak: les recherches récentes dans la 'Cour du Moyen Empire'". *BSEG* 23 (1999): 31–49.

Gabolde, Luc. "Une troisième stèle de Kamosis?" *Kyphi* 4 (2005): 35–42.

Gardiner, Alan H. "The Defeat of the Hyksos by Kamose: The Carnarvon Tablet, No. I". *JEA* 3.2/3 (1916): 95–110.

———. *Egypt of the Pharaohs: An Introduction*. Oxford: Clarendon Press, 1961.

Gauthier, Henri. *Le livre des rois d'Egypte. Recueil de titres et protocols royaux, noms propres de rois, reines, princes, princesses et parents de rois suivi d'un index alphabétique, Tome*

2: de la XIIIe à la fin de la XVIIIe. Dynastie. MIFAO 18. Le Caire: Institut français d'archéologie orientale du Caire, 1912.

Giveon, Raphael. *The Impact of Egypt on Canaan: Iconographical and Related Studies.* OBO 20. Freiburg/Schweiz, Göttingen: Universitätsverlag; Vandenhoeck & Ruprecht, 1978.

Goedicke, Hans. "A New Hyksos Inscription". *JSSEA* 7.4 (1977): 10–12.

———. "The Scribal Palette of Athu (Berlin Inv. Nr. 7798)". *CdE* 63 (1988): 42–56.

———. *Studies About Kamose and Ahmose.* Baltimore: Halgo, 1995.

Goldwasser, Orly y Colette Grinevald. "What are Determinatives Good for?" Páginas 17–53 en *Lexical Semantics in Ancient Egyptian.* Editado por Eitan Grossman, Stéphane Polis y Jean Winand. LingAeg-StudMon 9. Hamburg: Widmaier, 2012.

Goldwasser, Orly. "A Comparison between Classifier Languages and Classifier Script: The Case of Ancient Egyptian". Páginas 16–39 en *Egyptian, Semitic and General Grammar: Studies in Memory of H. J. Polotsky.* Editado por Gideon Goldenberg y Ariel Shisha-Halevy. Jerusalem: Magnes Press, 2009.

———. "From Iconic to Linear: The Egyptian Scribes of Lachish and the Modification of the Early Alphabet in the Late Bronze Age". Páginas 118–60 en *Alphabets, Texts and Artifacts in the Ancient Near East: Studies Presented to Benjamin Sass.* Editado por Israel Finkelstein, Christian Robin y Thomas Römer. Paris: Van Dieren, 2017.

———. "Where is Metaphor? Conceptual Metaphor and Alternative Classification in the Hieroglyphic Script". *Metaphor and Symbol* 20.2 (2005): 95–113.

———. *From Icon to Metaphor: Studies in the Semiotics of the Hieroglyphs.* OBO 142. Göttingen: Vandenhoeck und Ruprecht, 1995.

Gracia Zamacona, Carlos. "Sur les déterminatifs de mouvement et leur valeur linguistique". *GM* 183 (2001): 27–45.

———. *Manual de Egipcio Medio.* 2da. ed. Oxford: Archaeopress, 2017.

———. "A Look Back into Ancient Egyptian Linguistic Studies (c. 1995–2019)". *Panta Rei* 2020 14.2: 23–42.

Grajetzki, Wolfram. "Notes on Administration in the Second Intermediate Period". Páginas 305–12 en *The Second Intermediate Period (Thirteenth-Seventeenth Dynasties): Current Research, Future Prospects.* Editado por Marcel Marée. OLA 192. Leuven: Peeters, 2010.

———. "Setting a State Anew: The Central Administration from the End of the Old Kingdom to the End of the Middle Kingdom". Páginas 215–58 en *Ancient Egyptian Administration.* Editado por Juan C. Moreno García. HdO 104. Leiden: Brill, 2013.

———. *Court Officials of the Egyptian Middle Kingdom.* London: Duckworth, 2009.

Grinevald, Colette. "Linguistics of Classifiers". Páginas 811–18 en *International Encyclopedia of the Social and Behavioral Sciences.* Tomo 3, 2da. ed. Editado por James D. Wright. Amsterdam: Elsevier, 2015.

Grossman, Eitan y Stéphane Polis, "Navigating Polyfunctionality in the Lexicon. Semantic Maps and Ancient Egyptian Lexical Semantics". Páginas 175-225 en *Lexical Semantics in Ancient Egyptian.* Editado por Eitan Grossman, Stéphane Polis y Jean Winand. LingAeg-StudMon 9. Hamburg: Widmaier, 2012.

Habachi, Labib. "Preliminary Report on Kamose Stela and other inscribed Blocks Found Reused in the Foundations of Two Statues at Karnak". *ASAE* LIII.1 (1956): 195–202.

———. *The Second Stela of Kamose and His Struggle Against the Hyksos Ruler and His Capital.* AÄ 8. Glückstadt: Augustin, 1972.

Hagen, Fredrik. "New Copies of Old Classics: Early Manuscripts of Khakheperreseneb and the Instruction of a Man for His Son". *JEA* 105.2 (2020): 1–32.

Hammad, Mohammed. "Decouverte d'une stèle du roi Kamose". *CdE* 30 (1955): 198–208.

Harel, Haleli, Orly Goldwasser, y Dmitry Nikolaev. "Mapping the Ancient Mind: *iClassifier*, a New Platform for Systematic Analysis of Classifiers in Egyptian and Beyond". Páginas 130–58 en *Ancient Egypt, New Technology: The Present and Future of Computer Visualization, Virtual Reality and Other Digital Humanities in Egyptology*. Editado por Rita Lucarelli, Joshua A. Roberson y Steve Vinson. HES 17. Leiden: Brill, 2023.

Haslanger, Sally. "What is a Social Practice?" *RIPS* 82 (2018): 231–47.

Helck, Wolfgang. *Historisch-Biographische Texte der 2. Zwischenzeit und neue Texte der 18. Dynastie.* 2da. ed. 2 vols. KÄT 6. Wiesbaden: Harrassowitz Verlag, 1983.

Hodjache, Svetlana, y Oleg Berlev. "Objets royaux du Musée des beaux-arts Pouchkine à Moscou". *CdE* 52.103 (1977): 22–39.

Hofmann, Beate. *Die Königsnovelle: "Strukturanalyse am Einzelwerk"*. ÄAT 62. Wiesbaden: Harrassowitz Verlag, 2004.

Ilin-Tomich, Alexander. "The Theban Kingdom of Dynasty 16: Its Rise, Administration and Politics". *JEgH* 7 (2014): 143–93.

James, Thomas Garnet Henry. *Egypt: From the Expulsion of the Hyksos to Amenophis I.* CAH 34. Cambridge: Cambridge University Press, 1965.

Kamil, Jill. *Labib Habachi. The Life and Legacy of an Egyptologist*. Cairo: The American University in Cairo Press, 2007.

Kammerzell, Frank. "Egyptian Verbs Classifiers". Páginas 1395–416 en *Proceedings of the Tenth International Congress of Egyptologists, University of the Aegean, Rhodes, 22-29 May 2008*. Editado por P. Kousoulis y Nikolaos Lazaridis. OLA 241. Leuven: Peeters, 2015.

Kaplony-Heckel, Ursula. "Ägyptische Historische Texte" (con una colaboración de Ernst Kausen). TUAT I: 525–34.

Khótay, Katalin. "Categorisation, Classification, and Social Reality: Administrative Control and Interaction with the Population". Páginas 479–520 en *Ancient Egyptian Administration*. Editado por Juan C. Moreno García. HdO 104. Leiden: Brill, 2013.

Kidd, Stephen. "Written Greek but Drawn Egyptian: Script Changes in a Bilingual Dream Papyrus". Páginas 239–52 en *Writing as Material Practice: Substance, Surface and Medium*. Editado por Kathryn E. Piquette y Ruth D. Whitehouse. London: Ubiquity Press, 2013.

Krauss, Rolf. "Zur Problematik der nubienpolitik Kamoses sowie der Hyksosherrschaft in Oberägypten". *Orientalia* 62.2 (1993): 17–29.

Kruchten, Jean-Marie. "From Middle Egyptian to Late Egyptian". *LingAeg* 6 (1999): 1–97.

Lacau, Pierre. "Une stèle du roi Kamosis". *ASAE* 39 (1939): 245–71.

Leprohon, Ronald. *The Great Name. Ancient Egyptian Royal Titulary*. WAW 33. Atlanta: SBL Press, 2013.

Lilyquist, Christine. *Egyptian Stone Vessels: Khian to Tuthmosis IV*. New York: The Metropolitan Museum of Art, 1995.

Lincke, Eliese-Sophie, y Frank Kammerzell. "Egyptian Classifiers at the Interface of Lexical Semantics and Pragmatics". Páginas 55–112 en *Lexical Semantics in Ancient Egyptian*. Editado por Eitan Grossman, Stéphane Polis y Jean Winand. LingAeg-StudMon 9. Hamburg: Widmaier, 2012.

Loprieno, Antonio. "Is the Egyptian Hieroglyphic Determinative chosen or prescribed?" Páginas 237–50 en *Philosophers and Hieroglyphs*. Editado por Lucia Morra y Carla Bazzanella. Torino: Rosenberg & Sellier, 2003.

———. *La pensée et l'écriture: pour une analyse sémiotique de la culture égyptienne*. Paris: Cybele, 2001.

Marchand, Sylvie, y Pierre Tallet. "Ayn Asil et l'oasis de Dakhla au Nouvel Empire". *BIFAO* 99 (1999): 307–52.

Marée, Marcel. "Foreword". Páginas xi–xv en *The Second Intermediate Period (Thirteenth-Seventeenth Dynasties): Current Research, Future Prospects*. Editado por Marcel Marée. OLA 192. Leuven: Peeters, 2010.

Mathieu, Bernard. "Attaquer ou ne pas attaquer? Le pharaon Kamosis au coeur d'un conflit idéologique (avec une nouvelle traduction de la «Geste de Kamosis»)". Páginas 703–18 en *En Détail - Philologie und Archäologie im Diskurs: Festschrift für Hans-W. Fischer-Elfert*. Editado por Marc Brose et al. ZÄS 7. Berlin: de Gruyter, 2019.

Matić, Uroš. "Gender-Based Violence". Páginas 1–20 en *UCLA Encyclopedia of Egyptology*. Editado por Willecke Wendrich, 2010.

McDonald, Angela. *Animal Metaphor in the Egyptian Determinative System - Three Case Studies*. Tesis doctoral, University of Oxford, 2002.

Miosi, Frank T. *A Reading Book of Second Intermediate Period Texts*. *JSSEA* Publications 9. Toronto: Benben Publications, 1981.

Monnier, Franck. "Les 'narines au-dessus de leurs murs' (L. 9 de la stèle II de Kamose)". *GM* 236 (2013): 59–64.

———. "Quelques réflexions sur le terme « jnb » 𓇋𓆛𓈖▯, ▯", *ENiM* 5 (2012): 257–83.

Montet, Pierre. "La Stèle du roi Kamose". *CRAI* 100.1 (1956): 112–20.

Moreno García, Juan C. "El Segundo Período Intermedio (1773–1550 a.C.)". Páginas 273–300 en *El Antiguo Egipto: Sociedad, Economía, Política*. Editado por José M. Parra. Madrid: Marcial Pons, 2009.

———. "The Territorial Administration of the Kingdom in the Third Millennium BC". Páginas 85–151 en *Ancient Egyptian Administration*. Editado por Juan C. Moreno García. HdO 104. Leiden: Brill, 2013.

Murnane, William. "Reviewed Work(S): The Second Stela of Kamose and His Struggle against the Hyksos Ruler and His Capital by Labib Habachi". *JNES* 37.3 (1978): 277–78.

Naville, Edouard. *Bubastis (1887–1889)*. MEEF 8. London: K. Paul, Trench, Trübner, 1891.

Nemirovsky, Alexander, y Alexander Safronov. "Did Kamose Ever Get to Tell-El-Dab'a?" *JAH* 1 (2014): 3–23.

Noegel, Scott B. *"Wordplay" in Ancient Near Eastern Texts*. ANEM 26. Atlanta: SBL Press, 2021.

Nyord, Rune. "Cognitive Linguistics". Páginas 1–11 en *UCLA Encyclopedia of Egyptology*. Editado por Julie Stauder-Porchet, Andréas Stauder y Willecke Wendrich. Los Angeles: UCLA, 2015.

Peltenburg, Edgar. "Hathor, Faience and Copper on Late Bronze Age Cyprus". *CCEC* 37 (2007): 375–94.

Petrie, William F. *Tanis: Part I. 1883–4*. MEEF 2. London: K. Paul, Trench, Trübner, 1885.

Pfoh, Emanuel. "Patronage as Analytical Concept and Socio-Political Practice". Páginas 1–37 en *Patronage in Ancient Palestine and in the Hebrew Bible: A Reader*. Editado por Emanuel Pfoh. The Social World of Biblical Antiquity 12. Sheffield: Sheffield Phoenix Press, 2022.

Polis, Stéphane, y Serge Rosmorduc. "The Hieroglyphic Sign Functions: Suggestions for a Revised Taxonomy". Páginas 149–74 en *Fuzzy Boundaries: Festschrift für Antonio Loprieno*. Editado por Hans Amstutz. Hamburg: Widmaier, 2015.

Polis, Stéphane. "The Functions and Toposyntax of Ancient Egyptian Hieroglyphs: Exploring the Iconicity and Spatiality of Pictorial Graphemes". *Signata* 9 (2018): 291–363.

Polotsky, Hans Jakob. "The "Emphatic" *sḏm.n.f* Form". *RdE* 11 (1957): 109–17.

Quirke, Stephen. "The Regular Titles of the Late Middle Kingdom". *RdE* 37 (1986): 107–30.

———. *Middle Kingdom Studies*. New Malden: SIA Publishing, 1991.

———. *Titles and Bureaux of Egypt, 1850–1700 BC*. Egyptology 1. London: Golden House Publications, 2004.

Reckwitz, Andreas. "Toward a Theory of Social Practices: A Development in Culturalist Theorizing". *EJST* 5.2 (2002): 243–63.

Redford, Donald. "Textual Sources for the Hyksos Period". Páginas 1–44 en *The Hyksos: New Historical and Archaeological Perspectives*. Editado por Eliezer Oren. Philadelphia: University of Pennsylvania, 1997.

Roehrig, Catharine H., Renée Dreyfus, y Cathleen Keller. *Hatshepsut: From Queen to Pharaoh*. New York: Metropolitan Museum of Art, 2005.

Ryholt, Kim. *The Political Situation in Egypt During the Second Intermediate Period, C. 1800–1550 B.C.* CNI Publications 20. Copenhagen: Museum Tusculanum Press, 1997.

Salvador, Chiara. "Repopulating the Court of the Seventh Pylon at Karnak: A Study of Graffiti in Context". Tesis doctoral, University of Oxford, 2019.

Säve-Söderbergh, Torgny. "The Nubian Kingdom of the Second Intermediate Period". *Kush* IV (1956): 54–61.

Schneider, Thomas. "Three Histories of Translation: Translating in Egypt, Translating Egypt, Translating Egyptian". Páginas 176–88 en *Complicating the History of Western Translation. The Ancient Mediterranean in Perspective*. Editado por Enrica Sciarrino y Siobhán McElduff. Manchester: St. Jerome Publishing, 2011.

Seiler, Anne. "The Second Intermediate Period in Thebes: Regionalism in Pottery Development and Its Cultural Implications". Páginas 39–53 en *The Second Intermediate Period (Thirteenth-Seventeenth Dynasties): Current Research, Future Prospects*. Editado por Marcel Marée. OLA 192. Leuven: Peeters, 2010.

Serrano Delgado, José M. *Textos para la historia antigua de Egipto*. Sevilla: Cátedra, 2021.

Shirley, J. J. "Crisis and Restructuring of the State: From the Second Intermediate Period to the Advent of the Ramesses". Páginas 521–606 en *Ancient Egyptian Administration*. Editado por Juan C. Moreno García. HdO 104. Leiden: Brill, 2013.

Simpson, William K. "The Hyksos Princess Tany". *CdE* 34.68 (1959): 233–39.

Simpson, William K., ed. *The Literature of Ancient Egypt: An Anthology of Stories, Instructions, Stelae, Autobiographies, and Poetry*. 3ra. ed. New Haven: Yale University Press, 2003.

Smith, Harry S. y Alexandrina Smith. "A Reconsideration of the Kamose Texts". *ZÄS* 103 (1976): 48–76.

Sourouzian, Hourig. "Les colosses du IIe Pylône du temple d'Amon-Rê à Karnak. Remplois ramessides de la XVIIIe Dynastie". *Cahiers de Karnak* 10 (1995): 505–43.

Spalinger, Anthony. "A Garland of Determinatives". *JEA* 94 (2008): 139–64.

———. *The Books Behind the Masks: Sources of Warfare Leadership in Ancient Egypt*. Ancient Warfare 4. Leiden: Brill, 2021.

———. "Two Screen Plays: "Kamose" and "Apophis and Seqenenre". *JEgH* 3.1 (2010): 115–35.

Stauder, Andréas. "The Earlier Egyptian 'Emphatic' Construction: An Alternative Analysis". Páginas 169–99 en *Coping with Obscurity: The Brown Workshop on Earlier Egyptian Grammar*. Editado por James P. Allen, Mark A. Collier y Andréas Stauder. Wilbour Studies in Egypt and Ancient Western Asia 3. Atlanta: Lockwood Press, 2016.

———. *Linguistic Dating of Middle Egyptian Literary Texts*. LingAeg-StudMon 12. Hamburg: Widmaier Verlag, 2013.

Traunecker, Claude. "Manifestations de piété personelle à Karnak". *BSFE* 85 (1979): 22–31.

van Pelt, Willem P., y Nico Staring. "Interpreting Graffiti in the Saqqara New Kingdom Necropolis as Expressions of Popular Customs and Beliefs". *RiME* 3 (2019): 1–49.

van Siclen, Charles C. "Conservation of the Third Kamose Stela at Karnak (Phase 1)". *BARCE* 188 (2005): 21–23.

———. "The Third Stela of Kamose". Páginas 355–58 en *The Second Intermediate Period (Thirteenth-Seventeenth Dynasties): Current Research, Future Prospects*. Editado por Marcel Marée. OLA 192. Leuven: Peeters, 2010.

Vernus, Pascal. "Iconicité et figurativité dans l'écriture: pour un affinage conceptuel". Páginas 101–18 en *Ecritures V: Systèmes d'écriture, imaginaire lettré: Actes du colloque international, Institut national d'histoire de l'art, Paris, 10–11 décembre 2015*. Editado por Hélène V. Campaignolle-Catel y Bouchy K. Paris: Presses Sorbonne nouvelle, 2020.

———. "La stèle du pharaon *Mntw-ḥtpi* à Karnak: Un nouveau témoignage sur la situation politique et militaire au début de la D.P.I. (Planches 6–7)". *RdE* 40 (1989): 145–61.

———. "Observations sur le titre *Ỉmy-r3 ḫtmt* 'directeur du trésor'". Páginas 251–60 en *Grund und Boden in Altägypten: (Rechtliche Und Sozio-Ökonomische Verhältnisse), Akten des Internationalen Symposions, Tübingen 18.-20. Juni 1990*. Editado por Schafik Allam. *Untersuchungen zum Rechtsleben im alten Ägypten* 2. Tübingen: Selbstverlag des Herausgebers, 1994.

———. "Script and Figurativity: Modelling the Relationship between Image and Writing in Ancient Egypt". Páginas 335–421 en *Wege Zur Frühen Schrift: Niltal Und Zweistromland*. Editado por Ludwig Morenz, Andréas Stauder y Beryl Büma. Thot 3. Berlin: EB-Verlag, 2022.

Wallert, Ingrid. "Das Tilapia-Motiv in der altägyptischen Kunst". *CdE* 41.82 (1966): 273–94.

Wegner, Josef W., y Kevin Cahail. "Ancient Reuse: The Discovery of a Royal Sarcophagus Chamber". *Expedition* 56.2 (2014): 19–23.

———. *King Seneb-Kay's Tomb and the Necropolis of a Lost Dynasty at Abydos*. UMM 155. Philadelphia: University of Pennsylvania Museum of Archaeology and Anthropology, 2021.

Westbrook, Raymond. "Patronage in the Ancient Near East". *JESHO* 48.2 (2005): 210–33.

Wilson, John. "The War against the Hyksos". *ANET*, 554–55.

Winand, Jean. "Late Egyptian". Páginas 1–30 en *UCLA Encyclopedia of Egyptology*. Editado por Willecke Wendrich, 2010.

Zivie-Coche, Christiane. "Hatmehyt, le Tilapia, le lotus et le *ba* de Mendès". Páginas 545–57 en *Elkab and Beyond: Studies in Honor of Luc Limme*. Editado por Wouter Claes, Herman de Meulenere y Stan Hendricx. OLA 191. Leuven: Peeters, 2009.

Índice general

Abidos 30
  dinastía de 31
Afroditópolis (Atfih) 44, 46, 137, 187
Amón (dios) 11, 88–89, 151–53, 170–71, 176, 181–83, 186, 188
  templo de *véase* Karnak
asiático(s) 3, 31, 35–37, 39, 51, 55, 90–92, 102–3, 110–11, 186
Avaris 39, 41–44, 51, 56, 64–65, 71, 78–79, 87, 102, 105–6, 108, 115, 159, 185–87
  ciudad de 43–44, 46
  dmj 3, 44, 59, 78, 125–26
  gobernante(s) de 29, 33, 39–40, 58, 182
  territorio-*djat* 3, 78, 81, 185
  reino de 43, 102, 106
Baal 48
barco(s) 46, 71, 73, 75–78, 81, 94–97, 159, 179, 185–86
Cinópolis 3, 44, 46, 111, 139–40, 187
  La-Ciudad-de-Anubis 3, 44, 139–40, 187
  Saka 3, 44, 140–42, 188
clasificador(es) 22, 24–28
  lexical(es) 25, 27, 42
  referente(s) 25, 27, 42
damnatio memoriae 2, 4, 50, 169, 181–82
decorum 3, 50
determinativo(s) 4, 21–27, 34–37, 40–48, 50–52, 61, 64, 66, 69, 71, 78–80, 84–85, 87, 89, 91, 142, 145, 152, 170, 174, 182
  [DÉBIL-COBARDE] ({ }^{det}) 40, 50, 68, 116–17, 185, 187
  [DEL ALTO EGIPTO] ({ }^{det}) 41, 60–61, 116, 118–19, 145, 185, 187–88
  [EN ABSTRACTO] ({ }^{det}) 40–41, 114–16, 187
  [ENEMIGO] ({ }^{det}) 36–37, 90, 92, 102–3, 110, 186
  [EXTRANJERO] (marcador T14) 34–37, 90, 92, 102–3, 110, 186
  [LUGAR-DESIERTO] ({ }^{det}) 42, 46, 112, 142, 186–87
  [LUGAR-EGIPCIO] ({ }^{det}) 37, 41–42, 44, 46, 105, 110, 119, 124, 126, 137, 140, 142, 186–88
  [LUGAR-EXTRANJERO] ({ }^{det}) 34, 40–42, 68–69, 100, 112, 114, 116, 135, 185–87

[LUGAR-EXTRANJERO] ({ }^{det}) 64, 78, 79, 102, 105, 115, 185–87
 Signo G37 ("gorrión") 52, 55, 61, 91, 110, 182
Edfu 43
Egipto 9–10, 29, 34–35, 37, 43–44, 46, 51, 69, 105, 109–11, 119, 121–22, 124–25, 137, 148, 154, 169, 186–87
 Alto Egipto 6, 31–32, 34, 40–41, 44, 115, 118–19, 137, 139–40, 148, 152, 162, 182
 Bajo Egipto 132, 158
 esta parte de 35, 37, 39, 43–44, 51, 110, 124, 126, 186–87
 gobernante de 50–51
El-Amarna 8, 170
figuratividad 2, 19–24, 29, 41, 50, 182
Gebelein 3, 50, 105–6, 186
 Templo-de-Hathor 3, 105, 186
Girga
 ruta de 33
grafiti(s) 2, 4, 9, 15, 169, 172–79, 181–83
 hombre en adoración 172–76, 178, 183
 pez tilapia (nilótica) con capullos de loto en la boca 173, 176, 183
Hermópolis 3, 44, 105–6, 186
 el-Ashmunein 3, 44, 105, 186
hicso(s) 3, 9, 16, 30, 32–38, 40, 43, 46, 49–52, 55–56, 69, 71, 81, 85, 111, 117, 142, 170–71, 176, 179, 182
Horus 8, 11, 31, 57, 76, 158
iconocentrismo 20
ideograma(s) 21, 23, 36, 41, 47
 signo A19 38–39, 69, 182
 signo A24 47–48, 66, 152, 182
Inyt-net-khenet 44, 71, 185
 ¿Desembarco-del-Sur? 71, 185
Karnak 1, 3, 5–6, 11, 13, 32, 143, 162, 166, 173, 177, 181, 188
 Templo de Amón 1, 3, 5–6, 11, 32, 153, 169, 181
khenet-hen-nefer 45, 126
Kush 3, 29, 34–35, 39–43, 46, 51, 112, 114, 116, 126, 134–35, 182, 186, 187
 gobernante de 18, 41, 45, 47–48, 51, 56, 58, 111, 117–18, 124
La-Ciudad-de-Anubis
 Ver Cinópolis
Levante 99, 176
Menfis 32, 44
Neferusi 37, 111
Nekhbet 11, 57
nubio(s) 5, 31, 33, 35, 39, 43, 51, 124, 127, 182
oasis
 Bahariya 3, 42, 46, 111–14, 130, 141–42, 186–87
 Dakhla 31
 Kharga 31, 113
patronazgo 33, 36–37
Per-djed-qen 44, 66, 69, 185
 la-casa-del-engreído 45, 55, 66, 69, 185
pragmática 17, 25
Primera Estela de Kamose 2, 6, 117
 (K1) 2, 6, 15–16, 18, 34–35, 37, 41, 43–44, 111, 181
Retjenu 41–42, 46, 68–69, 100, 103, 185–86

jefe del 40, 48–49, 51
Saka
Ver Cinópolis
Segunda Estela de Kamose 1, 6–7
(K2) 1, 6, 9–12, 15, 17–18, 23, 28–29, 34–35, 37, 39–52, 55, 61, 66, 69, 91, 148, 166, 169–73, 175–77, 179, 181
semántica léxica 17, 25
Seth 159
animal de 48
Tanis 49, 79
Tebas 3, 8, 32–34, 37–38, 44, 50, 55, 111, 142, 145, 147–48, 160, 166, 176, 188
distrito tebano 34, 44, 148, 162, 188
Teoría Standard (Segundos Tiempos) 17
Tercera Estela de Kamose (K3) 2, 5
Wadjet 57

Topónimos, teónimos, antropónimos, títulos, epítetos y fórmulas de bendición en transliteración

ꜥ.w.s (vida, prosperidad y salud) 145, 152
ꜥ3-wsr-rꜥ (Aa-user-ra) 48, 115–16
ꜥnḫ ḏd w3s (vida, estabilidad y dominio) 57, 154
ꜥnḫ wḏ3 snb (*ꜥ.w.s.*, vida, prosperidad y salud) 145, 152
bjk nṯrj (halcón divino) 74, 76
d3jr zp.w (quien controla los eventos-castiga las fechorías-castiga a los enemigos, vence las faltas) 127, 129
ḏꜥt{𓈅}det 78
dj ꜥnḫ (dotado de vida) 127, 129, 151
dmj{𓈅}det 3, 44, 59, 78, 125–26
ḏsḏs{𓈉}det (oasis de Bahariya) 42, 141
ḥ3tj-ꜥ (líder de acción) 156–57
ḥm (majestad) 156, 161, 163
ḥq3 ḫ3s.t (gobernante del país extranjero) 49
ḥq3{𓀮}det (gobernante [*del Alto Egipto*]) 39–41, 59, 60–61, 115–19, 144–45, 182
ḥq3{[illegible]}det (gobernante de Avaris/de Kush) 40–41, 50, 114–17, 182
ḥr.j-sšt3-n-pr-nswt (guardián [de los asuntos privados] del palacio) 156–57
ḥr.j-tp-n-t3-r-ḏr=f (jefe de la tierra entera) 156, 158
ḥw.t-wꜥr.t{𓈉}det (Avaris, Tell el-Dab'a) 64–65, 77–78, 101–3, 105–6, 114–15
ḫmn.w{𓊖}det (Hermópolis, el-Ashmunein) 44, 105
ḫnt-ḥn-nfr 126–27, 187
ḫtm.tj-bj.tj (portador del sello del rey [gobernante]) 156, 158
j3b.tjt{𓈉}det (el Este, punto cardinal) 42, 137
jm.j-r smr.w (supervisor de los amigos [del rey]) 156
jm.j-r ḫtm.tj (supervisor de las cosas selladas) 156–57, 159, 165–66, 178
jmn (Amón) 88–89, 151, 170
jnp.wt(t){𓊖}det (Cinópolis, La-Ciudad-de-Anubis) 44, 138–39

jnyt-nt-ẖnt{ }^{det} (¿"Desembarco-del-Sur"?) 70–71
jppj{ }^{det} (Apepi) 68, 115–16
jr.j-pꜥt (miembro de la élite) 156–57
kꜣ-ms nẖt (Kamose el fuerte/valiente) 118–19, 151–52
km.t {⊗}^{det} (Egipto) 43–44, 109, 118–19, 124–25
kšj{ }^{det} (Kush) 42, 112, 115–17, 133, 134
njw.t (la ciudad= Tebas) 146–47
nšj (Neshi) 160, 165–66
nswt (rey) 151–52, 163–64
nswt{ }^{det} *nẖt* { }^{id} *m-ẖnw wꜣs.t* (el fuerte/valiente rey en el interior del distrito tebano) 12
nswt wꜣḥ(.w) (rey imperecedero) 151
nṯr nfr nb tꜣ.wy (el buen dios, señor de las Dos Tierras) 49
pr-ḏd-qn (la-casa-del-engreído) 65–66
rṯnw{ }^{det} (Retjenu) 40, 42, 67–69, 100
sꜣkꜣ{⊗}^{det} (Saka) 44, 141
sbꜣ-tꜣ.wy-ḥꜣ(w).tj (primer conductor/líder (?) de las Dos Tierras) 156, 158
tꜣ km.t{⊗}^{det} (esta parte de Egipto) 35, 43–44, 109, 119, 123, 125
tp.jh.w{⊗}^{det} (Afroditópolis, Atfih) 44, 136–37
wꜣḏ-ẖpr-rꜥ (Wadj-kheper-ra) 152
wꜣḏ-ẖpr-rꜥ nẖt (Wadj-kheper-ra el fuerte/valiente) 127–28
wꜣs.t{ }^{det} (*distritq tebꜥnq*) 34, 44, 147–48, 161–62
wḥꜣ.t { }^{det} (oasis, oasis superior) 42, 112–13
wr (jefe <inferior>) 34, 39–40, 59, 61, 67–69, 182
wr n rṯnw (jefe <inferior> del Retjenu) 40, 67
wsr-nšm.t (User-Neshemet), 156–57
zꜣ jmn (hijo de Amón) 151
zꜣ-rꜥ (Hijo de Ra) 115, 151–52, 159

Índice de nombres de reyes y otros individuos

Aa-qen.en-ra 49
Aa-user-ra 49–50, 115, 170–71
Abed 38
Amenemhat III 30
Amenemhat IV 30
Amenemope 175
Amenhotep II 12
Amenhotep III 8, 12
Amenhotep IV/Akhenatón 8, 12
Amennakht hijo de Ipuy 176
Apepi 3, 18–19, 35, 38–41, 44–52, 55–56, 58, 61, 65–66, 68–69, 79, 84–85, 87, 94–95, 105–6, 111–12, 115–18, 124, 126–27, 132–33, 142, 182, 185–87
Atju 38
Hatshepsut 44
Kamose 3, 5, 9, 18–19, 29, 32–35, 37–41, 44, 46–49, 51–52, 55–56, 58, 61, 65–66, 69, 72, 81, 85, 87, 89, 95, 103, 106, 111, 119, 124, 126, 132–33, 142, 145, 152–53, 155, 160, 166, 174, 176, 179, 181–83, 187–88
Kheruef 177
Merenptah 16, 159, 175
Merneferra Ay 38
Neb-khepesh-ra 38, 48–49
Neferuptah 30
Nehemen 38
Nehesy 159
Pinedjem 6, 8, 12, 173
Ramsés II 1, 6, 8–9, 11–13, 49, 173–75, 179, 181, 183
Ramsés IV 8
Ramsés VI 6
Ramsés IX 175
Roma 175
Senusret I 11, 13
Senusret III 30, 50, 172
Seti I 8, 170
Seti II 11, 175
Sobekhotep I 30
Sobekneferu 30
Sonbef 30
Teti hijo de Pepi 37
Tjau 43
Thutmose III 99
Thutmose IV 8–9
User-ib-ra Seneb-Kay 31
User-Neshemet (Neshi) xiv, 3, 155, 157, 159, 166, 173, 176–79, 183, 188
Wadj-kheper-ra 47, 128–29, 152, 187–88

Índice de Autores Modernos

Allam, Sehata 179
Allen, James P. 44, 117
Allon, Niv 35
Arnold, Dorothea 38
Assmann, Jan 51

Baines, John 3
Beckerath, Jürgen von 47, 49
Berlev, Oleg 43
Bietak, Manfred 30, 46
Biston-Moulin, Sébastien 11, 176
Bochi, Patricia 169
Boeser, Pieter A. A. 175
Borchardt, Ludwig 159
Bourriau, Janine 16, 32, 33
Brand, Peter 9, 171
Brose, Marc 16–17, 61–62, 95, 97, 113, 122, 126–27, 130, 132, 153, 164

Cahail, Kevin 30–31
Candelora, Danielle 49, 51
Carlorn, Jean-François 11
Cervelló Autuori, Josep xxiv
Cooper, Julien 42, 66, 137
Cruz-Uribe, Eugene 175
Czerny, Ernst 11

Daressy, Georges 38, 49, 50
Darnell, John 33, 177
David, Arlette 52
Dembitz, Gabriella 12
Di Biase-Dyson, Camilla 2
Dorn, Andreas 176
Dreyfus, Renée 177

Enmarch, Roland 16, 62, 89

Fakhry, Ahmed 178
Fischer, Henry G. 160
Flammini, Roxana 31, 36, 40, 140, 166, 172, 176
Franke, Detlef 31
Frood, Elizabeth 173–75

Gabolde, Luc 5, 11
Gardiner, Alan H. xxv, 5–6, 9, 15, 24, 27, 39
Gauthier, Henri 49
Giveon, Raphael 48
Goedicke, Hans 16, 50, 60–62, 65–66, 69, 71–72, 89, 93–95, 102–3, 106, 113, 117, 122, 126–27, 129–30, 132, 142, 152–53, 164
Goldwasser, Orly 22–27, 40, 61
Grinevald, Colette 24–25
Gracia Zamacona, Carlos 17, 23, 26, 136
Grajetzki, Wolfram 157–60
Grossman, Eitan 20

Habachi, Labib, 1, 2, 6, 8–11, 15–16, 60–63, 65, 71–72, 78–79, 81–82, 84, 85, 87, 89, 91, 95, 97, 99, 102, 105, 110, 113–14, 117, 126, 129-30, 132-33, 144, 152–53, 158–60, 164, 170, 172, 174, 176, 177, 181
Hammad, Mohammed 6, 9, 11, 15
Hagen, Fredrik 34
Harel, Haleli 27
Haslanger, Sally 169
Helck, Wolfgang 9, 17, 43, 47, 159–60, 164
Hodjache, Svetlana 43
Hofmann, Beate 16, 62, 66, 71–72, 78, 93, 95, 97, 102, 106, 110–11, 113, 117, 122, 126–27, 129–30, 132, 137,152–53, 158, 164

Ilin-Tomich, Alexander 33, 43

James, Thomas Garnet Henry 15, 19

Kamil, Jill 6, 9
Kammerzell, Frank 21, 25–27
Kaplony-Heckel, Ursula 16, 62, 66, 71–72, 79, 89, 93, 95, 97, 102, 106, 113, 117, 122, 126, 129–30, 132, 137, 152–53, 158, 164
Keller, Cathleen 177
Khótay, Katalin 31
Kidd, Stephen 23
Krauss, Rolf 50
Krutchen, Jean-Marie 108

Lacau, Pierre 6, 35, 44
Leprohon, Ronald 47, 49
Lilyquist, Christine 50
Lincke, Eliese-Sophie 21, 25, 27
Loprieno, Antonio 20, 157

Marchand, Sylvie 33
Marée, Marcel 29, 38
Mathieu, Bernard 62, 66, 68–69, 71–72, 82, 85, 90–91, 93, 95, 99, 102, 106, 113–14, 117, 122, 126–27, 129–30, 132, 140, 152–53, 165
Matić, Uroš 65
McDonald, Angela 17, 24–27
Miosi, Frank T. 17, 34–35, 47
Monnier, Franck 84
Montet, Pierre 9–10
Moreno García, Juan Carlos 32, 158
Murnane, William 10, 79, 117

Naville, Edouard 49
Nemirovsky, Alexander 43–44, 78
Nikolaev, Dimitri 27
Noegel, Scott B. xxiii
Nyord, Rune 25

Peltenburg, Edgar 176
Petrie, William F. 49
Pfoh, Emanuel 36–37
Polis, Stéphane xviii, 20–23
Rosmorduc, Serge xviii, 3, 21–23
Polotsky, Hans Jakob 17

Quirke, Stephen 31, 158–59

Reckwitz, Andreas 169
Redford, Donald 16, 43, 61–63, 66, 71–72, 79, 81, 87, 89, 90, 93, 95, 97, 102, 113, 117, 126–27, 129–30, 132, 152–53, 158–59, 160, 164
Ritner, Robert 16, 62, 66, 71, 72, 90, 93, 95, 102, 106, 113, 117, 127, 129–30, 132, 137, 152–53
Roehrig, Catharine H. 177
Ryholt, Kim 1, 16, 29–31, 44, 47, 49–50, 61–62, 79, 117

Safronov, Alexander 43–44, 78
Salvador, Chiara 175, 177

Säve-Söderbergh, Torgny 9, 15, 117, 126
Schneider, Thomas 27
Seiler, Anne 33
Serrano Delgado, José M. 16, 62, 66, 71–72, 82, 90, 93, 95, 97, 102–3, 106, 113, 117, 122, 126, 127, 129–30, 132, 127, 152–53, 165
Shirley, J. J. 160
Simpson, William K. 50
Smith, Harry 16–17, 39, 47, 60, 62–63, 66, 69, 71–72, 79, 81, 85, 87, 89, 91, 93, 95, 97, 99, 102, 103, 106, 110, 113, 117, 122, 126, 129–30, 132, 152–53, 158, 164, 170, 171
Smith, Alexandrina 16–17, 39, 47, 60, 62–63, 66, 69, 71–72, 79, 81, 85, 87, 89, 91, 93, 95, 97, 99, 102, 103, 106, 110, 113, 117, 122, 126, 129–30, 132, 152–53, 158, 164, 170, 171
Sourouzian, Hourig 11–12
Spalinger, Anthony 16–19, 35, 43, 46, 55, 62–63, 66, 71–72, 81, 85, 87, 90, 93, 95–97, 99, 106, 108, 111, 113, 117, 126–27, 129–30, 132, 137, 140, 152–53, 160, 165
Staring, Nico 175
Stauder, Andréas 16–19, 90, 108, 118

Tallet, Pierre 33
Traunecker, Claude 173–76

van Pelt, Willem P. 175
van Siclen, Charles C. 5
Vernus, Pascal 19–21, 159–60, 164, 166

Wallert, Ingrid 177–78
Wegner, Josef 30–31
Westbrook, Raymond 36
Wilson, John 10, 15–16, 60, 62–63, 71–72, 79, 81–63, 71–72, 79, 81–82, 85, 89–91, 95, 97, 102, 110, 113, 117, 126, 129–30, 132, 152–53, 164
Winand, Jean 136

Zivie-Coche, Christiane 177

www.ingramcontent.com/pod-product-compliance
Lightning Source LLC
Chambersburg PA
CBHW030825230426
43667CB00008B/1384
* 9 7 8 1 6 2 8 3 7 6 5 3 1 *